21 世纪全国高职高专财务会计类规划教材

新编成本会计

主　编　赵德忠　张凤新

副主编　舒文存　周建龙　刘悦

北京大学出版社
PEKING UNIVERSITY PRESS

内 容 简 介

本书依据国家发布的有关财会法规、制度和最新颁布实施的企业会计准则及其应用指南的要求，结合高职高专教学特点编写而成。本书系统全面地阐述了成本会计的基本理论和基本程序，以制造企业产品生产费用和成本核算为主线，重点介绍了费用成本归集分配的具体程序和方法、成本报表的编制和成本分析，并对其他行业成本核算做了简要介绍。本书体系结构合理，举例翔实，每章后面附有多种题型的复习思考和实训题，便于学生课后练习，巩固所学知识。

本书适合高职高专院校、成人教育高等专科学校的会计专业和其他财经类专业的学生使用，也可供经济管理部门的人员培训及社会读者自学使用。

图书在版编目（CIP）数据

新编成本会计/赵德忠，张凤新主编．—北京：北京大学出版社，2008.7
（21 世纪全国高职高专财务会计类规划教材）
ISBN 978-7-301-12949-4

Ⅰ．新… Ⅱ．①赵… ②张… Ⅲ．成本会计－高等学校：技术学校－教材 Ⅳ．F234.2

中国版本图书馆 CIP 数据核字（2007）第 192099 号

书　　　　名：	新编成本会计
著作责任者：	赵德忠　张凤新　主编
责 任 编 辑：	郭　芳
标 准 书 号：	ISBN 978-7-301-12949-4/F · 1774
出　 版　 者：	北京大学出版社
地　　　　址：	北京市海淀区成府路 205 号 100871
电　　　　话：	邮购部 62752015　发行部 62750672　编辑部 62765126　出版部 62754962
网　　　　址：	http://www.pup.cn
电 子 信 箱：	xxjs@pup.pku.edu.cn
印　　　　刷：	三河市博文印刷有限公司
发　 行　 者：	北京大学出版社
经　 销　 者：	新华书店
	787 毫米×980 毫米　16 开本　14.75 印张　322 千字
	2008 年 7 月第 1 版　2015 年 12 月第 4 次印刷
定　　　　价：	26.00 元

未经许可，不得以任何方式复制或抄袭本书之部分或全部内容。
版权所有，侵权必究
举报电话：010－62752024；电子信箱：fd@pup.pku.edu.cn

前　　言

成本会计是财经类专业的主干课程,也是会计专业学生必学的专业课之一。《新编成本会计》是依据国家发布的有关财会法规、制度和最新颁布实施的企业会计准则及其应用指南的要求,结合高等职业教育财经类专业人才培养目标和教学特点编写而成。

本书共分 11 章,在编写过程中力求突出以下几个特点。

(1) 在内容编排上,注重高职高专培养高技能应用型人才的特点,理论结合实例,突出实践性和可操作性。

(2) 在结构组织上,尽量遵循成本核算方法的内在联系和实际工作程序,做到框架清晰,结构完整,由浅入深,循序渐进,难易适度。

(3) 在会计科目使用和费用成本核算上,与最新颁布的企业会计准则相吻合,学生掌握的核算业务是新企业会计准则改革后的最新变化。

(4) 为了便于教师授课和学生理解掌握教材内容,本书每章后面都附有多种题型的复习思考和实训题,供学生课后复习实训,增强动手能力。

本书由赵德忠、张凤新担任主编,并由赵德忠总纂及定稿;由舒文存、周建龙、刘悦担任副主编。具体编写分工为:赵德忠(淄博职业学院)编写第 1、8 章;张凤新(唐山职业技术学院)编写第 2、6 章;周建龙(安徽铜陵学院)编写第 3、5 章;舒文存(安徽工商职业学院)编写第 4、7 章;刘悦(天津开发区职业技术学院)编写第 9、10 章;崔红敏(唐山职业技术学院)编写第 11 章。

本书在编写过程中,参考了大量的教材和著作,同时得到了北京大学出版社的热心指导与帮助,在此一并表示衷心的感谢。

由于时间仓促,加之水平有限,书中内容编排和语言表达上难免存在不妥和错误,恳请读者和同行批评指正。

编　者

2008 年 1 月

目 录

第1章 总论 1
　1.1 成本概述 1
　1.2 成本会计概述 3
　1.3 成本会计工作组织 6
　　复习思考题 9
第2章 产品成本核算概述 12
　2.1 要素费用和成本项目 12
　　2.1.1 要素费用 12
　　2.1.2 成本项目 13
　　2.1.3 期间费用按经济用途的分类 14
　2.2 产品成本核算的基本程序、账户设置及账户处理程序 14
　　2.2.1 产品成本核算的基本程序 14
　　2.2.2 产品成本核算的账户设置 15
　　2.2.3 产品成本核算的账户处理程序 18
　　复习思考题 19
第3章 生产费用的归集与分配 23
　3.1 要素费用核算概述 23
　3.2 材料费用的归集与分配 25
　　3.2.1 材料费用核算的原始凭证 25
　　3.2.2 材料发出的核算 27
　　3.2.3 材料费用分配的核算 33
　3.3 人工费用的归集与分配 36
　　3.3.1 职工薪酬范围 36
　　3.3.2 工资总额的组成 37
　　3.3.3 工资费用的原始记录 38
　　3.3.4 工资的计算 39
　　3.3.5 工资费用分配的核算 42
　3.4 其他要素费用的归集与分配 44
　　3.4.1 外购动力费用的归集与分配 44

  3.4.2 折旧费用的核算 46
  3.4.3 利息费用、税金和其他费用的核算 47
 3.5 辅助生产费用的归集与分配 48
  3.5.1 辅助生产及辅助生产费用 48
  3.5.2 辅助生产费用归集的核算 48
  3.5.3 辅助生产费用分配的核算 50
 3.6 制造费用的归集与分配 57
  3.6.1 制造费用归集的核算 57
  3.6.2 制造费用分配的核算 59
 3.7 损失性费用的归集与分配 62
  3.7.1 废品损失的核算 62
  3.7.2 停工损失的核算 66
 复习思考题 67

第 4 章 生产费用在完工产品和在产品之间分配 72
 4.1 在产品的核算 72
 4.2 生产费用在完工产品与在产品之间的分配 74
  4.2.1 完工产品与在产品之间费用分配的类型 74
  4.2.2 完工产品与在产品之间费用分配的方法 75
  4.2.3 完工产品成本的结转 83
 复习思考题 83

第 5 章 产品成本计算方法概述 88
 5.1 生产特点和管理要求对产品成本计算的影响 88
  5.1.1 生产特点对产品成本计算的影响 88
  5.1.2 管理要求对产品成本计算的影响 90
 5.2 产品成本计算的主要方法 91
 复习思考题 92

第 6 章 成本计算的品种法 94
 6.1 品种法概述 94
  6.1.1 品种法的含义 94
  6.1.2 品种法的特点 95
  6.1.3 品种法的成本计算程序 95
 6.2 单品种的品种法 97
  6.2.1 单品种的品种法概述 97
  6.2.2 单品种的品种法举例 97

- 6.3 多品种的品种法 101
  - 6.3.1 多品种的品种法概述 101
  - 6.3.2 多品种的品种法举例 102
- 复习思考题 108

第7章 成本计算的分批法
- 7.1 分批法的含义和特点 114
- 7.2 分批法的计算程序及举例 115
- 7.3 简化的分批法 118
  - 7.3.1 简化的分批法的计算程序 118
  - 7.3.2 简化的分批法核算举例 119
  - 7.3.3 简化的分批法优缺点和适用范围 122
- 复习思考题 122

第8章 成本计算的分步法
- 8.1 分步法的含义和特点 128
- 8.2 逐步结转分步法 129
  - 8.2.1 综合逐步结转分步法 131
  - 8.2.2 分项逐步结转分步法 136
- 8.3 平行结转分步法 139
  - 8.3.1 平行结转分步法的含义和特点 139
  - 8.3.2 平行结转分步法的成本计算程序 140
  - 8.3.3 平行结转分步法的计算举例 141
- 复习思考题 146

第9章 产品成本计算的辅助方法
- 9.1 产品成本计算的分类法 153
  - 9.1.1 分类法的含义及特点 153
  - 9.1.2 分类法的成本计算程序及分配方法 154
  - 9.1.3 分类法的优缺点及注意事项 157
- 9.2 产品成本计算的定额法 158
  - 9.2.1 定额法概述 158
  - 9.2.2 定额成本的计算 159
  - 9.2.3 定额差异的计算 161
  - 9.2.4 定额变动差异的计算 165
  - 9.2.5 材料成本差异和产品实际成本的计算 166
- 9.3 联产品、副产品、等级品的成本计算 169
  - 9.3.1 联产品的成本计算 169

  9.3.2 副产品的成本计算 173
  9.3.3 等级品的成本计算 176
 复习思考题 177

第 10 章 成本报表和成本分析 183
 10.1 成本报表概述 183
 10.2 成本报表的编制 185
  10.2.1 成本报表的编制概述 185
  10.2.2 商品产品成本报表的编制 186
  10.2.3 主要产品单位成本报表的编制 188
  10.2.4 制造费用明细报表的编制 190
  10.2.5 期间费用报表的编制 191
  10.2.6 其他报表的编制 193
 10.3 成本分析 194
  10.3.1 成本分析概述 194
  10.3.2 成本分析的方法 195
  10.3.3 产品成本报表分析 198
 复习思考题 206

第 11 章 其他行业的成本核算 210
 11.1 商品流通企业的成本核算 210
  11.1.1 商品流通企业概述 210
  11.1.2 商品流通企业的成本 211
  11.1.3 商品销售成本核算 212
 11.2 交通运输企业的成本核算 216
  11.2.1 交通运输企业的成本核算概述 216
  11.2.2 汽车运输企业的成本核算 217
  11.2.3 水上运输企业的成本核算 218
  11.2.4 港口企业的成本核算 221
 复习思考题 222

参考文献 225

第 1 章　总　　论

【学习目标】

通过本章学习，学生应理解掌握成本、费用的概念和本质，生产费用、产品成本的联系与区别，了解成本的作用；明确成本会计的概念、职能及成本会计工作方式，充分认识成本会计基础工作的重要性，为今后学习奠定基础。

【本章重点】

成本、费用的含义和本质；生产费用和产品成本的联系与区别；成本会计的概念、职能。

【本章难点】

成本、费用的联系和区别；成本会计的概念和职能。

1.1　成　本　概　述

1. 成本的含义

在日常工作中，我们经常提到成本的概念，成本涉及的内容很广泛，可以从广义和狭义的角度进行理解。广义的成本是指为做某一件事情、完成某一活动或实现某一目的而付出的代价，如进行投资要付出资金，发生有关费用，投资者要考虑投资的付出，即投资成本；建筑施工企业完成一项工程要耗用建筑材料、周转材料、人工等，发生相关费用，形成建造成本；组织一项活动也会消耗相关材料，发生人工和其他费用，从而产生付出，形成成本等。由此可以看出，从事某一事情或完成某一经济活动都会发生付出，从事的经济活动内容不同，成本的含义是不同的，不同行业的企业生产经营特点不同，成本的构成内容不同。

对不同行业企业成本的经济内容进行归纳，我们可以得出两个共同点。

（1）成本都有一定的目标对象，也就是说成本是与一定目标对象紧密联系的。成本的目标对象可以是有形的产品也可以是无形的产品，如制造企业生产出某种产品、施工公司建造完工某项建筑，都是有形产品；如提供某项消费服务、创新某项新工艺、新技术等，则是无形产品。不管是有形产品或是无形产品，都是成本所指向的目标，即计算成本的对象，没有目标对象的成本是不存在的。

（2）成本是为实现一定的目标而发生的耗费，如制造企业生产某产品要消耗相关材料，发生人工费用，负担制造费用等；建筑施工企业完成一项工程要耗用各种建筑材料、周转材料以及人工等，所以成本是为形成一定的有形产品或无形产品而发生的耗费。而各种耗费的货币表现就是费用。

2. 成本是商品价值中的 C 与 V 之和

成本是商品经济的产物，成本是一个价值范畴，是商品价值的主要组成部分。从理论上说，商品的价值由三部分组成：一是生产过程中所消耗的生产资料的价值（C）；二是劳动者为自己劳动所创造的价值（V）；三是劳动者为社会所创造的价值（M）。产品（商品）成本是 C 与 V 之和，即以货币表现的为生产产品而耗费的物化劳动和活劳动的价值之和。它表明了成本的经济实质，即生产过程中发生的各项耗费。

本教材所表述的成本是产品生产成本，即企业为生产一定种类、一定数量的产品而发生的各项生产费用的总和，也称为产品制造成本，简称产品成本。

在实际工作中制造企业生产经营过程所发生的耗费种类繁多，根据成本管理的要求，有些耗费计入产品成本，有些耗费计入期间费用，不构成产品成本。产品成本包括生产过程中所耗用的各种材料的费用（含外购动力）、折旧费用、人工费用（含职工福利）以及生产部门组织管理生产所发生的间接费用等，还包括不形成产品价值的损失性支出，如废品损失、停工损失等。在会计实务中，由国家统一规定了产品成本核算范围，成本会计要按规定的开支范围正确核算产品成本。

3. 成本与费用

费用是指企业在日常活动中发生的、会导致所有者权益减少、与向所有者分配利润无关的经济利益的总流出。企业在日常活动中所产生的费用主要有消耗材料、支付的职工薪酬、机器运转发生的磨损费用和维修费用等；在销售过程中发生的耗费主要有销售费用；企业为筹资发生的利息费用；组织和管理生产经营活动而发生的公司经费、办公费等。企业发生的这些费用并不全部构成产品的成本，只有在生产过程中发生的各种生产耗费，即生产费用才能够作为产品成本。

生产费用是指企业一定时期内在生产产品和提供劳务过程中发生的各种耗费，如直接材料费、生产工人薪酬、生产部门间接生产费用，他们都与产品生产相联系。期间费用是与一定会计期间相联系，不计入产品成本而直接计入当期损益的费用，如管理费用、销售费用、财务费用等。

产品成本与生产费用是一对既有紧密联系又有一定区别的概念。生产费用和期间费用都是企业生产经营过程中发生的耗费，但只有生产费用计入产品成本，期间费用直接从当期收益中扣除。生产费用和产品成本在经济内容上是完全一致的，一定时期的生产费用是计算产品成本的基础，产品成本是对象化的生产费用。它们的区别是：生产费用与一定会计期间相联系，产品成本与一定种类和数量的产品相联系。在一定的会计期间内，一个企业的生产费用总额与其完工产品成本总额不一定相等。

4. 成本的作用

成本的作用主要有以下几个方面。

（1）成本是补偿生产耗费的尺度。企业生产经营过程既是产出的过程，也是人力、物力、财力耗费的过程。企业再生产过程顺利进行，生产经营中的各项耗费就必须得到补偿，否则，就难以保证企业的简单再生产。产品成本就是生产过程中消耗的物化劳动和活劳动，只有成本获得补偿，企业的再生产才能进行。因此，成本一方面以货币形式对生产耗费进行计量，另一方面为企业的简单再生产提出资金补偿的标准。在价格不变的情况下，成本越低，企业的利润就越多，企业为社会和自身的发展创造的财富就越多。否则，则相反。所以，成本作为补偿劳动耗费的尺度，对于促进企业加强成本管理，降低劳动消耗，取得最大经济效益有重要意义。

（2）成本是反映企业工作质量的综合指标。成本是对象化的生产费用，它同企业生产经营过程的各个方面、各个环节的工作质量和工作效能有着内在的联系。例如，产品生产工艺是否科学合理，原材料消耗是否节约，生产设备是否充分利用，人的管理是否有效，生产技术是否不断创新改进，产品质量的优劣等诸多因素，都能通过成本直接或间接地反映出来。因此，成本是反映企业工作质量的综合指标。

（3）成本是制订产品价格的重要依据。产品价格是产品价值的货币表现，理论上说产品价格应等于产品成本（$C+V$）加劳动者为社会创造的价值（M）。企业在决定产品价格时要比较产品成本这一重要依据，如果单位商品价格低于产品成本，则生产过程中的耗费难以得到补偿，企业必然发生亏损，再生产难以为继；只有商品价格高于产品成本，企业才有获利的可能，商品价格越高，企业获利空间越大。因此成本是决策产品价格的重要因素。

但在实际工作中，产品价格的确定受多种因素的影响：首先是市场条件，包括供求关系的影响，市场定价在很大程度上决定了商品的价格；此外还受国家价格政策、产品比价关系、企业占有的市场份额、是否有定价自主权、产品质量、服务质量等多方面因素的影响。它们共同左右产品的定价策略。

（4）成本是企业进行生产经营决策的重要依据。企业为了提高获利能力，在激烈的市场竞争中增强企业竞争力，必然要对生产经营各方面不断进行及时的决策和调整。在诸多的考虑因素中，成本是一项重要因素。企业依据成本资料，分析成本数据，选择扩大产量或增加品种、改进加工方式、创新工艺流程等，实现成本最优，效益最高，以不断提升企业的竞争能力。

1.2　成本会计概述

1. 成本会计的发展

随着商品经济发展，人们必然要计算生产过程中的各项耗费，确定销售盈亏，这就促进了成本计算方法的不断出现，成本会计随着商品经济的形成而产生了。成本会计的产生和发展先后经历了早期成本会计、近代成本会计、现代成本会计等不同阶段。成本会计的方法和理论体系，随着发展阶段的不同而有所不同。

（1）早期成本会计阶段（1880—1920年）。原始的成本会计起源于英国，英国产业革命完成后，机器代替了手工劳动，工厂制代替了手工工场，会计人员为了满足企业管理上的需要，对生产过程中的耗费分别进行记录汇集，主要是计算产品成本以确定存货成本及销售成本，并设计出订单成本计算和分步成本计算的方法，初期阶段成本会计也称为记录型成本会计。

（2）近代成本会计阶段（1921—1950年）。20世纪初以泰勒为代表的科学管理理论产生和应用，对成本会计的发展产生了深刻的影响。标准成本法的出现使成本计算方法和成本管理方法发生了巨大的变化，成本会计不仅计算和确定产品的生产成本和销售成本，还要事先制订成本标准，并据以进行日常的成本控制与定期的成本分析。成本会计进入了一个新的发展阶段。

（3）现代成本会计阶段（1951年以后）。20世纪50年代起，西方国家的社会经济进入了新的发展时期。随着管理现代化，运筹学、系统工程和电子计算机等各种科学技术成就在成本会计中得到广泛应用，成本会计发展重点已由如何对成本进行事中控制、事后计算和分析，转移到如何预测、决策和规划成本，形成了新型的以管理为主的现代成本会计。

20世纪80年代以来，随着电脑技术的进步，生产方式的改变，产品生命周期的缩短，以及全球性竞争的加剧，产品成本结构与市场竞争模式大大改变。现代成本会计受其影响，新的方向和方法不断出现，处于向战略成本会计发展的新阶段。

2．成本会计的含义

通过成本会计的发展我们可以看出，成本会计是现代会计的一个重要分支，属于专业会计，它以会计资料和计划、统计、业务核算资料等为依据，遵循会计有关准则，运用一定的技术方法对生产费用进行归集计算，求得产品总成本和单位成本，对成本进行分析控制和决策。

因此，成本会计是根据会计资料和其他有关资料，按照会计有关原则和方法，对企业生产经营过程中的费用和成本，进行连续、全面、系统、综合的核算和监督的一种管理活动。

成本会计的对象是企业生产经营过程中发生的各项生产费用和产品成本，其任务主要有以下几个方面。

（1）审核和控制生产过程中的各项费用，防止与控制各种浪费、损失和不良费用的发生，以降低成本、节约费用。

（2）核算各种生产费用、期间费用和产品成本，为企业经营管理提供所需的成本、费用数据。

（3）分析各项费用的发生情况、消耗定额与成本会计的执行情况，进一步挖掘降低成本、节约费用的潜力，从而促进企业加强成本管理，提高经济效益。

3. 成本会计的职能

成本会计是一种专业会计，它的基本职能与会计的基本职能相同，具有核算和监督两个基本职能。随着社会经济发展和管理水平的提高，成本会计职能也在扩展变化之中。成本监督职能又可扩展为成本预测、成本决策、成本计划、成本控制、成本核算、成本分析及成本考核等多项内容。

（1）成本预测。成本预测就是依据与成本有关的数据及信息，并结合未来的发展变化情况，运用定量、定性的分析方法，对未来成本水平及变化趋势作出的科学估计。通过成本预测，有助于选择最优方案合理组织生产，从而减少工作的盲目性。

（2）成本决策。成本决策是指根据成本预测及其他与成本有关的资料，运用一定专门的科学方法选择最佳成本方案所做出的一种决定。企业中，成本决策贯穿在生产经营的全过程，内容广泛，如最佳生产批量的决策、零部件自制或外购的决策、自制半成品即时出售或进一步深加工的决策等。成本决策是企业实现目标成本的重要手段之一。

（3）成本计划。成本计划是指在成本预测和成本决策的基础上，根据未来生产任务和降低成本的要求等，按照一定的方法所作出的用以反映企业计划期生产费用和产品成本水平的一种计划。例如，按照要素费用编制的生产费用预算，按照生产费用的经济用途编制的产品单位成本计划和全部产品成本计划等。

（4）成本控制。成本控制是指按预先制定的成本标准或成本计划指标，对实际发生的费用进行审核，并将其限制在标准成本或计划内，同时揭示和反馈实际与标准或与计划之间的差异，并采取措施消除不利因素，以使实际成本达到预期目标。通过成本控制，可促使企业顺利完成成本计划。

（5）成本核算。成本核算是指对生产经营过程中发生的各种生产费用进行归集和分配，采用一定的方法计算各种产品的总成本和单位成本。成本核算可以考核成本计划的完成情况、评价成本计划的控制情况，同时也为制定价格提供参考依据。

（6）成本分析。成本分析是指利用成本核算和其他有关资料，与计划、上年同期实际、本企业历史先进水平，以及国内外先进企业等的成本进行比较，系统研究成本变动的因素和原因，制定有效办法或措施，以便进一步改善经营管理，挖掘降低成本的潜力。成本分析可以为成本考核、未来的成本预测、决策以及下期成本计划的制订提供依据。

（7）成本考核。成本考核是指对成本计划及其有关经济指标的实际完成情况所进行的考察和评价。成本考核通常是以有关部门或个人作为考核责任对象的，责任对象的目标成本既是企业对其进行成本考核的成本指标。通过成本考核企业可以决定对有关责任对象进行的奖惩。

成本会计的各项职能是一个相互联系、相互配合、相互补充的有机整体。成本预测是成本决策的前提和依据；成本决策是成本预测的延伸和结果，又是制定成本计划的依据；成本计划是成本决策所确定成本目标的具体化；成本控制是对成本计划的实施进行监督，是实现成本决策既定目标的保证；成本核算是对成本决策目标是否实现的检验，是成本管理最基本的职能；通过运用成本核算资料和成本计划资料对比进行成本分析，才能对成本决策的正确性做出判断；把成本决策目标进行层层分解，落实责任，认真组织成本考核，正确评价成本工作业绩，才能调动各部门和职工完成成本决策目标的积极性，是实现决策目标的重要手段。

1.3 成本会计工作组织

为完成成本会计的任务，充分发挥成本会计在经营管理中的作用，企业应当合理地组织成本会计工作。成本会计工作的组织主要包括成本会计的机构设置、成本会计人员的配备、成本会计的法律法规以及成本会计的基础工作等。

1. 成本会计的机构设置

企业的成本会计机构，是企业直接从事成本会计工作的职能部门，是企业会计机构的重要组成部分。企业应在保证成本会计工作质量的前提下，根据企业规模的大小和成本管理要求，科学合理设置成本会计工作机构。

企业总部成本会计机构内部组织分工，可以按照成本会计职能分工，也可按照对象分工。按照成本会计职能分工，可以在总部成本会计机构内部设置成本核算、成本分析和检查等专门小组。成本会计对象包括产品成本和期间费用，因此，也可按照产品成本核算和分析、期间费用核算和分析设置专门小组。

企业总部和下属各生产车间（分厂）各级成本会计机构之间工作的组织分工，可采取集中工作方式，也可采用分散工作方式。

（1）集中工作方式，是指成本会计工作中的核算、分析等各方面工作，主要由总部成本会计机构集中进行，车间（分厂）等其他单位中的成本会计机构和人员只负责登记原始记录和填报原始凭证，对它们进行初步的审核、整理和汇总，为总部进一步工作提供资料。

这种方式有利于减少企业成本核算机构的层次和人员，及时提供有关成本信息，全面掌握情况。但不利于生产部门对成本费用进行控制，不利于调动车间和生产工人降低成本的积极性。因此，集中工作方式一般适用于成本会计工作比较简单的中小型企业。

（2）分散工作方式，亦称非集中工作方式，是指成本会计工作中的核算和分析等方面工作，分散由车间等其他单位的成本会计机构或人员分别进行。总部成本会计机构负责对各下级成本会计机构或人员进行业务上的指导和监督,并对全厂成本进行综合的成本预测、决策、计划、控制、分析及考核等工作。

分散式管理方式有利于车间、有关职能部门及时了解本车间或部门的成本费用信息,分析本车间或部门的成本费用指标,进而控制费用,降低成本水平。但这种方式也会增加成本核算的层次和人员。因此,分散工作方式一般适用于成本会计工作比较复杂、各部门相对独立的大中型企业采用。

以上两种工作方式并非截然分开,也可结合使用,企业应当采取哪种工作方式,应按照每个企业自身特点和经营管理要求,扬长避短,合理确定适合的成本会计工作方式。

2. 成本会计人员的配备

成本会计人员是专门从事成本会计工作的专业技术人员。在成本会计机构中,成本会计人员应具备廉洁奉公、遵纪守法、实事求是、坚持原则的工作作风和高度的敬业精神;成本会计人员不仅要熟悉会计法规、准则和制度,掌握能够适应成本会计工作的会计基础知识和实务操作技能,而且要具备一定的生产技术和经营管理方面的知识。

3. 成本会计的法律法规

成本会计的法律法规是企业组织和从事成本会计工作必须遵守的规范,是会计法规和制度的重要组成部分。其内容一般包括以下几个方面。

(1)《中华人民共和国会计法》(以下简称《会计法》)。《会计法》是我国会计工作的基本法律,是制订其他会计法律法规的依据。《会计法》规定,企业必须根据实际发生的经济业务事项,按照会计准则和有关制度的规定确认、计量和记录资产、负债、所有者权益、收入、费用和利润;企业不得随意改变费用、成本的确认标准或者计量方法,不得随意虚列、多列、不列或者少列费用、成本。企业应当按照《会计法》的规定办理会计事项,严格遵守会计法中有关成本会计工作的规定。

(2)《企业财务通则》、《企业会计准则及其应用指南》。它们都属于政府规章性质。企业进行成本核算,实施成本监督,设置成本会计机构和配备成本会计人员等,都要遵循《会计法》、《企业财务通则》、《企业会计准则及其应用指南》的相关规定。

(3)企业的成本会计制度、规程和办法。各企业为了具体规范本企业的成本会计工作,还应根据上述各种法规和制度,结合本企业生产经营的特点和管理要求,具体制定本企业的成本会计制度、规程和办法。例如,关于成本定额、成本计划的编制方法;关于成本核算制度;关于成本预测和决策制度;关于成本控制的制度;关于成本报表的制度等。

4. 成本会计的基础工作

产品成本是按照一定对象进行分配和归集的生产费用,生产费用是为生产产品发生的各项财产物资耗费和人工费用的货币表现,因此,成本会计工作涉及生产过程的具体业务,特别是各项费用的发生和分配，生产数据的提供和收集，必须做好各项原始记录，建立健全有关制度，确保成本会计工作正确无误。

（1）建立健全原始记录制度。原始记录是反映生产经营活动的第一手资料，是对企业生产经营活动中的具体事项最初所做的记载，是进行费用成本核算，考核分析检查成本计划的依据。企业必须建立健全原始记录制度，提供及时可靠的信息资料。原始记录包括：生产过程中材料的领用；工时的耗费；费用的支出；废品的发生；在产品、半成品的内部转移；完工产品的验收入库等。成本会计人员应当会同企业的计划统计、生产技术、劳动工资、物资供销等各有关部门，制定既符合企业各方面管理需要又符合成本核算要求；既科学又讲求实效的原始记录制度；认真做好各项原始记录凭证的登记、审核、传递和监督工作，以便为进行成本核算工作打下良好的基础。

（2）建立健全计量验收和领退盘点制度。成本核算原始记录中的各项数据，主要是从数量上反映企业生产经营活动中各项财产物资的变动情况。而计量验收、领退盘点工作是确定上述各项财产物资数量变动情况的一种重要手段。为了提供准确的财产物资的数量，正确地计算产品成本，企业需要配备必要的度、量、衡器具和有关仪器、仪表等计量工具，严格计量和检验程序、标准，并填制相应的凭证。这样才能保证原始数据的真实正确，从而保证费用成本计算的真实性和正确性。

（3）建立健全成本会计部门和人员岗位责任制。成本会计工作是一项综合性较强的经济管理工作，其涉及的面广，工作的好坏影响企业成本的核算、控制、分析、考核，影响成本预测、决策，进而影响企业生产经营和管理。因此，建立健全成本会计工作的岗位责任制是一种行之有效的手段。成本会计岗位责任制的基本内容是成本的归口分级管理、分级负责制度。按照成本归口分级管理、分级负责制度，企业首先将成本计划确定的成本费用等指标归口于相关职能管理部门，由其负责掌管。在此基础上，层层落实到各车间、班组及其职工个人，同时把归口分级落实的成本费用相关指标作为对各级单位及其职工个人考核的标准，实行日常监督检查并与企业的奖惩制度联系起来。

成本会计工作的岗位责任制能使成本会计工作渗透到企业生产经营活动的每个环节，使企业的节约费用、降低成本工作真正落到实处，收到实效。

（4）建立健全定额管理制度。定额是企业根据单位生产条件和技术水平，综合有关因素，对生产过程中的数量和质量，所消耗的人力、物力和财力等方面制定的应达到的标准。各项定额是企业制订成本计划、实施成本控制和进行成本分析的重要依据，也是审核和控制产品成本的标准。在计算产品成本时，通常也要采用产品的原材料和工时的定额消耗量或定额费用来分配实际发生的费用。因此，为了加强成本核算，提高成本管理水平，企业有必要建立健全定额管理制度，制订出合理、实用的消耗定额，为成本管理服务。

（5）建立健全内部结算价格制度。内部结算价格是企业内部提供的原材料、半成品以及辅助生产部门提供的辅助劳务等在企业内部各部门之间进行耗用结算的价格。建立健全内部结算价格，可以分清企业内部各部门的经济责任，考核分析内部各部门费用成本计划的执行情况,督促落实责任制。企业内部结算价格要尽可能接近实际,通常在一年内保持不变。

复习思考题

一、简答题

1. 成本的经济实质是什么?
2. 成本的作用是什么?
3. 费用与成本有什么区别联系?
4. 成本会计的职能有哪些?他们的关系是什么?
5. 什么是集中工作方式?什么是分散工作方式?
6. 做好成本会计基础工作包括哪些内容?

二、单项选择题

1. 产品成本是指企业生产一定种类、一定数量的产品所支出的各项(　　)。
   A．生产费用之和　　　　　　B．生产经营管理费用总和
   C．经营管理费用总和　　　　D．料、工、费及经营费用总和
2. 成本的经济实质是(　　)。
   A．生产经营过程中所耗费生产资料转移价值的货币表现
   B．劳动者为自己劳动所创造价值的货币表现
   C．劳动者为社会劳动所创造价值的货币表现
   D．企业在生产经营过程中所耗费的资金的总和
   E．生产产品而耗费的物化劳动和活劳动的价值之和
3. 实际工作中的产品成本是指产品的(　　)。
   A．制造成本　　　　　　B．理论成本
   C．定额成本　　　　　　D．重置成本
4. 大中型企业的成本会计工作一般采取(　　)。
   A．集中工作方式　　　　B．统一领导方式
   C．分散工作方式　　　　D．会计岗位责任制
5. 成本会计最基本的职能是(　　)。
   A．成本控制　　　　　　B．成本核算
   C．成本决策　　　　　　D．成本计划

三、多项选择题

1. 应计入产品成本的费用包括（　　）。
   A．生产直接耗用材料　　　B．生产和管理人员的薪酬
   C．制造费用　　　　　　　D．废品损失等

2. 成本会计机构内部的组织分工有（　　）。
   A．按成本会计的职能分工　B．按成本会计的对象分工
   C．集中工作方式　　　　　D．分散工作方式
   E．统一工作方式

3. 一般来说，企业应根据本单位（　　）等具体情况与条件来组织成本会计工作。
   A．生产规模的大小　　　　B．生产经营业务的特点
   C．成本计算方法　　　　　D．企业机构的设置
   E．成本管理的要求

4. 为了正确计算产品成本，应做好的基础工作包括（　　）。
   A．建立健全原始记录制度
   B．建立健全计量验收和领退盘点制度
   C．严格成本会计部门和人员岗位责任制
   D．健全定额管理制度
   E．健全内部结算价格制度

5. 现代成本会计的职能包括（　　）。
   A．成本预测　　　　　　　B．成本决策　　　　　　C．成本计划
   D．成本控制　　　　　　　E．成本核算　　　　　　F．成本分析
   G．成本考核

6. 成本的主要作用在于（　　）。
   A．补偿生产耗费的尺度
   B．综合反映企业工作质量的综合指标
   C．企业对外报告的主要内容
   D．制定产品价格的重要因素和进行生产经营决策的重要依据

四、判断题

1. 成本的经济实质，是企业在生产经营过程中所耗费的资金的总和。（　　）
2. 产品成本是由生产费用和期间费用组成的。（　　）
3. 为了促使企业厉行节约，减少生产损失，避免加重企业的经济责任，对于一些不形成产品价值的损失，不计入产品成本。（　　）
4. 生产费用是以产品为归集对象，反映企业为生产一定种类和一定数量的产品所支出

的各种生产费用的总和。（　　）

5．企业生产经营的原始记录，是进行成本预测、编制成本计划、进行成本核算的依据。（　　）

6．生产费用和产品成本在经济内容上是完全一致的，故一定期间的生产费用应等于产品成本的金额。（　　）

7．企业主要应根据外部有关方面的需要来组织成本会计工作。（　　）

第 2 章　产品成本核算概述

【学习目标】

通过本章的教学，了解费用的各种分类，掌握要素费用和成本项目的内容，学会成本核算的一般程序以及产品成本核算所设置基本账户的结构和用途；掌握产品成本核算会计处理程序，为后面相关章节的成本核算具体方法学习奠定基础。

【本章重点】

成本核算的要求；生产费用和期间费用的分类；成本核算的一般程序；成本核算的主要会计账户。

【本章难点】

成本核算主要会计账户的性质、结构和内容。

2.1　要素费用和成本项目

2.1.1　要素费用

1. 要素费用的概念

企业产品的生产经营过程既是物化劳动和活劳动的消耗过程，又是价值转移和产品制造的过程。在这一过程中，企业在一定时期内（月、季、年）发生的、用货币表现的各项支出与耗费就形成了企业的费用。企业的各种费用按其经济内容划分，主要有劳动对象、劳动手段和必要活劳动 3 个方面的耗费。这在会计上称为生产要素费用。

2. 要素费用的组成

要素费用可分为劳动对象、劳动手段和活劳动 3 个方面，为了具体地反映生产经营费用的构成和水平，还应在此基础上，将费用进一步划分为以下 8 个要素费用。

（1）外购材料。它是指企业为生产耗用而从外部购进的原材料、辅助材料、半成品、包装物、低值易耗品、修理用备件以及其他直接材料。

（2）外购动力。它是指企业为生产耗用而从外部购进的各种动力。

（3）外购燃料。它是指企业为进行生产而耗用的一切向外购进的各种燃料，包括固体燃料、液体燃料、气体燃料等。

（4）职工薪酬。它是指企业所有应计入生产费用的职工工资、工资性津贴、补贴、奖金及职工福利费用等。

（5）折旧费与摊销费。它是指企业按照规定方法计提的固定资产折旧费和无形资产等的摊销费。

（6）利息支出。它是指企业按规定计入生产费用的借款利息支出减去利息收入后的金额。

（7）税金。它是指企业按照规定计入管理费用的各种税金。

（8）其他支出。它是指不属于以上各要素的费用支出。如差旅费、办公费、租赁费、保险费和诉讼费等。

企业的费用按经济内容分类，可以反映企业在一定时期内发生了那些生产费用，金额各是多少，以便于分析企业各个时期各种费用占整个费用的比重，进而分析企业各个时期各种要素费用支出的水平，有利于考核企业费用计划的执行情况。但是这种分类核算的不足之处在于不能反映各种费用的经济用途以及它们与产品之间的关系，不便于分析这些费用的支出是否节约、合理。例如，同样是材料费用支出，有的用于产品生产，而有的则用于其他方面。所以为了计算产品成本，有必要将费用按其经济用途进行分类。

2.1.2 成本项目

1. 成本项目的概念

费用按经济用途进行分类，首先要将企业发生的费用划分为应计入产品成本的费用和不应计入产品成本的费用两大类。对于应计入产品成本的生产费用还可根据管理需要进一步划分为若干项目，这在会计上称为产品成本项目。

2. 成本项目的组成

工业企业一般应设置以下几个成本项目。

（1）直接材料。它是指直接用于产品生产，构成产品实体的原材料、主要材料以及有助于产品形成的辅助材料。

（2）燃料及动力。它是指直接用于产品生产的各种燃料和动力费用。

（3）直接人工。它是指直接参加产品生产的工人工资薪酬。

（4）制造费用。它是指间接用于产品生产的各项费用，以及虽直接用于产品生产，但不便于直接计入产品成本，因而没有专设成本项目的费用（如机器设备的折旧费用）。制造费用包括为组织和管理生产所发生的生产单位管理人员工资、职工福利费、生产单位房屋、建筑物、机器设备等的折旧费；设备租赁费、修理费、机物料消耗、低值易耗品摊销、取暖费、水电费、办公费、差旅费、运输费、保险费、设计制图费、试验检验费、劳动保险费、季节性、修理期间的停工损失以及其他制造费用。

企业可根据生产的特点和管理要求对上述成本项目作适当调整,对于管理上需要单独反映、控制和考核的费用,以及成本中比重较大的费用,应专设成本项目;否则,为了简化核算,不必专设成本项目。例如,如果废品损失在产品成本中所占比重较大,在管理上需要对其进行重点控制和考核,则应单设"废品损失"成本项目。例如,如果工艺上消耗用的燃料和动力不多,为了简化核算,可将其中的工艺用燃料费用并入"直接材料"成本项目,将其中的工艺用动力费用并入"制造费用"成本项目,不单独设置"燃料及动力"成本项目。

费用按其经济用途进行分类,能够明确地反映出直接用于产品生产上的材料费用是多少,工人工资是多少,生产单位耗用于组织和管理生产的各项支出是多少,从而有助于企业了解费用计划、定额、预算等情况的执行情况,控制费用支出,加强成本管理。

2.1.3 期间费用按经济用途的分类

工业企业的期间费用按经济用途可分为管理费用、财务费用和营业费用。

(1)管理费用。它是指企业为组织和管理企业生产经营所发生的管理费用,包括企业的董事会和行政管理部门在企业经营管理中发生的或者应由企业统一负担的公司经费、工会经费、董事会费、咨询费(含顾问费)、聘请中介机构费、审计费、诉讼费、排污费、绿化费、房产税、车船使用税、土地使用税、土地使用费、土地损失补偿费、技术转让费、矿产资源补偿费、无形资产摊销、业务招待费、存货盘亏或盘盈以及其他管理费用等。

(2)财务费用。它是指企业为筹集生产经营所需资金而发生的利息支出(减利息收入)、汇兑净损失、调剂外汇手续费、金融机构手续费以及筹资发生的其他财务费用等。

(3)营业费用。它是指企业在产品销售过程中发生的各项费用,以及为销售本企业产品而专设的销售机构的各项经费。它包括运输费、装卸费、包装费、保险费、委托代购手续费、广告费、展览费、租赁费(不包括融资租赁费)、销售服务费,以及为销售本企业产品而专设的销售机构(含销售网点、售货服务网点等)的销售部门人员工资、职工福利费、办公费、差旅费、折旧费、修理费、物料消耗、低值易耗品摊销和其他经费等。

2.2 产品成本核算的基本程序、账户设置及账户处理程序

2.2.1 产品成本核算的基本程序

产品成本核算的基本程序如下。

(1)确定成本计算对象,设置生产成本明细账。成本计算对象是生产费用的承担者,即归集和分配生产费用的对象。确定产品成本计算对象是计算产品成本的前提。由于企业

的生产特点、管理要求、规模大小、管理水平的不同，企业成本计算对象也不同。对制造企业而言，产品成本计算对象包括产品品种、产品批别和产品的生产步骤3种。企业应根据自身的生产特点和管理的要求，选择合适的产品成本计算对象设置生产成本明细账（即产品成本计算单）。

（2）对生产费用进行确认和计量。对生产费用进行确认和计量，即对企业的各项支出进行严格的审核和控制，并按照国家的有关规定确定其应否计入产品成本、期间费用。

（3）将计入本期产品成本的费用在各种产品之间进行归集和分配，即将应计入本月产品成本的各要素费用在各有关产品之间按照成本项目进行归集和分配。归集和分配的原则为：产品生产直接发生的生产费用直接作为产品成本的构成内容，直接计入该产品成本；为产品生产服务发生的间接费用，可先按发生地点和用途进行归集汇总，然后分配计入各受益产品。产品成本的计算过程也就是生产费用的分配和汇总过程。

（4）将计入各种产品成本的费用在本期完工产品和在产品之间进行归集和分配，即对既有完工产品又有月末在产品的产品，应将计入各种产品成本的费用，在其完工产品和在产品之间采用适当的方法进行划分，分别求得完工产品和月末在产品的成本。

2.2.2 产品成本核算的账户设置

为了进行成本核算，一般需要设置"生产成本"、"制造费用"两个一级账户。"生产成本"账户下面再分别设置"基本生产成本"和"辅助生产成本"两个二级账户。在实际工作中，也可以将"生产成本"账户分设为"基本生产成本"和"辅助生产成本"两个总分类账户，分别进行成本核算（本书为了列示方便，采用设置"基本生产成本"和"辅助生产成本"两个一级账户进行成本的核算）；还要设置"管理费用"、"财务费用"、"营业费用"等科目进行期间费用的核算，并根据企业具体情况作出增加或减少账户的选择。如果需要单独核算废品损失，还应设置"废品损失"账户。

1. **产品成本核算账户**

（1）"基本生产成本"账户

基本生产是指为完成企业主要生产目的而进行的产品生产。为了归集基本生产所发生的各种生产费用，计算基本生产产品成本，应设置"基本生产成本"账户。基本生产所发生的各种生产费用，计入该账户的借方；完工入库的产品成本，计入该账户的贷方；该账户的余额，就是基本生产在产品的成本，即基本生产在产品占用的资金。该账户应按产品品种或产品批别、生产步骤等成本计算的对象分设基本生产成本明细账（产品成本计算单），明细账内按产品成本项目分设专栏或专行，登记各该产品的各成本项目的月初在产品成本、本月发生的成本、本月完工产品成本和月末在产品成本。其格式及举例如表2-1和表2-2所示。

表 2-1　基本生产成本明细账

产品：甲产品
车间：第一车间　　　　　　　　　　　　　　　　　　　　　　　　单位：元

2007年		摘　要	产量	直接材料	直接人工	制造费用	合计
月	日						
2	28	本月生产费用		25 000	1 300	8 900	35 200
	28	本月完工产品成本	100	25 000	1 300	8 900	35 200
	28	完工产品单位成本		250	13	89	352

表 2-2　基本生产成本明细账

产品：乙产品
车间：第一车间　　　　　　　　　　　　　　　　　　　　　　　　单位：元

2007年		摘　要	产量	直接材料	直接人工	制造费用	合计
月	日						
1	31	月初在产品成本		46 000	3 800	23 000	72 800
2	28	本月生产费用		284 000	21 600	21 200	326 800
	28	生产费用合计		330 000	25 400	44 200	399 600
	28	本月完工产品成本	200	220 000	20 320	35 360	275 680
	28	完工产品单位成本		1 100	101.60	176.80	1 378.40
	28	月末在产品成本		110 000	5 080	8 840	123 920

（2）"辅助生产成本"账户

辅助生产是指为基本生产服务而进行的产品生产和劳务供应。辅助生产所提供的产品和劳务，有时也对外销售，但这不是它的主要目的。为了归集辅助生产所发生的各种生产费用，计算辅助生产所提供的产品和劳务的成本，应设置"辅助生产成本"账户，该账户的借方登记为进行辅助生产而发生的各种费用；完工入库产品的成本或分配转出的劳务成本，计入该账户的贷方；该账户的余额，就是辅助生产在产品的成本，即辅助生产在产品占用的资金。

"辅助生产成本"账户应按辅助生产车间和生产的产品、劳务分设明细分类账，账内按辅助生产的成本项目或费用项目分设专栏或专行进行明细登记。其格式及举例如表2-3所示。

表 2-3　辅助生产成本明细账

车间：机修车间　　　　　　　　2007年6月　　　　　　　　　　　单位：元

2007年		凭证号	摘　要	原材料	职工薪酬	折旧费	低值易耗品	保险费	修理费	其他	合计
6	30		材料费用分配表	2 500							2 500
	30		职工薪酬分配表		1 000						1 000

（续表）

2007年	凭证号	摘要	原材料	职工薪酬	折旧费	低值易耗品	保险费	修理费	其他	合计
30		折旧费用分配表			800					800
30		领用低值易耗品				600				600
30		其他费用							520	520
30		本月发生额	2 500	1 000	800	600			520	5 420
30		本月转出额	2 500	1 000	800	600			520	5 420

（3）"制造费用"账户

为了核算生产部门为生产产品和提供劳务而发生的各项制造费用，应设置"制造费用"账户。该账户借方登记实际发生的制造费用；贷方登记分配转出的制造费用；除季节性生产企业外，该账户月末应无余额。

"制造费用"账户，应按车间、部门设置明细分类账，账内按费用项目设立专栏进行明细登记。其格式及举例如表2-4所示。

表2-4 制造费用明细账

车间名称：机修车间　　　　　　2007年5月　　　　　　单位：元

2007年		凭证号	摘要	材料费用	职工薪酬	折旧费	修理费	保险费	其他	合计
5	31		材料费用分配表	800						800
	31		应付职工薪酬分配表		5 000					5 000
	31		折旧费用分配表			3 000				3 000
	31		辅助生产费用分配表				900			900
	31		邮电费						600	600
	31		合计	800	5 000	3 000	900		600	10 300

2. 期间费用核算账户

"营业费用"账户的明细分类账，应按费用项目设置专栏，进行明细登记。

① "管理费用"账户

为了核算企业行政管理部门为组织和管理企业生产所发生的各项费用，应设置"管理费用"账户。该账户借方登记发生的各项管理费用；贷方登记期末转入"本年利润"账户的管理费用；期末结转后该账户应无余额。

"管理费用"账户的明细分类账，应按费用项目设置专栏，进行明细登记。

② "财务费用"账户

为了核算企业为筹集生产经营所需资金而发生各项费用，应设置"财务费用"账户。

该账户借方登记发生的各项财务费用；贷方登记应冲减财务费用的利息收入、汇兑收益以及期末转入"本年利润"账户的财务费用；期末结转后该账户应无余额。

"财务费用"账户的明细分类账，应按费用项目设置专栏，进行明细登记。

③ "营业费用"账户

为了核算企业在产品销售过程中发生的各项费用，以及为销售本企业产品而专设的销售机构的各项经费，应设置"营业费用"账户。该账户借方登记实际发生的各项产品销售费用；贷方登记期末转入"本年利润"账户的产品销售费用；期末结转后该账户应无余额。

"营业费用"账户的明细分类账，应按费用项目设置专栏，进行明细登记。

2.2.3 产品成本核算的账户处理程序

产品成本核算的基本程序，实际上表现为整个产品成本形成过程的会计核算步骤，内容非常广泛，因而，需要在讲述成本核算时具体阐述。但在讲述成本核算之前，应对产品成本核算的账户处理程序先有一个总括的了解，这里用图形列示其账户处理，如图 2-1 所示。

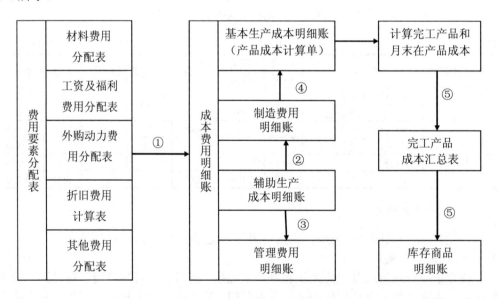

图 2-1 产品成本核算的账户处理程序

①—分配各项要素费用 ②—辅助生产费用的归集和分配 ③—管理费用的归集与分配
④—制造费用的归集与分配 ⑤—计算结转产成品成本

复习思考题

一、简答题

1. 要素费用的构成内容有哪些？
2. 产品成本项目包括哪些内容？
3. 产品成本计算基本程序包括哪些内容？
4. 产品成本核算过程中要设置哪些成本计算账户？
5. 产品成本核算的账户处理程序有哪些步骤？

二、单项选择题

1. 生产经营费用按费用的（　　）分类形成要素费用。
　A．经济内容　　　　　　　　B．经济性质
　C．经济用途　　　　　　　　D．经济作用
2. 实行"三包"的企业，在产品出售后发现的废品所发生的一切损失，应作为（　　）处理。
　A．营业外支出　　B．废品损失　　C．销售费用　　D．管理费用
3. 企业生产对外销售的产品，其完工产品生产成本应在（　　）核算。
　A．基本生产成本二级账户　　　B．辅助生产成本二级账户
　C．制造费用账户　　　　　　　D．库存商品账户
4. 下列项目中不能计入产品成本的费用的是（　　）。
　A．企业管理人员的工资薪酬　　B．企业支付的动力费用
　C．生产工人的工资薪酬　　　　D．车间管理人员工资薪酬
5. 对"基本生产成本明细账"进行登记时，其填列方法与一般明细账登记方法不同的栏次是（　　）。
　A．记账日期栏　　　　　　　　B．摘要栏
　C．本期发生额（成本项目）栏　D．合计栏
6. 在费用分类中，下列说法正确的是（　　）。
　A．"外购材料"是费用按经济内容分类的要素之一，它包含的内容主要是购进的原材料及主要材料等，但不包括外购的修理用的备件
　B．"成本项目"是会计核算上的产品成本构成内容，成本项目可以有若干个，但究竟多少个，由企业根据实际情况决定
　C．费用按经济内容分类与按经济用途分类的项目，是国家规章统一规定的，企业不能做任何改变

D．产品生产过程中耗用的材料费用都是直接生产费用

7．属于产品成本项目的是（　　）。
A．外购材料　　　　B．制造费用　　　　C．外购动力　　　　D．外购燃料

8．在企业未设置"燃料及动力"成本项目的情况下，生产车间发生的直接用于产品生产的动力费用，应借记的账户是（　　）。
A．"管理费用"　　　　　　　　B．"基本生产成本"
C．"生产费用"　　　　　　　　D．"制造费用"

9．以下税金中，不属于工业企业管理费用的是（　　）。
A．增值税　　　　B．房产税　　　　C．土地使用税　　　　D．车船使用税

10．下列各项中应计入制造费用的是（　　）。
A．构成产品实体的原材料费用　　　B．产品生产工人工资薪酬
C．车间管理人员工资薪酬　　　　　D．工艺用燃料费用

三、多项选择题

1．制造企业发生的各种费用按其经济性质首先可以分为（　　）等三大要素。
A．劳动对象方面的费用　　　　B．劳动手段方面的费用
C．活劳动方面的费用　　　　　D．劳动资料方面的费用

2．制造企业的产品成本项目一般设置为三项，即（　　）。
A．直接材料　　　　　　　　　B．直接人工
C．其他直接支出　　　　　　　D．制造费用

3．下列内容中属于工业企业的产品成本核算程序的有（　　）。
A．对发生的各项费用进行合理分类　　B．确定产品成本计算对象
C．归集并分配生产费用　　　　　　　D．合理确定成本计算方法

4．下列各项中，不属于工业企业要素费用的是（　　）。
A．废品损失　　　　B．制造费用
C．直接材料　　　　D．管理费用

5．发生下列各项费用时，可以直接借记"基本生产成本"账户的有（　　）。
A．车间照明用电费　　　　　　B．构成产品实体的原材料费用
C．车间管理人员工资薪酬　　　D．车间生产工人工资薪酬

6．应计入期间费用的项目是（　　）。
A．制造费用　　　　B．销售费用　　　　C．管理费用　　　　D．生产费用

7．下列项目中，不计入产品成本的有（　　）。
A．制造费用　　　　　　　　　B．利息费用
C．固定资产盘亏损失　　　　　D．流动资产盘亏损失

8. 计入产品成本的各种材料费用，按照用途分配应记入（　　）借方账户。
   A．管理费用　　　　　B．制造费用　　　　C．销售费用　　　　D．生产成本
9. 下列项目中，属于制造费用的项目有（　　）。
   A．机物料消耗　　　　　　　　　　　B．修理期间的停工损失
   C．厂部资产保险费　　　　　　　　　D．车间修理费
10. 工资薪酬可能计入的会计科目有（　　）。
    A．财务费用　　　　　B．管理费用　　　　C．制造费用　　　　D．生产成本

四、判断题

1. 费用按经济用途分类形成要素费用。（　　）
2. 要素费用中的"工资及福利费用"与成本项目中的"直接人工"的内容是相同的。（　　）
3. 费用界限的划分过程实际上就是产品成本的计算过程。（　　）
4. 所谓间接费用就是直接计入当期损益的费用。（　　）
5. 为防止乱计和少计生产费用，必须正确划分完工产品与在产品的费用界限。（　　）
6. 直接费用必定是直接计入产品成本的费用。（　　）
7. 成本核算对象就是指生产费用的承担者。（　　）
8. 对费用按经济内容分类形成要素费用。（　　）
9. 企业的全部支出构成了企业的费用。（　　）
10. 印花税应计入制造费用。（　　）

五、实训题

1. 红都电焊机厂是一家专业生产电焊机的工厂，大量生产甲型电焊机，也经常根据客户的定单生产其他型号的电焊机，但批量较小。在生产过程中，主要费用支出包括原材料、燃料与动力、生产工人及车间管理人员工资、车间发生的管理费用等。

   要求：
   （1）根据实训资料，确定甲型电焊机和其他型号的电焊机的产品成本计算对象。
   （2）红都电焊机厂应开设的产品生产成本明细账账页的格式是怎样的？请为他们设计。

2. 凤凰电视机厂是一家专业生产彩色电视机的工厂，生产29寸彩色超平电视机和34寸彩色超平电视机两种产品。2007年5月份有关资料如下。
   （1）生产29寸彩色超平电视机领用原材料55 000元，生产34寸彩色超平电视机领用原材料78 000元，基本生产车间共同耗用原材料5 000元，在建工程领用原材料50 000元。
   （2）基本生产车间领用低值易耗品5 000元。
   （3）分配本月外购动力费用80 000元，其中生产29寸彩色超平电视机耗用8 000元，生产34寸彩色超平电视机耗用10 000元，基本生产车间共同耗用7 000元，在建工程耗用

55 000 元。

（4）生产 29 寸彩色超平电视机工人工资 60 000 元，生产 34 寸彩色超平电视机工人工资 40 000 元，基本生产车间管理人员工资 55 000 元，在建工程人员工资 5 000 元，厂部管理人员工资 25 000 元。

（5）本月提取固定资产折旧 8 000 元，其中基本生产车间 5 000 元，在建工程 1 000 元，厂部管理部门 2 000 元。

（6）以银行存款支付购买车床一套，买价 5 000 元，增值税 850 元。

（7）按照生产工人工资薪酬比例，将制造费用分配计入两种产品成本。

（8）29 寸彩色超平电视机月初无在产品，34 寸彩色超平电视机月初在产品成本为：直接材料 5 000 元，直接人工 6 000 元，制造费用 3 000 元。

（9）月末，29 寸彩色超平电视机完工 100 台，无在产品；34 寸彩色超平电视机完工 100 台，在产品成本为：直接材料 4 000 元，直接人工 4 000 元，制造费用 2 000 元。

要求：

（1）哪些项目不应计入产品成本，金额是多少？

（2）应计入制造费用的金额是多少？按直接生产工人工资比例应分配给 29 寸彩色超平电视机和 34 寸彩色超平电视机各多少制造费用？

（3）应计入 29 寸彩色超平电视机的项目有哪些？产品总成本是多少？单位成本是多少？

（4）应计入 34 寸彩色超平电视机的项目有哪些？产品总成本是多少？单位成本是多少？

第 3 章 生产费用的归集与分配

【学习目标】

通过本章的学习,应该了解各项要素费用的性质和内容,掌握各项要素费用、辅助生产费用、制造费用以及废品损失和停工损失的归集与分配方法。

【本章重点】

材料、人工费用等要素费用的归集和分配,以及辅助生产费用、制造费用的归集和分配方法。

【本章难点】

辅助生产费用的归集和分配方法。

3.1 要素费用核算概述

工业企业费用按其经济内容可以划分为外购材料、外购燃料、外购动力、职工薪酬、折旧与摊销费、利息支出、税金和其他支出等 8 个要素费用。这些要素费用有的直接用于产品生产而且专门设有成本项目;有的直接用于产品生产,没有专门设立成本项目;有的间接用于产品生产;有的用于经营管理;有的属非生产经营管理费用。对这些要素费用,应当分别进行分配和归集,通过不同的账户进行核算。

1. 专设成本项目直接生产费用的基本分配方法

由于基本生产成本明细账(产品成本计算单)按产品设立,账内按成本项目登记,因此,在发生原材料、动力、人工等各种要素费用时,对于直接用于产品生产、专门设有成本项目的费用,即专设成本项目的直接生产费用,应单独地记入"基本生产成本"账户的借方及其所属的产品成本明细账"直接材料"或"燃料及动力"等成本项目。例如构成产品实体的原料及主要材料费用、工艺用燃料费用或生产用动力费用等。

如果是几种产品共同耗用一种原材料,则原材料的费用就是间接计入费用,应采用适当的分配方法,单独地分配后记入这几种产品成本明细账的"直接材料"或"燃料及动力"成本项目。

所谓分配方法的适当,就是分配所依据的标准与所分配的费用多少有比较密切的联系,因而分配结果比较合理,而且分配标准的资料比较容易取得,计算比较简便。分配间接计入费用的标准主要有三类。

(1) 成果类。例如,产品的重量、体积、产量、产值等。

(2) 消耗类。例如,生产工时、生产工资、机器工时、原材料消耗量或原材料费用等。

(3) 定额类。例如,定额消耗量、定额费用等。

分配间接计入费用的计算公式,可以概括为:

$$费用分配率 = \frac{待分配费用总额}{分配标准总额}$$

$$某种产品或某分配对象应负担的费用 = 该产品或对象的分配标准额 \times 费用分配率$$

2. 要素费用中其他用途费用的基本分配方法

(1) 直接用于辅助生产或者间接用于产品生产费用的分配方法

在产品生产过程中,有的费用直接用于辅助生产,如供电、供水、供汽和运输等;有的费用间接用于产品生产(基本生产和辅助生产)但没有专门设立成本项目的各项费用,应该分别记入"辅助生产成本"和"制造费用"总账科目及其所属明细账进行归集。月末将其中用于基本生产产品的费用,通过一定的分配程序,转入"基本生产成本"总账科目和所属产品成本明细账有关的成本项目。这样在"基本生产成本"总账科目和所属各种产品成本明细账的各个成本项目中,就归集了应由本月基本生产各种产品负担的全部生产费用。将这些费用加上月初在产品费用,在完工产品和月末在产品之间进行分配,就可计算出各种完工产品和月末在产品的成本。

(2) 期间费用的核算程序

对于用于产品销售的费用、用于管理和组织生产经营活动的费用,以及用于筹集生产经营资金的费用,则应分别记入"销售费用"、"管理费用"和"财务费用"总账科目和所属明细账进行归集,然后全部转入"本年利润"科目,直接计入当月损益。

(3) 非生产经营管理费用的核算程序

对于用于固定资产购置和建造等非生产经营管理费用,则应记入"在建工程"等科目,然后通过一定的账务处理程序转入"固定资产"等科目。

各种要素费用的分配,都应编制相应的费用分配表,据以编制会计分录,并登记各种成本、费用等明细账和总账。

3.2 材料费用的归集与分配

工业企业进行材料费用核算,首先要进行材料发出的核算,然后根据发出材料的经济用途分配材料费用,将其分别记入各种产品成本和经营管理费用。

3.2.1 材料费用核算的原始凭证

材料费用是指产品在生产过程中所消耗的各种材料物资的货币表现,它在产品成本中一般占有较大比重。因此,加强对材料费用的控制与核算,对于正确计算产品成本,节约材料消耗,从而降低产品成本具有重要的作用。在材料费用的控制与核算过程中,企业除了建立有关材料定额之外,平时领发材料应办理必要的手续,并填制有关凭证。常用的原始凭证有领料单、限额领料单、领料登记表和退料单等。

(1)领料单。领料单是一种一次使用的领发材料的原始凭证,通常由领料单位根据用料计划在领取材料时填制。在领料单中应填明所需材料类别、名称、规格、用途等项目,经领料单位负责人或用料负责人签章后,即可向仓库办理领料手续。发料时,仓库应填明实发数量,并由领发双方共同签章。领料单通常采用一单一料的方式,一般一式三联,一联留存领料单位备查,并可据以计算车间的材料费用;一联交财务部门,作为材料发放与核算的依据;一联留存发料单位,据以登记材料明细账。

领料单一般适用于不经常领用、没有制定消耗定额的材料领料业务。其格式如表 3-1 所示。

表 3-1 领料单

领料单位:第一车间								
材料用途:甲产品			20××年9月				领料单号:3809 发料仓库:6	
材料类别	材料编号	材料名称	材料规格	计量单位	数量 请领	数量 实发	材料单价(元)	金额(元)
钢材	79528	薄钢板	Φ18	千克	150	150	8.20	1230
备注							合计	1230
仓库管理员(签章)			发料人(签章)			审批人(签章)		领料人(签章)

(2)限额领料单。限额领料单是一种在规定的材料领用限额和有效期(最长为一个月)内,可以办理多次领料手续的凭证。限额领料单在每月开始前,由生产计划部门或供应部门根据生产计划、材料消耗定额等有关资料,按照产品和材料分别填制。在限额领料单内,应填明领用材料的单位名称、材料用途、领料单编号、发料仓库、材料名称及其类别、品

种、规格以及在月份内可以领用的材料限额等项目。该单一般一式两联，经审核后分别送交领料单位和发料仓库。领料单位领料时，在限额领料单内填明请领料量，并由负责人签章后，方可到仓库领料。仓库根据限额领料单所列材料的品种、名称、规格在限额内发料，同时，在两联限额领料单内分别填入数量和限额结余，并由双方共同签章，在月份内每次领用此种材料，只要累计的领用数量未超过限额，即可继续使用。月末，领料单位将限额填报。限额领料单的格式如表3-2所示。

表3-2 限额领料单

领料车间：第二车间　　　　　　　　　　　　　　　　　　　领料单编号：509
材料用途：乙产品　　　　　　20××年9月　　　　　　　　发料仓库：3

材料类别	材料编号	材料名称	材料规格	计量单位	领料限额	全月实发数量	计划单价（元）	全月实发金额（元）	备注
产品配件	83062	柱塞	3.5mm	付	5000	4800	4.60	22080	

领料日期	请领		实发			扣除代用		退库		限额余额
	数量	领料单位负责人签章	数量	发料人签章	收料人签章	数量	领料单编号	数量	退料单编号	
	900		900							4100
	1200		1200							2900
	1500		1500							1400
	700		600							800
	600		600							200
	4900		4800							200

供应部门负责人（签章）　　　　　计划部门负责人（签章）　　　　　仓库负责人（签章）

表3-2表明，限额领料单是一单一料、多次使用的累计原始凭证。

采用限额领料单，增加产量需要追加限额时，应当经过有关部门审核批准，然后办理追加手续。由于使用浪费或其他原因需要超过限额领用材料时，应另行填制领料单，注明"第×号限额领料单超限额领料"的字样，并说明理由，经有关部门审批后方可领料。如果仓库没有限额领料单所列材料，需要用另一种材料代替时，也应另填领料单，注明"第×号限额领料单代用材料"字样，经过技术部门审批后才能领料。仓库发出代用材料后，应在限额领料单内填明代用数量，扣减限额余额，同时注明代用材料领料单的号数，以备查对。

（3）领料登记表。领料登记表是一种一单一料、多次使用的累计领发材料凭证，其目的在于减少领发凭证的数量，简化凭证填列和审批手续。领料登记表一般适用于车间、班组按月规定计划领料限额，分批领用的各种消耗性材料的领发业务。该表通常为一式三联，平时在材料仓库留存。领料单位领料时，应在领料登记表中填明领料日期、当日领料数量、累计领料数量，并由领发双方签章。月末，根据领料的累计数量和材料单价计算并填写领料金额，其中一联留存仓库，一联送交领料单位，一联送交财会部门，领料登记表的格式如表3-3所示。

表 3-3 领料登记表

材料类别：辅助材料　　　　　　　　　　　　　领料单位：第三车间
材料编号：36529　　　　　　　　　　　　　　　发料库号：9
材料名称：机械油　　　　　　　　　　　　　　计量单位：千克
材料规格：05　　　　　　20××年9月　　　　　计划限额：80千克

领料日期	领料数量		发料人	领料人	备注
	当 日	累 计			
5	25	25			
18	20	45			
23	18	63			
31	13	76			
材料单价（元）		5.20	金额合计（元）		395.20

（4）退料单。退料单是一种领料单位向仓库退回原领材料的原始凭证。生产产品所领用的材料如果月末有剩余，应及时办理退料手续，以便正确反映存货价值和产品成本。对于下月不再使用的材料，应填制退料单或红字领料单，将材料退回仓库，对于下月继续使用的材料，可办理"假退料"手续，即一方面填制本月份的退料单，冲减本月领用材料的数量；另一方面，又按相同的数量填制下月领料单，表示又将该批材料领回。"假退料"只办理领退料手续，实物并不转移。退料单一式三联，退料单位、发料仓库和财会部门各执一联，其格式如表3-4所示。

表 3-4 退料单

退料单位：第一车间　　　　　　　　　　　　　退料单编号
领料用途：甲产品　　　　　20××年7月31日　　发料库号：4

材料类别	材料编号	材料名称	材料规格	计量单位	退料			退料原因
					数量	单价（元）	金额（元）	
主要材料	32578	45号钢	$\phi20$	千克	23	5.90	135.70	月末剩余

仓库管理员（签章）　　　　　审批人（签章）　　　　　退料人（签章）

3.2.2　材料发出的核算

1. 按实际成本计价材料发出的核算

（1）发出材料实际单位成本的计算方法

按实际成本计价计算发出材料的金额，应先采用一定的计算方法确定发出材料单价，即发出材料的实际单位成本,然后计算发出材料金额,进行账务处理。

发出材料实际单位成本的计算方法,有先进先出法、全月一次加权平均法、移动加权平均法和个别计价法等。

① 先进先出法。这种计价方法是以先收进的材料先发出为假定前提。在材料发出时,应按仓库所存材料最先收入的那批收进材料的单价计价,依此类推。期末结存材料按本期最后一次收进材料的单价计价;如果收进的此批材料数量较小,不足部分按上一批收进材料的单价计价,依此类推。

采用这种计价方法,可以在发出材料时就对发料凭证进行计价,并及时登记材料明细账发出和结存金额,有利于均衡核算工作。但是,在材料收发业务频繁,特别是发出的材料属多批收进的材料时,要采用多个单价计价,比较麻烦。

采用这种计价方法,资产负债表反映的期末结存材料的价值接近当时的市场价值,但本期损益计算不正确。在物价持续上涨的情况下,计入本期产品成本的材料费用偏低,本期利润偏高;在物价持续下跌的情况下,计入本期产品成本的材料费用偏高,导致本期利润偏低。

先进先出法具体计算如表 3-5 所示。

表 3-5 材料明细分类账(先进先出法)

材料类别:辅助材料　　　　　　　　　　　　　　　　　　　存放地点:
材料编号:36275　　　　　　　　　　　　　　　　　　　　最高储备量:
名称及规格:酒精　　　　　　　　　　　　　　　　　　　　最低储备量:
　　　　　　　　　　　　　　　　　　　　　　　　　　　　计量单位:千克

20××年		凭证编号	摘要	收入			发出			结存		
月	日			数量	单价(元)	金额(元)	数量	单价(元)	金额(元)	数量	单价(元)	金额(元)
10	1		上月结余							100	0.50	50
10	5		购 入	300	0.52	156				100 300	0.50 0.52	206
10	10		领 用				100	0.50		300	0.52	156
10	12	(略)	领 用				200	0.52	104	100	0.52	52
10	16		购 入	300	0.55	165				100 300	0.52 0.55	217
10	20		领 用				100	0.52	52	300	0.55	165
10	30		领 用				100	0.55	55	200	0.55	110
10	31		合 计	600		321	500		211	200	0.55	110

② 全月一次加权平均法。这种计价方法是以月初结存材料金额与全月收入材料金额之和,除以月初结存材料数量与全月收入材料数量之和,计算出以数量为权数的材料平均单价。这种平均单价于每月月末计算一次,其计算公式为:

$$发出材料全月一次加权平均单价 = \frac{月初结存材料金额 + 全月收入材料金额}{月初结存材料数量 + 全月收入材料数量}$$

发出材料金额 ＝ 发出材料数量 × 全月一次加权平均单价

采用这种计价方法，发出材料的单价只于月末计算一次，可以大大简化核算工作，但因平时不能计算、登记材料明细账发出和结存金额，核算工作不均衡，也不利于材料资金的日常管理。

采用这种计价方法，计入本期产品成本的材料费用和期末结存材料的价值与实际不符，当材料市场价格发出较大的波动时，会影响到本期损益和资产负债表反映的期末结存材料价值计算的正确性。

按全月一次加权平均法计算的材料明细分类账如表3-6所示。

表3-6　材料明细分类账（全月一次加权平均法）

材料类别：辅助材料　　　　　　　　　　　　　　　存放地点：
材料编号：36275　　　　　　　　　　　　　　　　最高储备量：
名称及规格：酒精　　　　　　　　　　　　　　　　计量单位：千克

20××年		凭证编号	摘要	收入			发出			结存		
月	日			数量	单价（元）	金额（元）	数量	单价（元）	金额（元）	数量	单价（元）	金额（元）
10	1	（略）	上月结余							100	0.50	50
10	5		购 入	300	0.52	156				400		
10	10		领 用				300			100		
10	16		购 入	300	0.55	165				400		
10	20		领 用				100			300		
10	30		领 用				100			200		
10	31		合 计	600		321	500	0.53	265	200	0.53	106

从表3-6中，可以看出：

$$发出材料全月一次加权平均单价 = \frac{50+321}{100+600} = 0.53 （元/千克）$$

发出材料金额＝0.53×500＝265（元）

月末结存材料＝0.53×200＝106（元）

③ 移动加权平均法。这种计价方法是以原来结存材料金额与本批收入材料金额之和，除以原来结存材料数量与本批收入材料数量之和，计算出以数量为权数的材料平均单价。这种平均单价每购进一批材料要计算一次。其计算公式为：

$$发出材料移动加权平均单价 = \frac{原来结存材料金额 + 本批收要入材料金额}{原来结存材料数量 + 本批收入材料数量}$$

发出材料金额＝发出材料数量×发出材料移动加权平均单价

采用这种计价方法，可以在发出材料时就对发料凭证进行计价，并及时登记材料明细账发出和结存金额，有利于均衡核算工作。但是在材料收发业务频繁时，计价工作比较麻烦。

采用这种计价方法，资产负债表反映的期末结存材料的价值和计入本期产品成本的材料费用都接近当时的市场价格，本期损益的计算比较正确。

按移动加权平均法计算的材料明细分类账如表 3-7 所示。

表 3-7 材料明细分类账（移动加权平均法）

材料类别：辅助材料　　　　　　　　　　　　　　　　　　　　　存放地点：
材料编号：36276　　　　　　　　　　　　　　　　　　　　　　　最高储备量：
名称及规格：螺丝　　　　　　　　　　　　　　　　　　　　　　计量单位：件

20××年		凭证编号	摘要	收入			发出			结存		
月	日			数量	单价（元）	金额（元）	数量	单价（元）	金额（元）	数量	单价（元）	金额（元）
10	1	（略）	上月结余							100	0.50	50
10	5		购入	200	0.53	106				300	0.52	156
10	10		领用				200	0.52	104	100	0.52	52
10	16		购入	300	0.56	168				400	0.55	220
10	20		领用				100	0.55	55	300	0.55	165
10	30		领用				100	0.55	55	200	0.55	110
10	31		合计	500		274	400		214	200	0.55	110

在表 3-7 中，10 月 5 日结存材料的加权平均单价为：

$$\frac{50+106}{100+200}=0.52 \text{（元/千克）}$$

10 月 10 日发出材料金额＝0.52×200＝104（元）

其他批次材料成本的计算依此类推。

④ 个别计价法。这种计价方法是以原来收入材料的单价作为本次发出或期末结存材料的单价来计算发出或结存材料的金额。

采用这种计价方法，要求材料仓库在每次收进材料时，分别存放并标明其单价。

采用这种计价方法，可以在发出材料时就对发料凭证进行计价。其登记材料明细账的方法，与先进先出法基本相同。它可以及时登记材料明细账，均衡材料核算工作，但在一次发料包括几批收料、几个不同的单价时，核算工作比较复杂。

在个别计价法下，资产负债表反映的期末结存材料价值和计入本期产品成本的材料费用都不够稳定，本期损益的计算也存在一定程度的不稳定性。

上述发出材料计价的 4 种方法，各有其优缺点，企业可以根据具体条件选择采用。但一经采用不得任意变更，以保证各期核算资料的一贯性和可比性。

（2）按实际成本计价进行的材料发出的核算

为了进行材料收发结存的总分类核算，应设置"原材料"总分类账户。企业发出的材料主要为制造产品领用，此外还有管理部门、在建工程领用等。企业应根据材料的用途填制各种领料凭证。月末，按领用材料的部门和用途归类汇总编制"发料凭证汇总表"，财会部门据此进行材料发出的总分类核算。"发料凭证汇总表"如表3-8所示。

表3-8　发料凭证汇总表

20××年4月　　　　　　　　　　　单位：元

应借账户	领用期间	应贷账户 原材料
基本生产成本	1～10日	86 000
	11～20日	42 000
	21～30日	33 000
	小计	161 000
辅助生产成本	1～10日	5 000
	11～20日	2 500
	21～30日	1 500
	小计	9 000
制造费用	1～10日	700
	11～20日	1 180
	21～30日	170
	小计	2 050
销售费用	1～10日	100
	11～20日	235
	21～30日	125
	小计	460
管理费用	1～10日	380
	11～20日	192
	21～30日	50
	小计	622
合　计		173 132

根据表3-8中的资料，编制发料会计分录如下。

借：基本生产成本　　　　　　　　　　　　　　　161 000
　　辅助生产成本　　　　　　　　　　　　　　　　9 000
　　制造费用　　　　　　　　　　　　　　　　　　2 050
　　销售费用　　　　　　　　　　　　　　　　　　　460
　　管理费用　　　　　　　　　　　　　　　　　　　622
　　贷：原材料　　　　　　　　　　　　　　　　173 132

2. 按计划成本计价进行材料发出的核算

（1）按计划成本计价组织材料日常核算

材料总账和明细账中收、发材料的金额都按计划成本进行登记。为了正确核算计划成本、成本差异、计算实际成本，需要设置"原材料"、"材料采购"、"材料成本差异"等总账，按照材料类别设置材料采购明细账和材料成本差异明细账（具体核算方法见财务会计课程）。

（2）按计划成本进行材料发出的核算

企业发出的材料主要为制造产品领用，此外，还有管理部门领用、在建工程领用和材料的出售等。企业应根据材料的用途填制各种领料凭证，月末，按领用材料的部门和用途归类汇总编制"发料凭证汇总表"，如表 3-9 所示。

表 3-9　发料凭证汇总表

20××年 4 月　　　　　　　　　　　　　　　　　　　　　　　单位：元

应借账户	领用期间	应贷账户：原材料 计划成本	材料成本差异 成本差异（差异率-1%）
基本生产成本	1～10 日	86 000	−860
	11～20 日	42 000	−420
	21～30 日	33 000	−330
	小计	161 000	−1610
辅助生产成本	1～10 日	5 000	−50
	11～20 日	2 500	−25
	21～30 日	1 500	−15
	小计	9 000	−90
制造费用	1～10 日	700	−7
	11～20 日	1 180	−11.80
	21～30 日	170	−1.70
	小计	2 050	−20.50
销售费用	1～10 日	100	−1
	11～20 日	235	−2.35
	21～30 日	125	−1.25
	小计	460	−4.60
管理费用	1～10 日	380	−3.80
	11～20 日	192	−1.92
	21～30 日	50	−0.5
	小计	622	−6.22
合　计		173 132	−1731.32

表 3-9 中的材料成本差异，其计算公式为：

$$\text{材料成本差异率} = \frac{\text{月初结存材料成本差异} + \text{本月收入材料成本差异}}{\text{月初结存材料计划成本} + \text{本月收入材料计划成本}} \times 100\%$$

发出材料成本差异 ＝ 发出材料计划成本 × 材料成本差异率

根据表 3-9 中的资料编制会计分录如下。

① 借：基本生产成本　　　　　　　　　　　61 000
　　　　辅助生产成本　　　　　　　　　　　 9 000
　　　　制造费用　　　　　　　　　　　　　 2 050
　　　　销售费用　　　　　　　　　　　　　　 460
　　　　管理费用　　　　　　　　　　　　　　 622
　　　贷：原材料　　　　　　　　　　　　　173 132
② 借：基本生产成本　　　　　　　　　　　 1 610
　　　　辅助生产成本　　　　　　　　　　　　 90
　　　　制造费用　　　　　　　　　　　　　 20.50
　　　　销售费用　　　　　　　　　　　　　 4.60
　　　　管理费用　　　　　　　　　　　　　 6.22
　　　贷：材料成本差异　　　　　　　　　　1 731.32

由于表 3-9 中的差异为节约差异，所以要用红字登记；如果是超支差异，则用蓝字登记。

现举例说明材料成本差异的计算。

【例 3-1】　某公司 8 月初结存材料的计划成本为 47 000 元，月初结存材料成本差异为节约差异 600 元。本月收入材料的计划成本为 353 000 元，收入材料的成本差异为超支差异 4 000 元。本月生产产品领用材料 250 000 元。

要求：计算本月材料成本差异率和发出材料应负担的成本差异。

解：

$$本月材料成本差异率 = \frac{(-600) + 4\,000}{47\,000 + 353\,000} \times 100\% = 0.85\%$$

$$发出材料成本差异 = 250\,000 \times 0.85\% = 2125（元）$$

3.2.3　材料费用分配的核算

产品成本中的原材料费用，所占比重较大，所以产品成本总账和明细账中设置有专门的成本项目："直接材料"或"原材料"。"直接材料（原材料）"成本项目核算直接用于产品生产，构成产品实体的原料及主要材料、外购半成品，以及有助于产品形成的辅助材料等费用。

构成产品实体的原料及主要材料，例如纺织用棉、冶炼用矿石和制造机械用的钢材等，通常按部门分产品领用，这些原料及主要材料费用属于直接计入费用，应根据领料凭证直接计入各种产品成本的"直接材料"成本项目。

原料及主要材料也有不能分产品领用的，如化工生产中为几种产品共同耗用的原料。这种原材料费用属于间接计入费用，需要采用较合理又较简便的分配方法，分配计入各种产品成本。分配方法有按照产品的产量、重量、体积分配，定额消耗量比例分配或定额费用分配法等，下面介绍材料定额消耗量比例分配法。

在材料消耗定额比较准确的情况下，原料及主要材料费用可以按照产品的材料定额消耗量的比例进行分配。按定额消耗量比例分配的计算公式如下。

$$某种产品材料定额消耗量 = 该种产品实际产量 \times 单位产品材料消耗定额$$

$$材料消耗量分配率 = \frac{材料实际总消耗量}{各种产品材料定额消耗量之和}$$

$$某种产品应分配的材料数量 = 该种产品的材料定额消耗量 \times 材料消耗量分配率$$

$$某种产品应分配的材料费用 = 该种产品应分配的材料数量 \times 材料单价$$

【例 3-2】 领用某种原料 1 053 公斤，单价 2 元，原料费用合计 2 106 元，共生产甲产品 400 件，乙产品 300 件。甲产品消耗定额为 1.2 公斤，乙产品消耗定额为 1.1 公斤，分配计算如下。

甲产品原料定额消耗量＝400×1.2＝480 元（公斤）
乙产品原料定额消耗量＝300×1.1＝330 元（公斤）
原料消耗量分配率＝1 053÷（480＋330）＝1.3
甲产品应分配的原料数量＝480×1.3＝624（公斤）
乙产品应分配的原料数量＝330×1.3＝429（公斤）
合计：1 053（公斤）
甲产品应分配的原料费用＝624×2＝1 248（元）
乙产品应分配的原料费用＝429×2＝858（元）
合计：2 106（元）

采用例 3-2 中的先分配材料实际消耗量，再乘以材料单价的计算方法分配材料费用，可以考核材料消耗定额的执行情况，有利于加强成本管理。为了简化核算工作，也可以采用按定额消耗量的比例直接分配材料费用的方法。仍以例 3-2 中的资料为例，分配计算如下。

$$原料费用分配率 = \frac{2106}{480+330} = 2.6$$

甲产品应分配的原料费用＝480×2.6＝1 248（元）
乙产品应分配的原料费用＝330×2.6＝858（元）

直接用于产品生产的辅助材料，如果是直接计入费用，则直接计入各种产品成本的"直接材料"项目。但在一般情况下，辅助材料多属几种产品共同耗用的间接计入费用，需要采用一定的方法在各种产品之间进行分配。对于耗用在原料及主要材料上的辅助材料，如油漆、燃料、电镀材料等，应按原料及主要材料耗用量的比例分配；对与产品产量直接有联系的辅助材料，如某些包装材料，可按产品产量比例分配。在辅助材料消耗定额比例准确的情况下，也可按照产品定额费用的比例分配辅助材料费用。

【例 3-3】 新兴工厂 2000 年 8 月份生产甲、乙两种产品，其直接用于产品生产的主要材料是直接计入费用，可以直接计入该两种产品成本的"直接材料"项目。直接用于产品生产的辅助材料，是间接计入费用，其耗用量与主要材料的耗用量密切相关，规定按直接计入的主要材料费用的比例进行分配。其主要材料费用的比例为：甲产品 75 600 元，乙产品 41 700 元；两种产品共同耗用的辅助材料费用为 35 190 元，分配计算如下。

$$辅助材料费用分配率 = \frac{35190}{75600+41700} = 0.3$$

甲产品辅助材料费用 = 75 600 × 0.3 = 22 680（元）
乙产品辅助材料费用 = 41 700 × 0.3 = 12 510（元）

原材料费用的分配可以归纳为：直接用于产品生产的各种原材料费用，应记入"基本生产成本"总账及其所属明细账借方的"直接材料"成本项目；用于辅助生产的原材料费用，应记入"辅助生产成本"总账及其所属明细账借方的相应成本（或费用）项目；用于基本生产车间管理的原材料费用，应记入"制造费用（基本生产）"账户的借方；用于厂部组织和管理生产经营活动等方面的原材料费用，应记入"管理费用"账户的借方；用于产品销售的原材料费用，应记入"销售费用"账户的借方；已发生的各种原材料费用总额，应记入"原材料"账户的贷方。

在实际工作中，原材料费用的分配是通过编制原材料费用分配表进行的。这种分配表是按车间、部门和材料的类别，根据归类后的领退料凭证和其他有关资料编制的。原材料费用分配表的格式及举例如表 3-10 所示。

表 3-10 原材料费用分配表

车间或部门名称：　　　　　　　　××××年××月　　　　　　　　单位：元

应借科目		直接计入金额	分配计入		材料费用合计
			定额消耗量（公斤）	分配金额 分配率1.8	
基本生产成本	甲产品	1 520	3600	6480	8 000
	乙产品	740	1200	2160	2 900
	小计	2 260	4800	8640	10 900
辅助车间	供电车间	450			450
	供水车间	650			650
	小计	1 100			1 100
制造费用		200			200
管理费用		200			200
销售费用		180			180
合计		3 940		8640	12 580

根据表 3-10 中的资料编制会计分录,然后据以登记有关总账和明细账。

借:基本生产成本　　　　　　　　　　　　10 900
　　辅助生产成本　　　　　　　　　　　　 1 100
　　制造费用　　　　　　　　　　　　　　　 200
　　管理费用　　　　　　　　　　　　　　　 200
　　销售费用　　　　　　　　　　　　　　　 180
贷:原材料　　　　　　　　　　　　　　　12 580

表 3-10 和会计分录是原材料按实际成本进行核算时的情形,如果原材料按计划成本进行核算,表 3-10 和会计分录还需要分配原材料成本差异。

3.3　人工费用的归集与分配

3.3.1　职工薪酬范围

新颁布的会计准则规定,职工薪酬是指企业为了获取职工提供的服务而给予各种形式的报酬以及其他相关支出。它主要包括以下内容。

(1) 职工工资、奖金、津贴和补贴。它是指按照有关标准、规定应付给职工的计时工资、计件工资、超额劳动报酬、增收节支奖励,以及各种津贴、补贴。

(2) 职工福利费。它是指企业用于改善职工生活条件的如职工医院、浴室、食堂餐厅等费用支出。

(3) 社会保险费。它是指企业按照国家有关标准和比例,向社会保险经办机构缴纳的"五险",即医疗保险费、养老保险费、失业保险费、工伤保险费和生育保险费等社会保险费。

(4) 住房公积金。它是指企业按照国家住房公积金管理条例规定,向住房公积金管理机构缴存的住房公积金。

(5) 工会经费和职工教育经费。它是指企业按照一定比例从成本费用中提取的,用于职工后续教育培训的以及工会活动的费用支出。

(6) 非货币性福利。它是指向职工发放的企业自产产品或外购商品,或无偿向职工提供住房等资产使用的福利。

(7) 解除与职工劳动关系给予的补偿。它是指在职工劳动合同尚未到期前,企业决定解除与职工的劳动关系而给予的补偿;或者为鼓励职工自愿接受裁减而给与的补偿。职工有权利选择继续在职或接受补偿离职。

(8) 其他相关支出。它是指其他与获得职工提供的服务相关的支出。

职工薪酬准则(企业会计准则第 9 号)规定,应由生产产品、提供劳务负担的职工薪酬,计入产品成本或劳务成本;应由在建工程、无形资产负担的职工薪酬,计入建造固定资产或无形资产成本,除上述之外的其他职工薪酬,计入当期损益。

3.3.2 工资总额的组成

工资总额是指各单位在一定时期内直接支付给本单位全部职工的全部劳动报酬总额。为了统一工资的计划、统计和会计核算工作,国家对工资总额的组成做了统一的规定。企业必须按照国家规定的工资总额的组成内容进行工资费用的核算。

按照国家统计局规定,工资总额由下列6个部分组成。

(1) 计时工资。它是指按计时工资标准和工作时间支付给职工的劳动报酬。工资标准是指每一职工在单位时间(月、日或小时)内应得的工资额。为了贯彻按劳分配的原则,应该为不同职务、不同工程和不同等级的职工分别规定不同的工资标准。

(2) 计件工资。它是指对已做工作按计件单价支付的劳动报酬。计件单价是指完成单位工作应得的工资额。计件单价根据完成单位工作所需的工时定额,乘以从事该种工作所需要的那一等级工人的每小时工资标准(也称小时工资率)计算确定。

由于集体生产或连续操作,不能够按个人计算工作量的,也可以按参加工作的集体(一般为班组)计算、支付集体计件工资。集体计件工资还应在集体成员内部按照每一职工劳动的数量和质量进行分配。

(3) 奖金。它是指支付给职工的超额劳动报酬和增收节支的劳动报酬,包括:生产奖;节约奖;劳动竞赛奖;机关、事业单位的奖励工资;企业支付的其他奖金。奖金应该按照国家和本单位有关规定计算、支付。

(4) 津贴和补贴。它是指为补偿职工特殊或额外的劳动消耗和因其他特殊原因支付给职工的津贴,以及为了保证职工工资水平不受物价影响支付给职工的物价补贴。

津贴包括:补偿职工特殊或额外劳动消耗的津贴;保健性津贴;技术性津贴;年功性津贴;其他津贴。补贴包括为保证职工工资水平不受物价上涨影响而支付的各种物价补贴。津贴和补贴也应按照国家和本单位的规定计算、支付。

(5) 加班加点工资。它是指按规定支付的加班工资或加点工资。

(6) 特殊情况下支付的工资。根据国家法律、法规和政策规定,特殊情况下支付的工资包括以下几个方面。

① 疾病、工伤、产假、计划生育假、婚丧假、探亲假、定期休假、停工学习等工资。

② 附加工资和保留工资。

在进行工资费用核算时,应该划清工资总额组成与非工资总额组成的界限。例如,为生产工人购买劳动保护用品的支出,属于劳动保护费,应作为制造费用计入产品成本;职员出差的伙食补助和误餐补助,以及职工市内交通补助,属于差旅费,应作为管理费用开支;职工洗涤理发费补助(简称洗理费),属于职工福利费,应作为应付职工薪酬开支。上述款项,有时虽然随同工资发给职工,但都不属于工资总额的组成内容,不应计入工资费用。

工资费用的大部分应计入产品成本和期间费用，但也有些工资费用，不应计入产品成本或期间费用，如生活福利部门人员的工资，属于职工福利费用，应作为应付职工薪酬开支。

3.3.3　工资费用的原始记录

进行工资费用核算，必须有一定的原始记录作为依据。不同的工资制度所依据的原始记录不同。计算计时工资费用，应以考勤记录中的工作时间记录为依据；计算计件工资费用，应以产量记录中的产品数量和质量记录为依据。考勤记录和产量记录是工资费用核算的主要原始记录。

1. 考勤记录

考勤记录是登记出勤和缺勤时间等情况的原始记录，一般采用考勤簿的形式。考勤簿应该按照车间、生产小组和部门分月设置，根据各单位在册人员的编号、姓名分行逐日登记。如有职工录用、内部调动或调离出厂，应根据人事部门通知在考勤簿中进行人员变动的记录。各部门的考勤簿则由各该部门指定专人负责登记，月末对月内出勤情况和缺勤原因进行归类汇总。

考勤记录也可采用考勤卡片形式，按职工分别设立，每人每年或每月一张，在年初、月初或职工录用、调入时设立。在人员发生变动时，应该根据人事部门的通知，将卡片在内部单位之间进行转移或注销。考勤卡片的登记项目与考勤簿相同。如果企业或车间安装了自动计时机和考勤钟，职工上下班时，只要将卡片插入机器内，就会自动打印出上下班的时间。

月末，考勤人员应该将经过车间、部门负责人检查、签章以后的考勤记录，送交会计部门审核。经过会计部门审核的考勤记录，即可据以计算每一职工的工资；根据出勤或缺勤日数，计算应发的计时工资，根据夜班次数和加班加点时数，计算夜班津贴和加班加点工资；根据病假日数计算病假工资等。

2. 产量记录

产量记录是登记工人或生产小组在出勤时间内完成产品的数量、质量和生产产品所用工时数量的原始记录。产量记录，不仅可以为计算计件工资费用提供依据，还可以为在各种产品之间分配与工时有关的费用提供合理的依据。由于产量记录中不仅登记有实际产量和实用工时，还登记有每件产品的工时消耗定额，以及按实际产量和工时定额计算的定额工时。同时它还是统计每种产品实际产量、监督生产作业计划和工时定额执行情况的依据。

在各种工业企业，甚至在同一企业的各个车间中，产量记录的内容和格式，由于生产特点和劳动组织形式不同而有所不同。一般应该包括的内容是：产品、作业或订单的名称、编号；生产车间、小组的名称；操作工人的编号、姓名；所用机器设备的名称、编号；收到加工的材料、毛坯或零件的名称、编号和数量；完成的合格品和户口的数量；实用工时和定额工时等。此外，还应包括计件单价、合格品的计件工资，以及不是由于工人过失产生废品的废品工资。

会计部门应该对产量记录进行审核。经过审核的产量记录，即可作为计算计件工资的依据。

3.3.4 工资的计算

计算工资并按其用途分配工资费用，是工资费用核算的主要内容。工业企业可以根据具体情况采用各种不同的工资制度，其中最基本的工资制度是计时工资制度和计件工资制度。

1. 计时工资的计算

职工的计时工资，根据考勤记录登记的每一职工出勤或缺勤日数，按照规定的工资标准计算。工资标准按其计算的时间不同，可分为月薪制、日薪制和小时工资制。采用月薪制，不论各月日历天数多少，每月的标准工资相同，只要职工出满勤，即可得到当月的标准工资；日薪制是按照职工出勤天数和日工资标准计算应付的计时工资；小时工资制是按照职工每日工作时数和以小时为单位的工资标准计算应付的计时工资。企业固定职工的计时工资一般按月薪制计算；一般临时职工的计时工资大多按日薪制或小时工资制计算。下面着重讲述月薪制计时工资的计算方法。

为了按照职工出勤或缺勤日数计算应付的月工资，还应根据月工资标准计算日工资率，即每日平均工资。由于各月日历日数不同，有的月份是 30 日，有的月份是 31 日，2 月份则只有 28 日或 29 日，因而同一职工各月的日工资率不尽相同。在实际工作中为了简化工作，日工资率一般按以下两种方法之一计算。

（1）每月固定按 30 日计算。它是以月工资标准除以 30 日，算出每月的日工资率。此种计算方法由于节假日也算工资，因而出勤期间的节假日，也按出勤算工资，事假、病假等缺勤期间的节假日，也按缺勤扣工资。其计算公式如下。

日工资率 = 月工资标准 / 30

（2）每月固定按 20.92 日计算。它是以月工资标准除以 20.92 日（按年日历数 365 日减去 104 个双休日和 10 个法定节假日后再除以 12 个月）算出每月的日工资率。此种计算方法节假日不付工资，也不扣工资。其计算公式如下。

日工资率 = 月工资标准 / 20.92

每月应付职工工资，可以按日工资率乘以出勤日数计算，也可以按月工资标准扣除缺勤工资（即日工资率乘以缺勤日数）计算。具体又可分为以下 4 种情况计算。

（1）按 30 日算日工资率，按缺勤日数扣月工资。

（2）按 30 日算日工资率，按出勤日数算月工资。

（3）按 20.92 日算日工资率，按缺勤日数扣月工资。
（4）按 20.92 日算日工资率，按出勤日数算月工资。

【例 3-4】 某工业企业某工人的月工资标准为 840 元。8 月份，病假 2 日，事假 4 日，星期休假 10 日，出勤 15 日。根据该工人的工龄，其病假工资按工资标准的 90% 计算。该工人的病假和事假期间没有节假日，按上述 4 种方法分别计算该工人 8 月份的标准工资如下。

（1）按 30 日算日工资率，按缺勤日数扣月工资

$$日工资率 = \frac{840}{30} = 28（元）$$

应扣缺勤病假工资 = 28×2×(100-90)% = 5.6（元）
应扣缺勤病假工资 = 28×4 = 112（元）
应付职工薪酬 = 840－5.6－112 = 722.4（元）

（2）按 30 日算日工资率，按出勤日数算月工资

$$日工资率 = \frac{840}{30} = 28（元）$$

应算出勤工资 = 28×(15＋10) = 700（元）
应算出病假工资 = 28×2×90% = 50.4（元）
应付职工薪酬 = 700＋50.4 = 750.4（元）

（3）按 20.92 日算日工资率，按缺勤日数扣月工资

$$日工资率 = \frac{840}{20.92} = 40.15（元）$$

应扣缺勤病假工资 = 40.15×2×(100－90)% = 8.03（元）
应扣缺勤事假工资 = 40.15×4 = 160.6（元）
应付职工薪酬 = 840－8.03－160.6 = 671.37（元）

（4）按 20.92 日算日工资率，按出勤日数算月工资

$$日工资率 = \frac{840}{20.92} = 40.15（元）$$

应算出勤工资 = 40.15×15 = 602.25（元）
应算出病假工资 = 40.15×2×90% = 72.27（元）
应付职工薪酬 = 602.25＋72.27 = 674.52（元）

计算计时工资的上述 4 种方法，由企业自行确定，确定以后，不应任意变更。但按 20.92 日计算日工资率，节假日不算工资，更能体现按劳分配的原则；而且职工缺勤日数总比出勤日数少，计算缺勤工资总比计算出勤工资简便。因此，按 20.92 日计算日工资率、按缺勤扣月工资的方法，相对地说比较好。

2. 计件工资的计算

（1）个人计件工资的计算

职工的计件工资，应根据产量记录中登记的每一工人的产品产量，乘以规定的计件单价计算。这里的产量包括合格品产量和不是由于工人本人过失造成的不合格品产量（料废产品数量）。由于工人本人过失造成的不合格品（工废产品），不计算、支付工资，有的还应由工人赔偿损失。同一工人在月份内可能从事计件工资单价不同的各种产品的生产，因而计件工资的计算公式应该是：

应付职工薪酬 = $\sum$ 月内每种产品的产量 × 该种产品的计件单价

产品的计件单价是根据工人生产单位产品所需要的工时定额和该级工人每小时的工资率计算求出的。

【例3-5】 甲、乙两种产品都应由6级工人加工。甲产品的工时定额为30分钟，乙产品的工时定额为15分钟。6级工的小时工资率为0.5元。该两种产品的计件工资单价应计算如下。

$$甲产品计件单价 = \frac{0.5 \times 30}{60} = 0.25（元）$$

$$乙产品计件单价 = \frac{0.5 \times 15}{60} = 0.125（元）$$

某6级工共生产甲产品400件，乙产品600件。其计件工资为：

应付职工薪酬 = 400 × 0.25 + 600 × 0.125 = 175（元）

同一工人如果生产计件单价不同的各种产品，为了简化计算工作，也可以根据每一工人完成的产品定额工时总数和工人所属等级的小时工资率，计算计件工资。其计算结果与按计件工资的计算公式结果应该相同。

该工人完成的产品定额工时为：

$$甲产品定额工时 = \frac{400 \times 30}{60} = 200（时）$$

$$乙产品额定工时 = \frac{400 \times 15}{60} = 150（时）$$

该工人完成产品定额工时总数 = 200 + 150 = 350（时）

按该工人完成的产品定额工时总数和小时工资率计算的计件工资为：

应付职工薪酬 = 350 × 0.5 = 175（元）

以上两种方法计算结果相同。由于产量记录中记有每种产品的定额工时数，而且每一工人完成的各种产品的定额工时数可以加总，因而在生产多种产品时，后一种方法比较简便。

（2）集体计件工资的计算

按生产小组等集体计件工资的计算方法与个人计件工资的计算方法基本相同。不同之处是：集体计件工资还要在集体内部每个工人之间按照贡献大小进行分配。由于工人的级别或工资标准一般体现工人的技术水平和劳动的质量，工作日数一般体现劳动的数量，因而集体计件工资在集体内部大多按每人的工资标准和工作日数（或工时数）的乘积比例进行分配。

【例 3-6】 某工业企业某生产小组集体完成若干项生产任务，按照一般计件工资的计算方法算出并取得集体工资 50 000 元。该小组由 3 个不同等级的工人组成，每人的姓名、等级、日工资率、出勤日数，以及按日工资率和出勤日数计算的工资额（即集体计件工资内部的分配标准）如表 3-11 所示。

表 3-11 集体计件工资分配标准

集体单位：×生产组　　　　　　　　200×年 5 月

工人姓名	等级	工资标准（日工资率）	出勤日数	按日工资率和出勤日数计算的工资额（元）
张某	6	20	25	500
赵某	5	18	23	414
李某	4	16	22	352
合计	—	—	70	1 266

根据表 3-11 中的资料，各工人工资计算过程如下。

$$生产小组内部工资分配率 = \frac{50\ 000}{1\ 266} = 39.49$$

$$张某应分工资 = 500 \times 39.49 = 19\ 745（元）$$

$$赵某应分工资 = 414 \times 39.49 = 16\ 348.86（元）$$

$$李某应分工资 = 352 \times 39.49 = 13\ 900.48（元）$$

计时工资和计件工资以外的各种奖金、津贴、补贴、加班加点工资，以及特殊情况下支付的工资，按照国家和企业的有关规定计算，不再详述。

3.3.5　工资费用分配的核算

会计部门应该根据计算出的职工工资，按照车间、部门分别编制工资结算单。单中应按照职工类别和姓名，分行填列应付每一职工的各种工资、代发款项、代扣款项（如代扣职工房租）和应发金额，作为与职工进行工资结算的依据。工资结算单中应付职工薪酬的金额也是计算工资费用的依据。

工资分配是指将企业发放的工资，于月末按照工资用途计入有关账户的过程。按照权责发生制原则，企业当月分配的工资额，应为按照职工当月的出勤和产量记录计算的工资额。但是采用这种方法，月末计算职工工资的工作量很大，影响会计报表的报送。在企业各月工资相差不多的情况下，为了简化核算工作，也可以按照当月实际支付的工资额进行分配，即当月分配的工资额，是按照职工上月的出勤和产量记录计算的工资额，此时"应付职工薪酬"账户月末无余额。

生产工人工资中的计件工资，属于直接计入费用，可根据工资结算单直接计入产品生产成本；计时工资则属间接计入费用，应按产品生产的实际工时或定额工时比例两种标准，分配计入产品生产成本；奖金、津贴和补贴，以及特殊情况下支付的工资等，一般也属于间接计入费用，应按直接计入的工资比例或生产工时比例，分配计入产品生产成本。计算公式如下。

$$工资费用分配率 = \frac{各种产品生产工资总额}{各种产品实际工时（定额工时）总额}$$

$$某种产品应分配的工资费用 = 该种产品的实际工时（定额工时）\times 工资费用分配率$$

企业进行工资分配时，应按照工资的用途分别计入有关账户。按照新的会计准则，生产车间职工工资应计入产品生产成本，其中生产工人的工资借记"基本生产成本"、"辅助生产成本"账户，车间管理人员的工资借记"制造费用"账户；企业行政管理人员的工资借记"管理费用"账户；销售人员的工资借记"销售费用"账户；在建工程人员的工资借记"在建工程"账户；6个月以上病假人员工资作为劳动保险费，借记"管理费用"账户；应付职工的工资额，应贷记"应付职工薪酬"。

工资费用的分配，应通过工资费用分配表进行。该表应根据工资结算单等有关资料编制，现列示工资费用分配表的格式如表3-12所示。

表3-12 工资费用分配表

200×年5月

借记科目		成本或费用项目	直接计入	分配计入		工资费用合计
				生产工时	分配金额（分配率0.04）	
基本生产成本	甲产品	工资及福利费	6 480	41 200	1 648	8 128
	乙产品	工资及福利费	2 960	20 300	812	3 772
	小计		9 440	61 500	2 460	11 900
制造费用	基本生产	工资	3 160	—		3 160
辅助生产成本	机修生产	工资及福利费	5 500	—		5 500
	运输车间	工资及福利费	2 320	—		2 320
	小计		7 820	—		7 820
管理费用		工资	7 580	—		7 580
销售费用		工资	1 960	—		1 960
在建工程		工资及福利费	2 240	—		2 240
合计			32 200	—	2 460	34 660

根据表 3-12 中的资料，编制如下会计分录。

借：基本生产成本　　　　　　　　　　　　11 900
　　制造费用　　　　　　　　　　　　　　 3 160
　　辅助生产成本　　　　　　　　　　　　 7 820
　　管理费用　　　　　　　　　　　　　　 7 580
　　销售费用　　　　　　　　　　　　　　 1 960
　　在建工程　　　　　　　　　　　　　　 2240
贷：应付职工薪酬　　　　　　　　　　　　34 660

3.4 其他要素费用的归集与分配

3.4.1 外购动力费用的归集与分配

1. 外购动力费用支出的核算

外购动力费用是指向外单位购买的电力、蒸气、煤气等动力消耗。按照贯彻权责发生制要求，计入产品成本和有关费用中的外购动力费用，应当按照当月实际消耗量的外购动力计算的金额进行费用的确认计量，而不管款项是否已经支付。

实际工作中外购动力费用的计算、支付和成本计算的日期不一定恰好一致，外购动力费用可能在每月末支付，也可能在下月初的某日支付，是上月付款日至本月付款日这一期间的动力费用，而不是当月发生的动力费用。为了正确地计算当月动力费用，需要在当月支付的动力费用基础上扣除上月付款日到上月末的已付动力费用，加上当月付款日到当月末应付未付动力费用，这样核算工作量太大。如果通过"应付账款"账户核算，每月只需在月末分配一次动力费用，就可以大大简化核算工作，即在付款时先作为暂付款处理，借记"应付账款"账户，贷记"银行存款"账户；月末按照外购动力的用途分配费用时，再借记有关成本、费用账户，贷记"应付账款"账户，以冲销原来记入"应付账款"账户借方的暂付款；月末"应付账款"账户如果是借方余额，表示本月支付款项大于应付款项的多付动力费用，可以抵冲下月应付费用；如果是贷方余额，则表示本月应付款项大于支付款项的应付未付动力费用，可以在下月支付。

如果每月支付动力费用的日期基本固定，且每月付款日到月末止的应付动力费用相差不多，也可不通过"应付账款"账户核算，而是将每月支付的动力费用作为本月应付动力费用，在付款时直接借记各成本、费用账户，贷记"银行存款"账户。在这种情况下，因为各月付款日至月末的应付动力费用可以互相抵消，并不影响各月动力费用核算的正确性。

自制动力由辅助生产车间提供，其核算方法在辅助生产费用核算中讲述。

2. 外购动力费用分配的核算

外购动力费用的分配是根据外购动力的用途归入不同账户的过程,外购动力有的直接用于产品生产,如生产工艺用电力;有的间接用于生产,如生产车间照明用电力;有的则用于经营管理,如行政管理部门照明用电力。动力费用按用途分配,在有仪表记录的情况下,应根据仪表所示耗用动力的数量以及动力的单价计算,在没有仪表的情况下,可按生产工时的比例、机器功率时数(机器功率×机器时数)的比例,或定额消耗量的比例分配。

为了加强对能源的核算和控制,生产工艺用动力一般与生产工艺燃料合设"燃料及动力"成本项目,直接用于产品生产的动力费用,应记入"基本生产成本"总账和所属明细账的"燃料及动力"项目;直接用于辅助生产的动力费用,应记入"辅助生产成本"总账和所属明细账;用于车间管理的动力费用,记入"制造费用"账户;用于厂部管理的动力费用,记入"管理费用"账户;用于销售机构的动力费用,记入"销售费用"账户等。外购动力费用分配通过编制外购动力费用分配表进行。其格式如表 3-13 所示。

表 3-13 外购动力费用分配表

200×年 5 月

应借科目		成本或费用项目	生产工时 (分配率 0.12)	用电度数 (分配率 0.15)	金额
基本生产 成本	甲产品	燃料及动力	41 200	—	4 944
	乙产品	燃料及动力	20 300	—	2 436
	小计		61 500	—	7 380
辅助生产 成本	机修车间	燃料及动力	—	17 400	2 610
		水电费	—	1 800	270
	运输车间	水电费	—	1 400	210
	小计		—	—	3 090
制造费用	基本生产车间	水电费		2 400	360
管理费用		水电费		4 600	690
合计				76 800	11 520

根据表 3-13 中的资料,甲、乙产品动力费用分配如下。

$$动力费用分配率 = \frac{7\,380}{41\,200 + 20\,300} = 0.12$$

甲产品动力费用 = 41 200 × 0.12 = 4 944(元)

乙产品动力费用 = 20 300 × 0.12 = 2 436(元)

根据表 3-13 中的资料,编制会计分录如下。

借:基本生产成本 7 380
　　制造费用 360
　　辅助生产成本 3 090
　　管理费用 690
　贷:应付账款 11 520

如果生产工艺用的资料和动力没有专门设立成本项目,直接用于产品生产的燃料费用和动力费用,可以分别记入"直接材料"成本项目和"制造费用"成本项目,作为原材料费用和制造费用进行核算。

3.4.2 折旧费用的核算

企业固定资产在长期使用过程中,虽然保持着原有的实物形态,但其价值会随着固定资产的有形损耗和无形损耗而逐渐减少。固定资产由于损耗而减少的价值就是固定资产的折旧。固定资产折旧应该作为折旧费用计入产品成本或期间费用。

计算折旧的方法和折旧计提的范围、规定已在财务会计中进行了学习,这里不再重复。

折旧费用一般不单独作为一个成本项目。因为一种产品往往需要使用多种机器设备,而一种设备、一个车间往往又可能生产多种产品,分配工作比较困难、复杂,因此通常把各类固定资产折旧费按车间、部门分别记入"制造费用"、"管理费用"等账户,而不直接记入"基本生产成本"账户。

折旧费用的分配是通过编制折旧费用分配表进行的,在编制时应遵循固定资产折旧的起止时间规定及计提范围。现列示折旧费用分配表的格式如表 3-14 所示。

表 3-14 折旧费用分配表

200×年 5 月　　　　　　　　　　　　　　　　　　单位:元

应借科目	车间部门	4月固定资产折旧额	4月增加固定资产折旧额	4月减少固定资产折旧额	本月固定资产折旧额
制造费用	基本生产	5 944	1 320	480	6 780
辅助生产成本	机修车间	2 420	300	160	2 560
	运输车间	1 860	240	—	2 100
	小计	4 280	540	160	4 660
管理费用	行政管理部门	2 280	460	2 220	2 520
合计		12 504	2 320	2 860	13 960

根据表 3-14 中的资料,编制会计分录如下。

借:制造费用 6 780
　　辅助生产成本 4 660
　　管理费用 2 520
　贷:累计折旧 13 960

3.4.3 利息费用、税金和其他费用的核算

1. 利息费用的核算

要素费用中的利息费用，不是产品成本的组成部分，而是财务费用的一个费用项目。

利息费用一般按季结算支付。为了正确划分各个月份的费用界限，季内各月的利息费用，应分月进行预提，季末实际支付时冲减预提费用。实际费用与预提的差额，计入季末月份的财务费用。每月预计利息费用时，应借记"财务费用"账户，贷记"应付利息"账户；季末实际支付全季利息费用时，借记"应付利息"等账户，贷记"银行存款"账户。

利息费用如果数额不大，为了简化核算工作，也可以不作为预提费用处理，而在季末实际支付时全部计入当月的财务费用，即借记"财务费用"账户，贷记"银行存款"账户。

2. 税金的核算

各种要素费用中的税金，也不是产品成本的组成部分，而是管理费用的组成部分，包括房产税、车船使用税、土地使用税和印花税等。

印花税可直接计算并交纳。交纳时，应借记"管理费用"账户，贷记"银行存款"账户，不通过"应交税费"账户核算。

房产税、车船使用税和土地使用税，需要预先计算应交金额，然后交纳。这些税金应通过"应交税金"账户核算。算出应交纳税金时，应借记"管理费用"账户，贷记"应交税费"账户；在交纳税金时，应借记"应交税费"账户，贷记"银行存款"等账户。

3. 其他费用的核算

要素费用中的其他费用是指除了前面所述各要素以外的费用，包括邮电费、租赁费、印刷费、图书资料报刊订阅费、办公费、试验检验费、排污费、差旅费、误餐补助费、交通费补贴、保险费等。这些费用都没有专门设立成本项目，应该在费用发生时，按照发生的车间、部门和用途，分别借记"制造费用"、"管理费用"等账户，贷记"银行存款"或"库存现金"等账户。

企业的各种要素费用通过上述分配，已经按照费用的用途分别记入"基本生产成本"、"辅助生产成本"、"制造费用"、"销售费用"、"管理费用"、"财务费用"和"在建工程"等账户的借方。其中记入"基本生产成本"账户借方的费用，已经分别记入各有关产品生产成本明细账的"直接材料"、"燃料及动力"和"直接人工"等成本项目。

3.5 辅助生产费用的归集与分配

3.5.1 辅助生产及辅助生产费用

工业企业的辅助生产，是指主要为基本生产车间、企业行政管理部门等单位提供服务而进行的产品生产和劳务供应。企业通常设置专门的辅助生产车间来组织辅助产品的生产和劳务的供应。辅助生产车间生产的产品和提供的劳务有时也对外销售，但这不是辅助生产的主要任务。

有的辅助生产车间只生产一种产品或只提供一种劳务，如供电、供水、供气、供风等辅助生产车间；有的辅助生产车间则可能生产多种产品或提供多种劳务，如从事工具、模具、修理用备件的制造以及机器设备修理等的辅助生产车间。

辅助生产车间为生产产品或提供劳务而发生的原材料费用、动力费用、工资及福利费用以及辅助生产车间的制造费用，被称为辅助生产费用。为生产和提供一定种类和一定数量的产品或劳务所耗费的辅助生产费用之和，构成该种产品或劳务的辅助生产成本。

辅助生产车间生产的产品或提供的劳务在为基本生产车间、行政管理部门、销售机构等单位服务时，其辅助生产成本将转化为基本生产车间的生产费用、行政管理部门的管理费用、销售机构的销售费用等。所以辅助生产产品和劳务成本的高低，影响着基本生产产品成本和经营管理费用；只有辅助生产产品和劳务成本确定以后，才能计算和确定基本生产的产品成本。因此，正确及时地归集辅助生产费用，计算分配辅助生产成本，对于正确及时地计算基本生产成本和归集经营管理费用具有重要的意义。

3.5.2 辅助生产费用归集的核算

1. 账户的设置和归集的程序

辅助生产费用的归集和分配，是通过"辅助生产成本"账户进行的。该账户同"基本生产成本"账户一样，一般应按辅助生产车间以及产品或劳务种类设置明细账，账中按照成本项目或费用项目设立专栏进行明细核算。辅助生产发生的各项生产费用，应记入该账户的借方进行归集。

辅助生产费用归集的程序有两种，相应地，"辅助生产成本"明细账的设置方式也有两种。两者的区别在于辅助生产制造费用归集的程序不同。

在一般情况下，辅助生产车间的制造费用应先通过"制造费用（辅助生产车间）"账户进行单独归集，然后将其转入相应的"辅助生产成本"明细账，从而计入辅助生产产品或劳务的成本。在这种情况下，"辅助生产成本"明细账以及"制造费用（辅助生产车间）"明细账的设置方式分别如表3-15、表3-16所示。

表 3-15 "辅助生产成本"明细账

车间名称：机修车间　　　　　　　　　　　　　　　　　　　　　单位：元

月	日	摘要	原材料	燃料及动力	工资及福利费	制造费用	合计	转出	余额
6	30	根据分配表	240				240		
6	30	根据分配表		240			240		
6	30	根据分配表			342		342		
6	30	根据分配费用小计	240	240		1 023	1 023		
6	30	根据分配表			342	1 023	1 845		1 845
6	30	根据分配表						1 845	
	30	合　计	240	240	342	1 023	1 845	1 845	0

表 3-16 "制造费用"明细账

车间名称：机修车间　　　　　　　　　　　　　　　　　　　　　单位：元

月	日	摘要	工资及福利费	机物料消耗	水电费	折旧费	修理费	劳动保护费	办公费	其他	合计	转出	余额
6	30	根据付款凭证汇总表						140	120	85	345		
6	30	根据分配表		70							70		
6	30	根据分配表			80						80		
6	30	根据分配表	228								228		
6	30	根据分配表				300					300		
6	30	待分配费用小计	228	70	80	300		140	120	85	1 023		1 023
6	30	根据分配表										1 023	
6	30	合计	228	70	80	300		140	120	85	1 023	1 023	0

在辅助生产车间规模很小、制造费用很少，而且辅助生产不对外提供商品，不需要按照规定的成本项目计算产品成本的情况下，为了简化核算工作，辅助生产的制造费用可以不通过"制造费用（辅助生产）"明细账单独归集，而是直接记入"辅助生产成本"明细账。这时，将产品的成本项目和制造费用的费用项目结合起来，设置"辅助生产成本"明细账，其格式如表 3-17 所示。

表 3-17 辅助生产成本明细账

车间名称：运输车间

月	日	摘要	原材料	燃料及动力	工资及福利费	折旧费	修理费	办公费	水电费	保险费	机物料消耗	其他	合计	转出	余额
3		货币资金支出						123	191			121.60	435.60		
	31	原材料费用									1100		1100		
	31	燃料费用		3850									3850		
	31	动力费用							105				105		
	31	工资费用			1160								1160		
	31	计提职工福利费			162.40								162.40		
	31	折旧费用				1050							1050		
	31	大修理费用					447						447		
	31	摊销保险费								420			420		
	31	待分配费用小计	3850	1322.40	1050	447	123	296	420	1100	121.60		8730		8 730
	31	转出计划成本												9 030	−300
	31	转出成本差异												−300	
3	31	本月合计	3850	1322.40	1050	447	123	296	420	1100	121.60		8730	8 730	0

2. 辅助生产费用归集的账务处理

（1）设置"制造费用（辅助生产）"账户的情况。如果企业设置专门的"制造费用（辅助生产）"明细账归集辅助生产车间发生的制造费用，那么对于在"辅助生产成本"明细账中设有专门成本项目的辅助生产费用，如原材料费用、动力费用、工资及福利费用等，应记入"辅助生产成本"总账和所属明细账相应成本项目的借方，其中，直接计入费用应直接计入，间接计入费用则需分配计入；对于未专设成本项目的辅助生产费用，先计入"制造费用（辅助生产）"账户归集，然后再从该账户的贷方直接转入（一种产品或劳务）或分配转入（多种产品或劳务）"辅助生产成本"总账和所属明细账的借方。

（2）不设置"制造费用（辅助生产）"账户的情况。在这种情况下，"辅助生产成本"总账和明细账内按若干费用项目设置专栏。对于发生的各种辅助生产费用，可直接计入或间接分配计入"辅助生产成本"总账以及所属明细账的相应费用项目。

3.5.3 辅助生产费用分配的核算

辅助生产车间既可能生产产品又可能提供劳务。所生产的产品如工具、模具、修理用备件等，应在产品完工时，从"辅助生产成本"账户的贷方分别转入"低值易耗品"、"原材料"等账户的借方；而提供的劳务作业，如供水、供电、修理和运输等，其发生的辅助生产费用通常于月末在各受益单位之间按照一定的标准和方法进行分配后，从"辅助生产成本"账户的贷方，转入"基本生产成本"、"制造费用"、"管理费用"、"销售费用"、"在建工程"等有账户的借方。

辅助生产提供的劳务，主要是为基本生产车间和企业管理部门使用和服务的。但在某些辅助生产车间之间，也有相互提供劳务的情况。例如修理车间为供电车间修理设备，供电车间也为修理车间提供电力。这样，为了计算修理车间的修理成本，就要确定耗用的供电车间的电费；为了计算供电车间的供电成本，又要确定耗用的机修车间的修理费。因此，为了正确地计算辅助生产产品和劳务的成本，并将辅助生产费用正确地分配给各受益单位，在分配辅助生产费用时，需要在各辅助生产车间之间进行费用的交互分配。

辅助生产费用的分配是通过编制辅助生产费用分配表进行的。通常采用的辅助生产费用的分配方法有：直接分配法、交互分配法、代数分配法和计划成本分配法等。

1. 直接方配法

所谓直接分配法，是指不考虑各辅助生产车间之间相互提供劳务的情况，而是将各种辅助生产费用直接分配给辅助生产车间以外的各受益单位的一种分配方法。这种分配方法较为简便，但只宜在辅助生产内部相互提供劳务不多，不进行交互分配，对辅助生产成本和企业产品成本影响不大的情况下采用。

【例 3-7】 某企业有供水和供电两个辅助生产车间，主要为本企业基本生产车间和行政管理部门等服务，供水车间本月发生费用为 4085 元，供电车间本月发生费用为 9 020 元。各辅助生产车间供应劳务数量如表 3-18 所示。

表 3-18 各部门辅助生产车间供应劳务数量

受益单位	耗水（m^3）	耗电（度）
基本生产——甲产品	—	20 600
基本生产车间	41 000	16 000
辅助生产车间——供电	20 000	—
——供水	—	6 000
行政管理部门	16 000	2 400
专设销售机构	5 600	1 000
合计	82 600	46 000

采用直接分配法编制的辅助生产费用分配表如表 3-19 所示。

表 3-19　辅助生产费用分配表（直接分配法）

项　目		供水车间	供电车间	合　计
待分配辅助生产费用（元）		4 085	9 020	13 105
供应辅助生产以外的劳务数量		62 600m³	40 000 度	—
单位成本（分配率）		0.065	0.226	—
基本生产——甲产品	耗用数量	—	20 600	—
	分配金额	—	4 655.6	4 655.6
基本生产车间	耗用数量	41 000	16 000	—
	分配金额	2 665	3 616	6 281
行政管理部门	耗用数量	16 000	2 400	—
	分配金额	1 040	542.4	1 582.4
专设销售机构	耗用数量	5 600	1 000	—
	分配金额	380	206	586
合　计		4 085	9 020	13 105

在表 3-19 中，由于辅助生产内部相互提供劳务不分配费用，因而其单位成本（费用分配率）应以待分配费用除以供应辅助生产以外单位的劳务数量计算，即：

$$单位成本（分配率）=\frac{待分配辅助生产费用}{辅助生产劳务总量-其他辅助生产劳务耗用量}$$

所以：

$$水单位成本（分配率）=\frac{4\,085}{82\,600-20\,000}=0.065（元/m^3）$$

$$电单位成本（分配率）\frac{9\,020}{46\,000-6\,000}=0.226（元/度）$$

根据表 3-19 中的资料编制会计分录如下。

借：基本生产成本　　　　　　　　4 655.6
　　制造费用　　　　　　　　　　6 281.0
　　管理费用　　　　　　　　　　1 582.4
　　销售费用　　　　　　　　　　586
　　贷：辅助生产成本——供水车间　4 085
　　　　　　　　　　——供电车间　9 020

2. 交互分配法（一次交互分配法）

采用交互分配法，需要进行两次分配。首先，根据各辅助生产车间相互提供劳务的数量和交互分配前的单位成本（费用分配率），在各辅助生产车间之间进行一次交互分配；然后，将各辅助生产车间交互分配后的实际费用（即交互分配前的费用加上交互分配转入的费用，减去交互分配转出的费用），再按提供劳务的数量和交互分配后的单位成本（费用分配率），在辅助生产车间以外的各受益单位进行分配。

【例 3-8】 仍以例 3-7 中的资料为例，按交互分配法编制辅助生产费用的分配表，如表 3-20 所示。

表 3-20 辅助生产费用分配表（交互分配法）

项目		供水车间			供电车间			合计
		数量	单位成本（费用分配率）	分配金额	数量	单位成本（费用分配率）	分配金额	
待分配辅助生产费用		82 600	0.049	4 085	46 000	0.196	9 020	13 105
交互分配	辅助生产——供水			+1 176	−6 000		−1 176	
	辅助生产——供电	−20 000		−980			+980	
对外分配的辅助生产费用		62 600	0.068	4 281	40 000	0.221	8 824	13 105
对外分配	基本生产——甲产品				20 600		4 552.6	4 552.6
	基本生产车间	41 000		2 788	16 000		3 536	6 324
	行政管理部门	16 000		1 088	2 400		530.4	1 618.4
	专设销售机构	5 600		405	1 000		205	610
	合计	62 600		4 281	40 000		8 824	13 105

在表 3-20 中，交互分配的单位成本是根据待分配的辅助生产费用，除以供应劳务的总数量计算求出的。交互分配的计算如下。

（1）交互分配的单位成本

$$水单位成本 = \frac{4\,085}{82\,600} = 0.049\,（元/m^3）$$

$$电单位成本 = \frac{9\,020}{46\,000} = 0.196\,（元/度）$$

（2）交互分配

供水车间分得电费＝6 000×0.196＝1176（元）

供电车间分得水费＝20 000×0.049＝980（元）

对外分配的单位成本，根据交互分配后的实际费用（对外分配费用），除以对外供应劳务数量计算求出。对外分配的计算如下。

（1）交互分配后的实际费用

供水车间＝4 085＋1 176−980＝4 281（元）

供电车间＝9 020＋980−1 176＝8 824（元）

（2）对外分配的单位成本

$$水单位成本 = \frac{4\,281}{62\,600} = 0.068\,（元/m^3）$$

$$电单位成本 = \frac{8\,824}{40\,000} = 0.221\,（元/度）$$

(3) 对外分配

　　基本生产——甲产品（电费）＝20 600×0.221＝4 552.6（元）
　　基本生产车间（电费）＝16 000×0.221＝3 536（元）
　　　　　　　　（水费）＝41 000×0.068＝2 788（元）
　　行政管理部门（电费）＝2 400×0.221＝530.4（元）
　　　　　　　　（水费）＝16 000×0.068＝1 088（元）
　　专设销售部门（电费）＝8 824－4 552.6－3 536－530.4＝205（元）
　　　　　　　　（水费）＝4 281－2 788－1 088＝405（元）

根据表 3-20 中的资料编制会计分录如下。

(1) 交互分配

借：辅助生产成本——供水车间　　　　　　　1 176
　　　　　　　　——供电车间　　　　　　　　980
　贷：辅助生产成本——供电车间　　　　　　1 176
　　　　　　　　——供水车间　　　　　　　　980

(2) 对外分配

借：基本生产成本——甲产品　　　　　　　4 552.6
　　制造费用　　　　　　　　　　　　　　6 324
　　管理费用　　　　　　　　　　　　　1 618.4
　　销售费用　　　　　　　　　　　　　　610
　贷：辅助生产成本——供水车间　　　　　　4 281
　　　　　　　　——供电车间　　　　　　　8 824

采用交互分配法，由于辅助生产内部相互提供劳务全部进行了交互分配，因而提高了分配结果的正确性；但由于各种辅助生产费用都要计算两个费用分配率，进行两次分配，因而增加了核算工作；由于交互分配的费用分配率（单位成本），是根据交互分配前的待分配费用计算的，所以据此计算的分配结果仍不十分精确。在各月辅助生产费用水平相差不大的情况下，为了简化计算工作，可以用上月的辅助生产费用分配率作为交互分配的分配率。

3. 代数分配法

采用代数分配法，应先根据解联立方程的原理，计算辅助生产劳务的单位成本，然后根据各受益单位（包括辅助生产内部和外部各单位）耗用的数量和单位成本分配辅助生产费用。

【例 3-9】 仍以例 3-7 中的资料为例。

假设 x＝每立方米水的成本，y＝每度电的成本，列联立方程如下：

$$\begin{cases} 4\,085 + 6\,000y = 82\,600x \\ 9\,020 + 20\,000x = 46\,000y \end{cases}$$

解得：$x = 0.0658$
$y = 0.225$

用代数法编制辅助生产费用分配表，如表 3-21 所示。

表 3-21 辅助生产费用分配表（代数分配法）

单位：元

辅助生产车间名称			供电车间	供水车间	金额合计
待分配费用（元）			9 020	4 085	13 105
劳务供应总量			46 000 度	82 600m³	
实际单位成本（费用分配率）			0.225	0.0658	
辅助生产车间耗用	供电车间	耗用数量		20 000	
		分配金额		1 316	
	供水车间	耗用数量	6 000		
		分配金额	1 350		
	分配金额小计		1 350	1 316	2 666
基本生产——甲产品耗用		耗用数量	20 600		
		分配金额	4 635		4 635
基本生产车间耗用		耗用数量	16 000	41 000	
		分配金额	3 600	2 697.8	6 297.8
行政管理部门耗用		耗用数量	2 400	16 000	
		分配金额	540	1 052.8	1 592.8
专设销售机构耗用		耗用数量	1 000	5 600	
		分配金额	211	368.4	579.4
分配金额合计			10 336	5 435	15 771

根据表 3-21 中的资料编制会计分录如下。

借：辅助生产成本——供电车间　　　　　　1 316
　　　　　　　　——供水车间　　　　　　1 350
　　基本生产成本——甲产品　　　　　　　4 635
　　制造费用　　　　　　　　　　　　　　6 297.8
　　管理费用　　　　　　　　　　　　　　1 592.8
　　销售费用　　　　　　　　　　　　　　579.4
　贷：辅助生产成本——供水车间　　　　　5435
　　　　　　　　——供电车间　　　　　　10 336

采用代数分配法分配费用，分配结果最正确。但在辅助生产车间较多的情况下，未知数较多，计算工作较复杂，因而这种分配方法适宜在计算工作已经实现电算化的企业采用。

4. 计划成本分配法

采用这种分配方法，辅助生产为各受益单位（包括受益的其他辅助生产车间、部门在内）提供的产品劳务，都按产品劳务的计划单位成本进行分配；辅助生产车间实际发生的费用（包括辅助生产内部交互分配转入的费用在内）与按计划单位成本分配转出的费用之间的差异，再计算分配给辅助生产以外各受益单位负担。但为了简化计算工作，一般全部计入管理费用，不再分配给其他收益对象。

【例 3-10】 仍以例 3-7 中的资料为例。假设每吨水的计划成本为 0.06 元，每度电的计划成本为 0.24 元。按计划成本法编制辅助生产费用分配表如表 3-22 所示。

表 3-22 辅助生产费用分配表（计划成本法）

辅助生产车间名称			供水车间	供电车间	金额合计
待分配辅助生产费用			4 085	9 020	13 105
劳务供应数量			82 600	46 000	
计划单位成本			0.06	0.24	
辅助生产车间耗用	供电车间	耗用数量	20 000		
		分配金额	1 200		
	供水车间	耗用数量		6 000	
		分配金额		1 440	
	分配金额小计		1 200	1 440	2 640
基本生产——甲产品耗用		耗用数量		20 600	
		分配金额		4 944	4 944
基本生产车间耗用		耗用数量	41 000	16 000	
		分配金额	2 460	3 840	6 300
行政管理部门耗用		耗用数量	16 000	2 400	
		分配金额	960	576	1 536
专设销售机构耗用		耗用数量	5 600	1 000	
		分配金额	336	240	576
按计划成分分配金额合计			4 956	11 040	15 996
辅助生产实际成本			5 285	10 460	15 745
辅助生产成本超支或节约额			329	−580	−251

根据表 3-22 中的资料，辅助生产车间实际成本交易额如下。

（1）供电车间实际成本总额：4 085＋1 200＝5 285（元）

（2）供水车间实际成本总额：9 020＋1 440＝10 460（元）

根据表 3-22 中的资料，编制会计分录如下。

（1）按计划成本分配

借：辅助生产成本——供水车间　　　　　　　　　　1 440
　　　　　　　　——供电车间　　　　　　　　　　1 200

基本生产成本——甲产品	4 944
制造费用	6 300
管理费用	1 536
销售费用	576
贷：辅助生产成本——供电车间	11 040
——供水车间	4 956

（2）结转辅助生产成本超支或节约额

借：管理费用	251
贷：辅助生产成本——供电车间	580
——供水车间	329

采用计划成本分配法，各种辅助生产费用只分配一次，且劳务的计划单位成本已事先确定，因而简化和加速了计算分配工作，通过辅助生产成本节约或超支数额的计算，还能反映和考核辅助生产成本计划的执行情况；此外，按照计划单位成本分配，排除了辅助生产实际费用的高低对各受益单位成本费用的影响，便于核对和分析各受益单位的经济责任。但是采用这种分配方法，必须具备比较正确的计划成本资料。

3.6 制造费用的归集与分配

3.6.1 制造费用归集的核算

1. 制造费用的含义

制造费用是指企业内部各生产单位（分厂、车间）为生产产品或提供劳务而发生的，应该计入产品成本，但没有专设成本项目的各项生产费用。制造费用在产品成本中占有一定比重，构成比较复杂，企业计入产品成本的费用中除直接材料、直接工资之外的费用，一般都包括在制造费用之中。

制造费用包括的内容具体可划分为以下三类。

（1）间接材料费用。它是指企业内部各生产单位（分厂、车间）耗用的一般性消耗材料，如机物料消耗、低值易耗品摊销。

（2）间接人工费用。它是指企业内部各生产单位（分厂、车间），除生产工人之外的管理人员、工程技术人员、车间辅助人员、清洁工、维修工、搬运工等的工资及按上述人员工资的一定比例提取的福利费。

（3）其他制造费用。它是指企业内部各生产单位（分厂、车间）发生的不属于材料和人工的各种与产品生产有关的费用。它包括房屋、建筑物、机器设备的折旧费、修理费、租赁费和保险费；取暖费；水电费；办公费；差旅费；运输费；设计制图费；试验检验费；劳动保护费；季节性停工和生产用固定资产修理期间的停工损失等。

根据制造费用的内容可以看出，制造费用中大部分是间接生产费用，如机物料消耗、分厂或车间辅助人员的工资及福利费；也有一部分直接生产费用，但管理上不要求单独核算，也不专设成本项目，如机器设备的折旧费、修理费；制造费用中像车间管理用房屋、建筑物、机器设备的折旧费、管理人员工资及福利费、车间照明费、办公费、差旅费等，它们虽然有管理费用的性质，但很难和制造费用严格划分。为简化核算工作，这些费用也作为制造费用核算。

2. 制造费用核算的账户

为了总括反映和监督企业各生产单位在一定时期内为组织和管理生产所发生的各项制造费用，需要设置"制造费用"账户。制造费用发生时，记入本账户的借方，进行分配结转时，记入本账户的贷方，本账户月末一般无余额。

如果辅助生产车间的制造费用发生数额较小，为了减少转账手续，也可以不通过"制造费用"账户，直接记入"辅助生产成本"账户。

根据企业管理的需要，分析制造费用超支的原因，寻找降低费用的途径，"制造费用"账户应按生产单位分别设置明细账，并在账内按照费用项目设立专栏或专户，分别反映各生产单位各项制造费用的发生情况。

制造费用明细账的格式如表 3-23 所示。

表 3-23 制造费用明细账

分厂或生产车间名称

200×年		凭证号	摘要	借方									贷方	余额
月	日			工资及福利费	折旧费	修理费	办公费	水电费	机物料消耗	低值耗品摊销	保险费	……	小计		
			合计												
			本月分配转出												

从表 3-23 中可以看出，制造费用的费用项目一般包括：机物料消耗、工资及福利费、折旧费、修理费、租赁费、保险费、低值易耗品摊销、水电费、运输费、劳动保护费、试验检验费、差旅费、办公费、在产品盘亏、毁损和报废，以及季节性及修理期间的停工损失等。企业可以根据费用比例的大小和管理要求，对上列某些费用项目进行合并或进一步细分，也可以另行设立制造费用项目。但是，为了使各期成本费用资料可比，制造费用项目一经确定，不可任意变更。

3. 制造费用归集的核算

制造费用归集的核算按其记账依据不同可分为以下两种情况。

（1）一般费用发生时，根据付款凭证或据以编制的其他费用分配表，借记"制造费用"账户，贷记"银行存款"或其他有关账户。例如，办公费、差旅费、劳动保护费等。

（2）机物料消耗、外购动力费用、工资及福利费、折旧费、修理费等，在月末应根据转账凭证及汇总编制的各种费用分配表，借记"制造费用"账户，贷记"原材料"、"应付职工薪酬"、"累计折旧"、"应付账款"等账户。

制造费用归集的核算需要指出以下几点。

（1）辅助生产车间发生的费用，如果辅助生产的制造费用是通过"制造费用"账户单独核算，则应比照基本生产车间制造费用的核算；如果辅助生产的制造费用不通过"制造费用"账户单独核算，应将其全部记入"辅助生产成本"账户。

（2）归集在"制造费用"账户借方的各生产单位当月发生的制造费用，月末应将各项费用发生额的合计数，分别与其预算数进行比较，以查明制造费用预算的执行情况。

3.6.2 制造费用分配的核算

1. 制造费用的分配程序

每月终了，应将本月制造费用明细账中所归集的制造费用总额按一定标准计入有关成本计算对象。在辅助生产的制造费用通过"制造费用"科目核算的企业中，应先分配辅助生产的制造费用，将其计入辅助生产成本；然后分配辅助生产费用，将其中应由基本生产的负担的费用计入基本生产的制造费用，最后再分配基本生产的制造费用。制造费用的分配有如下几种情况。

（1）基本生产车间的制造费用分配

① 在生产一种产品的车间中，制造费用是直接计入费用，应直接计入该种产品的生产成本。

② 在生产多种产品的车间中，制造费用是间接计入费用，应采用适当的分配方法，分配计入该车间各种产品的生产成本。

（2）辅助生产车间的制造费用分配

辅助生产车间单独核算制造费用时，在只生产一种产品或提供一种劳务的辅助生产车间，应将归集在"制造费用——辅助生产"账户的制造费用数额，直接计入该种辅助生产产品或劳务的成本；在生产多种产品或提供多种劳务的辅助生产车间，归集在"制造费用—辅助生产"账户的制造费用，应采用适当的分配方法，分配计入各辅助生产产品或劳务成本。

2. 制造费用的分配方法

制造费用分配计入产品成本的方法一般有生产工人工时比例分配法、生产工人工资比例分配法、机器工时比例分配法、按年度计划分配率分配法等。

(1) 生产工人工时比例分配法

生产工人工时比例分配法是按照各种产品生产工人实际工时的比例分配制造费用，其分配的计算公式如下：

$$制造费用分配率 = \frac{制造费用总额}{各种产品生产工时总数}$$

某种产品应负担的制造费用 = 该产品的生产工时数 × 分配率

【例 3-11】某基本生产车间同时生产甲、乙两种产品，本期共发生制造费用 58 000 元，甲产品生产工人工时为 26 000 小时，乙产品生产工人工时为 24 000 小时，甲、乙产品各自应分配的制造费用计算如下：

$$制造费用分配率 = \frac{58\,000}{26\,000 + 24\,000} = 1.16（元/小时）$$

甲产品应分配的制造费用 = 26 000 × 1.16 = 30 160（元）

乙产品应分配的制造费用 = 24 000 × 1.16 = 27 840（元）

按照生产工人工时比例法编制制造费用分配表，如表 3-24 所示。

表 3-24 制造费用分配表

基本生产车间

应借科目	生产工人工时（小时）	分配率（元/小时）	分配金额（元）
基本生产成本——甲产品	26 000	1.16	30 160
——乙产品	24 000		27 840
合　　计	50 000		58 000

根据表 3-24 中的资料编制会计分录如下。

借：基本生产成本——甲产品　　　　　3 0160
　　　　　　　　——乙产品　　　　　2 7840
　　贷：制造费用　　　　　　　　　　58 000

按照生产工时比例分配制造费用，将产品负担的制造费用多少与劳动生产率高低联系起来，如果劳动生产率提高，单位产品生产工时减少，所负担的制造费用相应降低，因此按生产工人工时比例分配是较为常用的一种分配方法。但是，如果生产各种产品的工艺过程机械化程度差异较大，采用生产工时作为分配标准，会使工艺过程机械化程度较低的产品（耗用生产工时多）负担过多的制造费用，致使分配结果不尽合理。因此，这种方法适用于机械化程度较低，或生产单位内生产的各产品工艺过程机械化程度大致相同的单位。

(2) 生产工人工资比例分配法

生产工人工资比例分配法是以直接计入各种产品成本的生产工人实际工资的比例，作为分配标准分配制造费用的一种方法。其分配的计算公式为：

$$制造费用分配率 = \frac{制造费用总额}{各种产品生产工人工资总额}$$

某种产品应负担的制造费用＝该产品的生产工人工资数×制造费用分配率

由于生产工人工资资料比较容易取得，因此采用这种标准分配比较简便。但是这种方法的使用前提是各种产品的工艺过程机械化程度或需要生产工人的操作技能大致相同。否则，机械化程度低（用工多，生产工人工资费用高）的产品，负担的制造费用较多；机械化程度高、生产工人操作技能高的产品负担的制造费用较少，这显然是不合理的。

（3）机器工时比例分配法

机器工时比例分配法是以各种产品生产所用机器设备运转时间的比例作为分配标准分配制造费用的一种方法。其分配的计算公式为：

$$制造费用分配率 = \frac{制造费用总额}{各种产品耗用机器工时之和}$$

某种产品应负担的制造费用＝该产品的生产耗用机器工时数×分配率

【例 3-12】某企业本月基本生产车间生产甲、乙两种产品，共同发生制造费用为 18 000 元，甲产品耗用机器工时数为 5 320 小时，乙产品耗用机器工时数为 4 680 小时。甲、乙产品各自应分担的制造费用计算如下。

$$制造费用分配率 = \frac{18\,000}{5\,320 + 4\,680} = 1.8$$

甲产品应分配的制造费用＝5 320×1.8＝9 576（元）
乙产品应分配的制造费用＝4 680×1.8＝8 424（元）

对机械化、自动化程度较高的车间，其制造费用可以按机器工时的运转时间进行分配（也就是按各种产品使用机器设备的使用时间比例分配），这样可以使制造费用中的机器设备折旧费用、修理费用得到较合理的分摊。这是因为机械化、自动化程度高的车间，制造费用中机器设备的折旧费、修理费占有相当大的比重，而这一部分费用与机器设备运转的时间有密切的联系。采用这种方法，必须取得各种产品所用机器工时的原始记录。

（4）年度计划分配率分配法

年度计划分配率分配是指无论各月实际发生的制造费用多少，各月各种产品成本中的制造费用均按年度计划确定的计划分配率分配的一种方法。年度内发现全年制造费用的实际数与计划分配率计算的分配数之间发生的差额，到年终时按已分配比例分配计入 12 月份产品成本中。如果实际发生额大于计划分配额，用蓝字补加；否则用红字冲减。其计算公式如下：

$$年度计划分配率 = \frac{年度制造费用计划总额}{年度各产品计划产量的定额工时总数}$$

某月某产品应负担的制造费用＝该月该种产品实际产量的定额工时×年度计划分配率

采用年度计划分配率分配法，可随时结算已完工产品应负担的制造费用，简化分配手续，最适用于季节性生产的企业车间。但采用这种方法，必须要有较高的计划管理水平，否则计划分配额与实际发生额差异过大，就会影响制造费用分配的准确性。

【例3-13】某基本生产车间全年制造费用计划为 93 690 元；全年各种产品的计划产量为：甲产品 4 100 件，乙产品 3 550 件；单件产品的工时定额为甲产品 5 小时，乙产品 4 小时；10 月份实际产量为：甲产品 395 件，乙产品 216 件；本月实际发生制造费用为 8 057 元；"制造费用"账户 10 月份期初余额为 136.3 元。计算年度计划分配率如下。

甲产品年度计划产量的定额工时＝4 100×5＝20 500（小时）

乙产品年度计划产量的定额工时＝3 550×4＝14 200（小时）

$$制造费用年度计划分配率 = \frac{93\,690}{20\,500 + 14\,200} = 2.7$$

分配本月产品应负担的制造费用为：

甲产品 10 月份实际产量的定额工时＝395×5＝1 975（小时）

乙产品 10 月份实际产量的定额工时＝216×4＝864（小时）

10 月份甲产品制造费用＝1 975×2.7＝5 332.5（元）

10 月份乙产品制造费用＝864×2.7＝2 332.8（元）

根据资料及计算结果，登记 10 月份"制造费用——基本生产"账户如下。

借方	制造费用——基本生产车间	贷方
期初余额： 136.3		7665.3
8057		
期末余额： 528		

在生产工人工时、生产工人工资和机器工时比例分配法下，"制造费用"账户一般没有期末余额。如果采用按年度计划分配率分配法，实际发生的制造费用与按年度计划分配率分配转出的制造费用不一致，就会使"制造费用"账户有借方或贷方余额。

制造费用的分配方法，可以由企业主管部门统一规定，也可以由企业根据具体情况自行规定；一经确定不能随意变更，以保持前后期成本资料的可比性。

3.7 损失性费用的归集与分配

3.7.1 废品损失的核算

在管理上要求单独反映和控制废品损失的工业企业中，在进行成本核算时，还应进行废品损失的核算。

1. 废品与废品损失的概念

废品是指不符合规定的技术标准，不能按照原定用途使用，或者需要加工修理才能使用的在产品、半成品或产成品。不论是在生产过程中发现的废品，还是在入库后发现的废品，都应包括在内。

废品包括可修复废品和不可修复废品。可修复废品，是指经过修理可以使用，而且所花费的修复费用在经济上合算的废品；不可修复废品，则指不能修复，或者所花费的修复费用在经济上不合算的废品。

废品损失是指在生产过程中发现的和入库后发现的不可修复废品的生产成本，以及可修复废品的修复费用，扣除回收的废品残料价值和应由过失单位或个人赔款以后的损失。需要指出：经过质量检验部门鉴定不需要返修、可以降价出售的不合格品，不应作为废品损失处理；实行包退、包修、包换的企业，在产品出售后发现的废品所发生的一切损失，不包括在废品损失内；入库时是合格品，由于保管不善、运输原因等造成产品损坏而发生损失，不包括在废品损失内。

质量检验部门发现废品时，应该填制废品通知单，列明废品的种类、数量、生产废品的原因和过失人等。成本会计人员应该会同检验人员对废品通知单所列废品生产的原因和过失人等项目加强审核。只有经过审核的废品通知单，才能作为废品损失核算的根据。

2. 废品损失的核算方法

为了单独核算废品损失，在会计账户中应增设"废品损失"账户；在成本项目中应增设"废品损失"项目。

"废品损失"账户是为了归集和分析废品损失而设立的。该账户应按车间设立明细账，账内按产品品种分设专户，并按成本项目分设专栏或专行，进行明细核算。不可修复废品的生产成本和可修复废品的修复费用，都应在"废品损失"账户的借方进行归集。其中不可修复废品的生产成本，应根据不可修复废品计算表，借记"废品损失"账户，贷记"基本生产成本"账户；可修复废品的修复费用，应根据各种费用分配表，借记"废品损失"账户，贷记"原材料"、"应付职工薪酬"和"制造费用"等账户。因此，在单独核算废品损失的企业中，在编制各种费用分配表时，对修复废品而发生的费用，加填借记"废品损失"账户的行次。废品残料的回收价值和应收的赔款，应从"废品损失"账户的贷方转出，即借记"原材料"和"其他应收款"等账户，贷记"废品损失"账户。"废品损失"账户借方发生额大于贷方发生额的差额，就是废品损失。它应由本月同种产品的成本负担，即借记"基本生产成本"账户，贷记"废品损失"账户。通过上述归集和分配，"废品损失"账户月末没有余额。

（1）不可修复废品损失的核算

进行不可修复废品损失的核算，先应计算截至报废时已经发生的废品生产成本；然后扣除残值和应收赔款，算出废品损失。不可修复废品的生产成本，可按废品所耗实际费用计算，也可按废品所耗定额费用计算。

在采用按废品所耗实际费用计算的方法时，由于废品报废以前发生的各项费用是与合格产品一起计算的，因而要将废品报废以前与合格品计算在一起的各项费用，采用适当的分配方法，在合格品与废品之间进行分配，计算出废品的实际成本，从"基本生产成本"账户的贷方转入"废品损失"账户的借方。

【例3-14】 假定某工业企业某车间生产甲种产品100件，生产过程中发现其中1件为不可修复废品。该产品成本明细账所记合格品和废品共同发生的生产费用为：原材料费用125 000元，工资及福利费4 875元，制造费用24 375元，合计154 250元。原材料是在生产开始时一次投入的，因而原材料费用应按合格品99（即100－1）件和废品数量1件的比例分配，生产工时为：合格品1 505小时，废品120小时，合计1 625小时。废品回收的残料计价200元。根据上述资料，应编制不可修复废品损失计算如表3-25所示。

表3-25 不可修复废品损失计算表（按实际成本计算）

产品：甲
车间：×车间　　　　　　　　　　　　200×年×月　　　　　　　　　　　　单位：元

项目	数量（件）	原材料	生产工时	工资及福利费	制造费用	成本合计
合格品和废品生产费用	100	125 000	1 625	4 875	24 375	154 250
费用分配率		1 250		3	15	—
废品生产成本	1	1 250	120	360	1 800	3 410
减：残料价值		200				200
废品损失		1 050		360	1 800	3 210

在表3-25中，原材料费用分配率，应根据原材料费用总数12 5000元除以合格品和废品数量100件计算；工资及福利费和制造费用分配率，应根据这两项费用总数分别除以生产工时总数1 625小时计算。

根据表3-25中的资料，应编制下列会计分录。

① 将废品生产成本从其所记的"基本生产成本"账户和所属明细账的贷方转出。

借：废品损失——甲产品　　　　　　　　　　　3 410
　　贷：基本生产成本——甲产品——原材料　　　　1 250
　　　　　　　　　　　　　　——工资及福利费　　 360
　　　　　　　　　　　　　　——制造费用　　　　1 800

② 回收废品残料价值。

借：原材料　　　　　　　　　　　　　　　　　200
　　贷：废品损失——甲产品　　　　　　　　　　　200

③ 假定应收过失单位赔款为 300 元，根据索赔凭证，登记应收赔款。

借：其他应收款 　　　　　　　　　　　　　　　300
　　贷：废品损失——甲产品　　　　　　　　　　　　300

④ 将废品净损失 2 910（即 3 210－300）元，分配计入同种合格品的成本，记入甲产品成本明细账——"废品损失"成本项目。

借：基本生产成本——甲产品——废品损失 　　　2 910
　　贷：废品损失——甲产品　　　　　　　　　　　2 910

在上列会计分录中，第①项分录从甲产品成本明细账的各成本项目中将属于废品的成本项目转出；第④项分录是将其废品净损失转入该产品成本明细账——"废品损失"项目。这样，既可通过"废品损失"账户总括反映整个企业的废品损失，又可通过产品成本明细账——"废品损失"项目具体反映各种产品的废品损失。这两项会计分录相比较，从"基本生产成本"账户和所属明细账的贷方转出、减少产品成本的废品生产成本为 3 410 元，而转入"基本生产成本"账户和所属明细账的借方、增加产品成本的废品净损失只有 2 910 元。但是，这并不意味着产品成本由于发生废品反而降低。因为这里降低的只是产品的总成本。由于发生废品，减少了合格品的数量，因而合格品的单位成本不是降低，而是提高了。

如果废品是在完工以后发现的，这时单位废品负担的各项生产费用应与单位合格品完全相同，可按合格品产量和废品的数量比例分配各项生产费用，计算废品的实际成本。按废品的实际费用计算和分配废品损失，符合实际，但核算工作量较大。

在按废品所耗定额费用计算不可修复废品的成本时，废品的生产成本则按废品的数量和各项费用定额计算。

【例 3-15】 假定某工业企业某车间在生产乙种产品的过程中，生产不可修复废品 80 件，按其所耗定额费用计算废品的生产成本。其原材料费用定额为 120 元，已完成的定额工时共计 200 小时，每小时的费用定额为：工资及福利费 2.5 元，制造费用 11.5 元。回收废品残料计价 310 元。根据上列资料，应编制不可修复废品损失计算表如表 3-26 所示。

表 3-26　不可修复废品损失计算表（按定额成本计算）

产品：乙
车间：×车间
废品数量：10 件　　　　　　　　　　200×年××月　　　　　　　　　　单位：元

项　　目	原材料	定额工时	工资及福利费	制造费用	成本合计
每件或每小时费用定额	120		2.5	11.5	
废品定额成本	9 600	200	500	2 300	12 400
减：残料价值	310				310
废品损失	9 290		500	2 300	12 090

在表 3-26 中，废品的定额原材料费用应根据原材料费用定额乘以废品数量计算；定额工资及福利费和定额制造费用，应根据各该费用定额乘以定额工时计算。表 3-26 所应编制的会计分录，与按实际费用计算废品生产成本的方法相同。

按废品的定额费用计算废品的定额成本，由于费用定额事先规定，不仅计算工作比较简便，而且还可以使计入产品成本的废品损失数额不受废品实际费用水平高低的影响，从而有利于废品损失和产品成本的分析与考核。但是，采用这一方法计算废品生产成本，必须具备准确的消耗定额和费用定额资料。

（2）可修复废品损失的核算

可修复废品返修发生的各种费用，应根据各种费用分配表，记入"废品损失"账户的借方。其回收的残料价值和应收的赔款，应从"废品损失"账户的贷方，转入"原材料"和"其他应收款"账户的借方。废品修复费用减去残料和赔款后的废品净损失，也应从"废品损失"账户的贷方转入"基本生产成本"账户的借方，在所属有关的产品成本明细账中，记入"废品损失"项目。

在不单独核算废品损失的企业中，不设立"废品损失"账户和项目，只在回收废品残料时，借记"原材料"账户，贷记"基本生产成本"账户，并从所属有关产品成本明细账的"原材料"成本项目中扣除残值价值。"基本生产成本"账户和所属有关产品成本明细账归集的完工产品总成本，除以扣除废品数量以后的合格品数量，就是合格品的单位成本。这样核算很简便，但由于合格产品的各成本项目中都包括不可修复废品的生产成本和可修复产品的修复费用，没有对废品损失进行单独的反映，因而会对废品损失的分析和控制产生不利的影响。

3.7.2 停工损失的核算

在管理上要求单独反映和控制停工损失的工业企业中，在进行成本核算时，还应进行停工损失的核算。

1. 停工损失的概念

停工损失是指生产车间内某个班组在停工期间发生的各项费用，包括停工期间发生的原材料费用、工资及福利费和制造费用等。应由过失单位或保险公司负担的赔款，应从停工损失中扣除。为了简化核算工作，停工不满一个工作日的，一般不计算停工损失。

发生停工的原因很多，例如电力中断，原材料不足，机器设备发生故障或进行大修理，发生非常灾害，以及计划减产等，都可能引起停工。可以取得赔偿的停工损失，应该索赔；由于自然灾害等引起的非正常停工损失，应计入营业外支出；其他停工损失，如季节性和固定资产修理期间的停工损失，应计入产品成本。

在停工时，车间应该填列停工报告单，并在考勤记录中进行登记。会计部门和车间核算人员，应对停工报告单所列停工范围、时数及其原因和过失单位等事项进行审核。只有经过审核的停工报告单，才能作为停工损失核算的根据。

2. 停工损失的核算方法

为了单独核算停工损失，在会计账户中应增设"停工损失"账户；在成本项目中应增设"停工损失"项目。

"停工损失"账户是为了归集和分配停工损失而设立的。该账户应按车间设立明细账，账内按成本项目分设专栏或专行，进行明细核算。停工期间发生、应该计入停工损失的各种费用，都应在该账户的借方归集：借记"停工损失"账户，贷记"原材料"、"应付职工薪酬"、"制造费用"等账户。因此，在单独核算停工损失的企业中，在编制各种费用分配表时，应该将属于停工损失的费用，加填借记"停工损失"账户的行次；而在制造费用的费用项目中，则可不再设立"季节性修理期间停工损失"费用项目。

归集在"停工损失"账户借方的停工损失，其中应取得赔偿的损失和应计入营业外支出的损失，应从该账户的贷方分别转入"其他应收款"和"营业外支出"账户的借方；应计入产品成本的损失，则应从该账户的贷方分别转入"基本生产成本"账户的借方。应计入产品成本的停工损失，如果停工的车间只生产一种产品，应直接记入该种产品成本明细账的"停工损失"项目；如果停工的车间生产多种产品，则应采用适当的分配方法（如采用似于分配制造费用的方法），分配记入该车间各种产品成本明细账的"停工损失"项目。通过上述归集和分配，"停工损失"账户应无月末余额。

在不单独核算停工损失的企业中，不设立"停工损失"账户和项目。停工期间发生的属于停工损失的各种费用，直接记入"制造费用"和"营业外支出"等账户。这样核算很简便，但对于停工损失的分析和控制会产生不利的影响。

以上所述废品损失和停工损失，都是指基本生产的废品损失和停工损失。辅助生产由于规模一般不大，为了简化核算工作，都不单独核算废品损失和停工损失。在单独核算废品损失和停工损失的企业中，已将应计入本月产品成本的生产费用全部归集在"基本生产成本"账户的借方，并在各产品成本明细账本月发生额中按"直接材料"、"直接人工"、"制造费用"、"废品损失"、"停工损失"等成本项目分别反映。

复习思考题

一、简答题

1. 在实际成本核算法下，评价发出材料的计价方法。
2. 简述按计划成本进行材料发出核算的基本做法及优缺点。

3. 简述工资总额包括的内容。
4. 简述辅助生产费用分配的特点。
5. 辅助生产费用交互分配法的特点是什么?
6. 辅助生产费用按计划成本分配法的特点是什么?
7. 什么是制造费用?制造费用一般应包括哪些内容?
8. 说明制造费用按年度计划分配率分配法的特点、使用范围和优缺点。
9. 什么是废品损失?如何计算废品损失?
10. 怎样进行不可修复废品损失的归集和分配?

二、单项选择题

1. 在"基本生产成本"账户中归集的材料费用是（　　）。
   A. 生产产品领用的原材料　　B. 行政管理部门领用的原材料
   C. 生产车间一般消耗的材料　　D. 辅助生产领用的原材料
2. 在企业未设置"燃料及动力"成本项目的情况下,生产车间发生的直接用于产品生产的动力费用,应借记的账户是（　　）。
   A. 管理费用　　B. 基本生产成本
   C. 生产费用　　D. 制造费用
3. 应在本月计算折旧费用的固定资产是（　　）。
   A. 以经营租赁方式租入的房屋　　B. 本月内购进的机器设备
   C. 未使用的设备　　D. 本月减少的设备
4. 根据"工资分配汇总表"分配工资费用时,不会发生借方登记的会计科目是（　　）。
   A. 生产成本　　B. 管理费用
   C. 制造费用　　D. 财务费用
5. "废品损失"账户核算的内容是（　　）。
   A. 出售不合格产品的降价损失
   B. 生产过程中发生的修复费用
   C. 实行"三包"的企业其发生的三包损失
   D. 产品入库后因保管不善而损坏变质的损失
6. 某工业企业采用使用年限法计提折旧。某类固定资产的月折旧率为1%,该类固定资产的月初原值为3 000万元,当月增加固定资产的原值为300万元,当月减少固定资产的原值为100万元,则当月该类固定资产应计提的折旧费为（　　）万元。
   A. 29　　B. 30　　C. 32　　D. 33

三、多项选择题

1. 发生下列各项费用时,可以直接借记"基本生产成本"账户的有（　　）。

A. 车间照明用电费 B. 构成产品实体的原材料费用
C. 车间管理人员工资 D. 车间生产工人工资

2. 下列各项中，属于当月应计提折旧的固定资产有（　　）。
A. 闲置的厂房 B. 以经营租赁方式租入的设备
C. 超龄使用的设备 D. 月份内报废的设备
E. 未使用和不需用的设备

3. 对于几种产品共同耗用的原材料，常用的分配方法有（　　）。
A. 定额耗用量比例法 B. 定额工时法
C. 生产工人工资比例法 D. 定额费用比例法

4. 工资计算的原始凭证主要有（　　）。
A. 产量记录 B. 废品通知单
C. 领料单 D. 考勤记录

5. "停工损失"科目贷方的对应科目可能有（　　）。
A. 制造费用 B. 其他应收款
C. 营业外支出 D. 原材料
E. 基本生产成本

6. 采用辅助生产费用的交互分配法，对外分配的费用总额是（　　）。
A. 交互分配前的费用
B. 交互分配前的费用加上交互分配转入的费用
C. 交互分配前费用减去交互分配转出的费用
D. 交互分配前的费用再加上交互分配转入的费用，减去交互分配转出的费用。

7. 对月末分配生产部门制造费用，下列说法正确的是（　　）。
A. 分配方法由主管部门统一制定 B. 分配方法由企业自己制定
C. 按机器工时比例法分配最准确 D. 制造费用账户月末可能有余额
E. 制造费用账户月末全无余额

四、判断题

1. 制造费用明细账户应当按照生产单位开设，辅助生产单位发生的制造费用，应当计入辅助生产成本，不包括在产品成本项目的"制造费用"项目中。（　　）
2. 采用直接分配法分配辅助生产费用，既简单又比较准确。（　　）
3. 企业生产车间的各项制造费用均应通过"制造费用"科目核算。（　　）
4. 各辅助生产车间之间相互提供的劳务量较多时，辅助生产费用的分配采用一次交互分配法。（　　）
5. 凡是生产车间领用的材料耗费，最后都记入生产成本"直接材料"成本项目。（　　）.
6. 在一些辅助生产费用发生数额较少的小型企业可不设"辅助生产成本"账户。发生

的各项支出直接计入按车间别设置的"制造费用"账户的有关项目。（   ）

7. 企业发生的职工薪酬都应计入产品成本或期间费用。（   ）

8. 企业无论在什么环节发现的废品，都应并入废品损失内核算。（   ）

9. 不独立核算废品损失的企业，可修复废品的损失应计入有关成本项目。（   ）

五、实训题

1. 企业生产 A、B 两种产品，本月两种产品共同领用主要材料 12 375 千克，单价 20 元，共计 247 500 元。本月投产的 A 产品为 425 件，B 产品为 525 件，A 产品的材料消耗定额为 50 千克，B 产品的材料消耗定额为 25 千克。

要求：按材料定额消耗量比例分配材料费用。

2. 8 月份某企业耗电 72 500 度，每度电为 0.3 元，其中：生产产品耗用 50 000 度（甲产品生产工时为 45 000 小时，乙产品生产工时为 30 000 小时）；辅助生产车间耗电 7 000 度，基本生产车间管理照明用电 7 500 度，企业行政管理部门用电 6 000 度，专设销售机构用电 2 000 度。

要求：编制本月动力费用分配表，并做出相应的会计分录（电费尚未支付）。

3. 计提本月份固定资产折旧，其中：基本生产车间应提折旧 1 000 元，辅助生产车间应提折旧 1 500 元，行政管理部门应提折旧 3 000 元。

要求：编制有关的会计分录。

4. 企业某工人的月工资标准为 280 元，8 月份为 31 日，该工人病假 2 日，休假 9 日，出勤 19 日。根据该工人的工龄，其病假应付工资按工资标准的 90% 计算。该工人的病假和事假期间没有节假日。

要求：

（1）按 30 日计算日工资率，按出勤日数算月工资。

（2）按 30 日计算日工资率，按缺勤日数扣月工资。

（3）按 20.92 日计算日工资率，按出勤日数算月工资。

（4）按 20.92 日计算日工资率，按缺勤日数扣月工资。

（5）根据以上计算结果作简要分析。

5. 某企业设有修理和运输两个辅助生产车间、部门。修理车间本月发生费用 6 000 元，提供修理劳务量 3 000 小时，其中：为运输部门修理 500 小时，为基本生产车间修理 2 000 小时，为行政管理部门修理 500 小时，修理费用按修理工时比例分配。运输部门本月发生费用 10 000 元，运输材料物资 10 000 吨/公里，其中：为修理车间提供运输劳务 400 吨/公里，为基本生产车间提供运输劳务 9 200 吨/公里，为行政管理部门提供运输劳务 400 吨/公里。

要求：分别采用直接分配法、交互分配法、代数分配法列表计算分配修理、运输费用，并编制有关辅助生产费用分配的会计分录。

6. 某企业设有修理和运输两个辅助生产车间、部门。修理车间本月发生费用 3 500 元，提供修理劳务 20 000 小时,其中:为运输部门修理 3 000 小时,为基本生产车间修理 16 000 小时,为行政管理部门修理 1000 小时。运输部门本月发生费用 46 000 元,提供运输劳务 40 000 公里,其中:为修理车间提供运输劳务 3 500 公里,为基本生产车间提供运输劳务 30 000 公里,为行政管理部门提供运输劳务 6 500 公里。计划单位成本:修理每小时 2 元,运输每公里 1.2 元。

要求:按计划成本分配法计算分配修理、运输费用,并编制会计分录。

7. 某企业某基本生产车间全年制造费用计划为 122 880 元,全年各种产品计划产量为:A 产品 5 600 件,B 产品 2 600 件。单位产品的工时定额为:A 产品 10 小时,B 产品 8 小时。本月份实际产量:A 产品 500 件,B 产品 220 件。该月实际费用为 9 060 元。

要求:按年度计划分配率分配法分配制造费用,编制会计分录,并作简要分析。

8. 某生产车间本月乙产品生产过程中发现不可修复废品 20 件,按所耗定额费用计算不可修复废品的生产成本。单件原材料费用定额为 100 元,已完成的定额工时共计 300 小时,每小时的费用定额为:燃料和动力费 3 元,工资和福利费 3.60 元,制造费用 2.40 元。不可修复废品的残料作价 160 元以辅助材料入库,应由过失人赔偿 50 元。废品净损失由当月同种产品成本负担。

要求:计算乙产品不可修复废品成本及净损失,编制结转不可修复废品成本、废品残值、应收赔款和废品净损失的会计分录。

9. 某企业生产 A 产品,本月投产 300 件,完工入库后发现 30 件为不可修复废品。该产品成本明细账所记合格品和废品共同发生的费用为:原材料费用 37 500 元,工资及福利费 15 112.50 元,制造费用 74 100 元。原材料在生产开始时一次投入。合格品的生产工时为 4 515 小时,废品 360 小时。废品回收的残料计价 450 元,应收过失单位赔款 750 元。

要求:按废品所耗实际费用计算不可修复废品成本及净损失,并编制相关的会计分录。

第 4 章　生产费用在完工产品和在产品之间分配

【学习目标】
通过本章的学习，使学生了解在产品的含义、特点及范围，理解和掌握生产费用在完工产品与在产品之间的分配方法，明确每种分配方法的适用条件，重点掌握约当产量法，定额比例法等。

【本章重点】
约当产量法。

【本章难点】
定额比例法。

4.1　在产品的核算

1. 在产品的含义

在产品是指工业企业处于生产加工过程中尚未完工的产品。它有广义、狭义之分。广义的在产品是指对整个企业来讲没有完成全部生产过程，不能作为商品对外出售的产品。它包括以下几个方面。

（1）正处在某车间加工中的产品。
（2）某车间已加工完毕交半成品库的产品。
（3）某车间已加工完毕交下个步骤继续加工的产品。

从狭义的或者就某一车间或某一生产步骤来说，在产品只包括该车间或该生产步骤正在加工中的那部分在产品。

2. 在产品数量的确定

由于在产品处于生产过程中，接触它的人多，而它的数量的准确与否又确定着产品成本计算的准确性，所以企业应重视在产品的日常管理。在产品结存的数量，应同时具备账面核算资料和实际盘点资料。这就要求企业一方面要做好在产品收发结存的日常核算工作,另一方面要做好在产品的清查工作。

车间在产品收发结存的日常核算,通常是通过"在产品收发结存账"(即在产品台账)进行的。该账应分别车间并且按照在产品的名称设立,记录车间各种在产品的转入、转出和结存的数量。"在产品收发结存账"如表 4-1 所示。

表 4-1 在产品收发结存账

部件名称：甲部件

车间：第 1 车间

2007 年		摘 要	收 入		发 出			结 存	
月	日		凭证号	数量	凭证号	合格品	废品	完工	未完工
10	12		101208	50					50
	20		102010	40	102011	20		25	45
	31				1031	40		10	20

3. 在产品的清查及账务处理

为了准确核算在产品的成本,保证在产品的账实相符,企业必须做好在产品的清查工作。其清查工作一般可以定期进行,也可以不定期进行。清查后,应根据实地盘点的结果编制在产品盘点表。在表中填明在产品的账存数、实存数和盘亏(盈)数,并报经批准核销。会计人员据此进行相应地批准前后的账务处理。

在产品发生盘盈时,应按盘盈在产品的成本(一般方法是按定额成本计算)借记"基本生产成本"科目,并记入相应的产品成本明细账各成本项目中,贷记"待处理财产损溢"科目。经过批准进行处理时,则应借记"待处理财产损溢"科目,贷记"制造费用"科目,并从相应的制造费用明细账——"在产品盘亏和毁损(减盘盈)"项目中转出,冲减制造费用。

在产品发生盘亏和毁损时,应借记"待处理财产损溢"科目,贷记"基本生产成本"科目,并从相应的产品成本明细账各成本项目中转出,冲减在产品成本。毁损在产品的残料价值,应借记"原材料"等科目,贷记"待处理财产损溢"科目,冲减损失。经过审批进行处理时,应分不同情况将损失从"待处理财产损溢"科目的贷方转入各有关科目的借方。

（1）在产品盘盈的核算

① 清查发生在产品盘盈时,应按定额成本或计划成本借基本生产成本,账务处理如下。

借：基本生产成本

　　贷：待处理财产损溢——待处理流动资产损溢

② 按规定报经批准冲减制造费用时,账务处理如下。

借：待处理财产损溢——待处理流动资产损溢

　　贷：制造费用

(2) 在产品盘亏、毁损的核算
① 清查发生在产品盘亏和毁损时,应按定额或计划成本冲减在产品,账务处理如下。
借:待处理财产损溢——待处理流动资产损溢
　　贷:基本生产成本
② 毁损的残料作价入库时,账务处理如下。
借:原材料等
　　贷:待处理财产损溢——待处理流动资产损溢
③ 由于自然灾害而毁损的在产品,向保险公司取得赔偿款时,账务处理如下。
借:银行存款(或其他应收款)
　　贷:待处理财产损溢——待处理流动资产损溢
④ 应由过失人赔偿款项时,账务处理如下。
借:其他应收款
　　贷:待处理财产损溢——待处理流动资产损溢
⑤ 经批准列作制造费用时,账务处理如下。
借:制造费用
　　贷:待处理财产损溢——待处理流动资产损溢
⑥ 在产品的非常损失经批准列作营业外支出时,账务处理如下。
借:营业外支出
　　贷:待处理财产损溢——待处理流动资产损溢

4.2　生产费用在完工产品与在产品之间的分配

4.2.1　完工产品与在产品之间费用分配的类型

如何既合理又简便地在完工产品和月末在产品之间分配费用,是产品成本计算工作中又一个重要而复杂的问题。这在产品结构复杂、零部件种类和加工工序较多的情况下更是如此。选择完工产品与在产品成本分配方法,应遵循合理正确、简便易行的原则。企业应该根据在产品数量的多少、在产品价值的大小、各月在产品数量变化的大小、各项费用比重的大小,以及定额管理基础工作的好坏等具体条件,选择适当的分配方法。分配方法一经确定,不得随意变更。

企业在生产过程中发生的生产费用,经过在各种产品之间进行分配和归集以后,应计入本月各种产品成本的生产费用,都已集中反映在"基本生产成本"科目及其所属各种产品成本明细账中。

月初在产品成本、本月生产费用、本月完工产品成本和月末在产品成本四者之间的关系，可用下式表示：

月初在产品成本＋本月生产费用＝本月完工产品成本＋月末在产品成本

在公式前两项已知的情况下，在完工产品和月末在产品之间分配费用的方法通常有两类。

（1）完工产品与在产品费用的分配，可以先确定在产品成本，即先对在产品计价，然后将汇总的生产耗费减去在产品成本，以求得完工产品成本。

（2）先确定完工产品和在产品成本划分的分配标准，求得分配率，然后根据分配标准和分配率同时计算出完工产品与在产品的成本。无论采用哪一类分配方法，都必须正确组织在产品数量核算，取得在产品收入、发出和结存的数量资料。

4.2.2 完工产品与在产品之间费用分配的方法

1. 不计算在产品法

采用不计算在产品法时，虽然有月末在产品，但不计算成本。这种方法适用于各月月末在产品数量很少、价值较低的产品。也就是说，如果各月月末在产品的数量很少，且月初和月末在产品成本就很小，月初在产品成本与月末在产品成本的差额不大，计算各月在产品成本对于完工产品成本的影响就很小。因此，根据成本核算的重要性原则，为了简化产品成本计算工作，可以不计算在产品成本，产品本月发生的生产费用就是它的完工产品成本。例如，自来水厂、采掘企业等，由于在产品数量很少，价值又较低，月末在产品就可以不计算成本。

2. 在产品按固定成本计价法

采用在产品按固定成本计价时，各月末在产品的成本按年初在产品成本计价，固定不变。这种方法适用于各月末在产品数量较少，或者虽然在产品数量较多，但各月末数量稳定、变化不大的产品。如果月末的在产品数量不是很少而是较多，仍然不计算在产品成本，会使产品成本核算反映的在产品资金占用不实，不利于资金管理；这些在产品不计价入账，成为账外财产，也会使会计反映失实。对于各月末在产品数量较多的产品来说，月初和月末在产品成本虽然较大，但由于各月末在产品数量变化不大，因而月初、月末在产品成本的差额仍然不大，算不算各月在产品成本的差额对于完工产品成本的影响不大。因此，为了简化产品成本计算工作，每月在产品成本可以固定不变，按年初的在产品成本计价。这种方法下，产品本月发生的生产费用仍是它的完工产品成本。但在年终时，应根据实际盘点的在产品数量，和其单位定额成本，确定年末在产品的实际成本，并将其成本作为下一年度各月固定的在产品成本，同时调整计算当年 12 月份的完工产品成本。

3. 在产品按所耗直接材料费用计价法

采用在产品按所耗直接材料费用计价法时，月末在产品只计算其所耗用的直接材料费用，产品的加工费用（包括直接人工和制造费用等）全部由完工产品成本负担。这种分配方法适用于各月末在产品数量较多，各月在产品数量变化也较大，直接材料费用在产品成本中占比重较大的产品。

但是，由于该种产品的直接材料费用比重较大，因而直接人工等加工费用比重不大，在产品成本中的加工费用，以及月初、月末在产品加工费用的差额不大，月初和月末在产品的加工费用基本上可以互相抵消。因此，为了简化计算工作，在产品可以不计算加工费用。这时，这种产品的全部生产费用，减去按所耗直接材料费用计算的在产品成本，就是该种完工产品的成本。直接材料费用比较大的纺织、造纸和酿酒等工业的产品，都可以采用这种分配方法。

【例 4-1】 假定 A 产品的直接材料费用所占比重较大，计算完工产品成本时，采用在产品只计算其所耗材料费用方法。原材料为生产一开始时一次投入。其他有关资料如表 4-2 所示。

表 4-2 产品成本计算单

车间名称：
产品名称：A 产品　　　　　2007 年 8 月

完工产量：220 件
月末在产品：80 件
单位：元

项　目	直接材料	直接人工	制造费用	合　计
月初在产品成本	32 000	—	—	32 000
本月发生费用	448 000	37 400	41 800	527 200
生产费用合计	480 000	37 400	41 800	559 200
完工产品成本	352 000	37 400	41 800	431 200
单位成本	1 600	170	190	1 960
月末在产品成本	128 000	—	—	128 000

要求：计算完工产品成本。

解：由于原材料为生产一开始时一次投入，所以 1 件完工产品耗用的材料费用与 1 件在产品所耗用的材料费用是一样的。

原材料费用分配率 = 480 000 ÷ (220 + 80) = 1 600

月末在产品成本 = 80 × 1 600 = 128 000（元）

完工产品直接材料费用 = 220 × 1 600 = 352 000（元）

完工产品直接人工费用 = 37 400（元）

完工产品制造费用 = 41 800（元）

完工产品成本 = 352 000 + 37 400 + 41 800 = 431 200（元）

将上述结果填入表 4-2 中。

4. 约当产量比例法

约当产量比例法是按完工产品数量和期末在产品的约当产量比例来分配生产费用,以确定完工产品成本和月末在产品实际成本的方法。所谓约当产量,是指期末在产品的数量按其完工程度折算为相当于完工产品的数量。这种方法适用于月末在产品数量较多,各月末在产品数量变化也大,而且产品成本中材料费用和加工费用比重相差不大的产品。

采用约当产量分配生产费用,是按成本项目分别进行的。其计算公式如下:

(1) 在产品约当产量＝在产品数量×完工百分比
(2) 某项费用分配率＝(月初在产品该项费用＋本月该项生产费用)÷(完工产品产量＋在产品约当产量)
(3) 完工产品该项费用＝完工产品产量×该项费用分配率
或:完工产品该项费用＝该项费用总额－月末在产品该项费用
月末在产品该项费用＝在产品约当产量×该项费用分配率

【例4-2】 某厂甲产品本月完工1 000台,期末在200台,原材料开工时一次投入,在产品完工率50%,期初在产品成本、本期发生费用汇集如表4-3所示。

表4-3　期初及本期费用资料

成本项目	直接材料	直接人工	制造费用	合计
期初在产品成本	2 000	1 000	500	3 500
本期发生费用	22 000	10 000	5 000	37 000
合　　计	24 000	11 000	5 500	40 500

要求:采用约当产量法分配完工产品与期末在产品成本。

解:

(1) 计算分配率:材料费用分配率:2 400÷(1 000＋200)＝20 (元/件)
　　　　　　　　人工费用分配率:11 000÷(1 000＋200×50%)＝10 (元/件)
　　　　　　　　制造费用分配率:5 500÷(1 000＋200×50%)＝5 (元/件)

(2) 期末在产品成本:直接材料成本＝200×20＝4 000 (元)
　　　　　　　　　　直接人工成本＝200×50%×10＝1 000 (元)
　　　　　　　　　　制造费用成本＝200×50%×5＝500 (元)

(3) 本期完工产品成本:直接材料成本＝24 000－4 000＝1 000×20＝20 000 (元)
　　　　　　　　　　　直接人工成本＝11 000－1 000＝1 000×10＝10 000 (元)
　　　　　　　　　　　制造费用成本＝5 500－500＝1 000×5＝5 000 (元)

(4) 根据上述计算结果,编制产品成本计算单,如表4-4所示。

表 4-4 产品成本计算单

本月完工：1 000 台
期末在产品：200 台   2007 年 10 月   单位：元

成本项目	期初在产品成本	本 期发生费用	合计	期末在产品成本	完工产品成本 总成本	完工产品成本 单位成本
直接材料	2 000	22 000	24 000	4 000	20 000	20
直接人工	1 000	10 000	11 000	1 000	10 000	10
制造费用	500	5 000	5 500	500	5 000	5
合 计	3 500	37 000	40 500	5 500	35 000	35

在用约当产量法分配生产费用时，会受到在产品加工程度和投料方式的影响，如何计算在产品的完工程度（完工率）、确认原材料投料方式，对于正确计算在产品成本，合理划分完工产品和在产品之间费用影响很大。

（1）完工程度的确定

计算在产品完工程度一般有两种方法。

① 平均计算，即一律按 50%作为各工序在产品的完工程度。

平均计算只能在各工序的在产品数量和单位产品在各工序的加工量都相差不多的情况下使用。这是由于后面各工序在产品多加工的程度可以抵补前面各工序少加工的程度，全部在产品完工程度均可按 50%平均计算，这样能够简化成本核算。

② 各工序分别测定完工率。为了提高成本计算的正确性，并加速成本计算工作，可以根据各工序的累计工时定额数占完工产品工时定额数的比率，事前确定各工序在产品的完工率。这种方法特别是在多步骤生产的情况下适用。

在产品完工率的计算公式为：

某道工序在产品完工率＝（前面各道工序工时定额之和＋本工序工时定额×本工序完工率）÷产品工时定额×100%

在产品完工程度＝∑（某道工序在产品数量×本道工序的完工率）

【例 4-3】 假定 A 产品生产经 3 道工序完成，总生产工时定额为 10 小时，在产品 40 件。3 道工序定额工时分别为 3 小时、3 小时、4 小时；处在 3 道工序的在产品分别为 12 件、10 件、18 件。每道工序的在产品完工率为 50%。

要求：计算在产品的约当产量。

解：

① 计算各工序完工率：

第 1 工序完工率＝（3×50%）÷10×100%＝15%

第 2 工序完工率＝（3＋3×50%）÷10×100%＝45%

第 3 工序完工率＝（3＋3＋4×50%）÷10×100%＝80%

② 计算各工序在产品的约当产量：
第 1 工序在产品约当产量＝12×15%＝1.8（件）
第 2 工序在产品约当产量＝10×45%＝4.5（件）
第 3 工序在产品约当产量＝18×80%＝14.4（件）
③ 计算在产品约当产量总数：
在产品约当产量总数＝1.8+4.5+14.4＝20.7（件）

（2）投料方式

由于投料方式不同，影响期末在产品的投料程度不同，分配原材料费用的方法也不相同。投料方式一般分为生产开始时一次投料和随生产进度逐步投料两种方式。

一次投料就是指原材料在生产开始时一次投入。在一次投料方式下，一件在产品和一件完工产品所消耗的原材料费用是一样的，这时在分配原材料费用时，在产品的完工率为 100%，月末在产品的约当产量等于月末在产品数量，其材料费用的分配计算如例 4-2 所示。

按生产进度逐步投料就是指原材料随着生产进度陆续投入，在产品所消耗的原材料费用是与生产进度相一致的，这时在产品约当产量要按完工程度进行折算，按在产品的约当产量和完工产品数量比例计算分配费用，这种情况下计算原材料费用和人工费用、制造费用的分配方法是一致的。

5．在产品按完工产品计算法

在产品按完工产品计算法是将在产品视同完工产品分配费用，即完工产品和月末在产品之间按其数量比例分配直接材料费用和其他各项加工费用。这种方法适用于月末在产品已经接近完工或者已经完工，只是尚未包装或尚未验收入库的产品。因为这种情况下的在产品成本已经接近完工产品成本，为了简化产品成本计算工作，在产品可以视同完工产品，按两者的数量比例分配生产费用。

【例 4-4】 某厂甲产品本月完工 1 000 台，期末在产品 200 台，在产品已接近完工，期初在产品成本、本期发生费用汇集如表 4-5 所示。

表 4-5　期初及本期费用资料

单位：元

成本项目	直接材料	直接人工	制造费用	合计
期初在产品成本	2 000	800	1 000	3 800
本期发生费用	22 000	10 000	5 000	37 000
合　　计	24 000	10 800	6 000	40 800

要求：分别计算完工产品与在产品的成本。

解：

（1）直接材料分配率＝24 000÷（1 000＋200）＝20（元/台）
　　完工产品直接材料费用＝1 000×20＝20 000（元）
　　月末在产品直接材料费用＝200×20＝4 000（元）

（2）直接人工分配率＝10 800÷（1 000＋200）＝9（元/台）
　　完工产品直接人工费用＝1 000×9＝9 000（元）
　　月末在产品直接人工费用＝200×9＝1 800（元）

（3）制造费用分配率＝6 000÷（1 000＋200）＝5（元/台）
　　完工产品制造费用＝1 000×5＝5 000（元）
　　月末在产品制造费用＝200×5＝1 000（元）

计算结果如表 4-6 所示。

表 4-6　完工产品总成本和单位成本

单位：元

成本项目	直接材料	直接人工	制造费用	合计
完工产品成本	20 000	9 000	5 000	34 000
完工产品单位成本	20	9	5	34
月末在产品成本	4 000	1 800	1 000	6 800

6. 在产品按定额成本计价法

在产品按定额成本计价法是按照预先制定的定额成本计算月末在产品成本，即月末在产品成本按其数量和单位定额成本计算。产品全部生产费用（月初在产品成本加本月生产费用），减去月末在产品的定额成本，就是完工产品成本。也就是说，每月实际生产费用脱离定额的差异，全部计入当月完工产品成本。这种方法适用于定额管理基础比较好，各项消耗定额或费用定额比较准确、稳定，而且各月在产品数量变动不大的产品。

计算公式如下：

（1）在产品直接材料定额成本＝在产品数量×材料消耗定额×材料（实际或计划）单价
（2）在产品直接人工定额成本＝在产品数量×工时定额×（实际或计划）小时工资率
（3）在产品制造费用定额成本＝在产品数量×工时定额×（实际或计划）小时费用率
（4）完工产品成本＝月初在产品定额成本＋本月发生生产费用－月末在产品定额成本

【例 4-5】　某企业生产 A 产品，月末在产品盘存为 300 件，原材料为生产开始时一次投料方式，单件产品原材料消耗定额为 2.4kg，计划单价为 60 元/kg，单件在产品的工时定额为 30 小时，计划费用率为：人工费 3.5 元/小时，制造费用 0.6 元/小时。A 产品本月月初在产品成本（也是定额成本）为 35 000 元，本月发生的实际生产费用为 284 500 元。

要求：计算该企业本月完工产品成本。

解:
(1) 在产品直接材料定额成本＝300×2.4×60＝43 200（元）
(2) 在产品直接人工定额成本＝300×30×3.5＝31 500（元）
(3) 在产品直接材料定额成本＝300×30×0.6＝5 400（元）
(4) 月末在产品定额成本＝43 200＋31 500＋5 400＝80 100（元）
(5) 完工产品成本＝35 000＋284 500－80 100＝239 400（元）

采用在产品按定额成本计价法，完工产品成本是由在产品定额倒挤计算出来的，比较方便。但该种方法将月末在产品定额成本视同为实际成本，使月末在产品实际成本脱离定额成本的差异，全部由完工产品承担，尤其是在各月月末在产品数量变化较大的情况下不适用。

7. 定额比例法

定额比例法是产品的生产费用按照完工产品和月末在产品的定额消耗量或定额费用的比例，分配计算完工产品成本和月末在产品成本的方法。其中，直接材料费用按照原材料定额消耗量或原材料定额费用比例分配；直接人工、制造费用等各项加工费用，按定额工时的比例分配，也可以按定额费用比例分配。

这种方法适用于定额管理基础较好，各项消耗定额或费用定额比较准确、稳定，各月末在产品数量大或变化大的产品。在这种方法下，每月实际生产费用脱离定额的差异，就在当月完工产品成本和月末在产品之间按比例分配，因而成本计算的准确性比在产品按定额成本法高。

采用定额比例法对产品成本进行分配，既可以用定额消耗量比例，也可以按照定额费用比例进行分配。其计算公式如下：

（1）按定额消耗量比例分配：
① 消耗量分配率＝（月初在产品实际消耗量＋本月实际消耗量）÷（完工产品定额消耗量＋月末在产品定额消耗量）
② 完工产品实际消耗量＝完工产品定额消耗量×消耗量分配率
③ 完工产品直接材料（人工、费用）成本＝完工产品实际消耗量×原材料单价（小时工资、费用）
④ 月末在产品实际消耗量＝月末在产品定额消耗量×消耗量分配率
⑤ 月末在产品直接材料（人工、费用）成本＝月末在产品实际消耗量×原材料单价（小时工资、费用）

（2）按定额费用比例分配：
① 原材料费用分配率＝（月初在产品原材料实际费用＋本月实际原材料费用）÷（完工产品定额原材料费用＋月末在产品定额原材料费用）
② 完工产品实际原材料费用＝完工产品定额原材料费用×原材料费用分配率
③ 工资（费用）分配率＝［月初在产品实际工资（费用）＋本月实际工资（费用）］÷（完工产品定额工时＋月末在产品定额工时）

④ 完工产品实际人工（费用）成本＝完工产品定额工时×工资（费用）分配率

【例 4-6】 假定甲产品本月完工产品 2 000 件，月末在产品 500 件。其各项生产费用和定额资料如表 4-7 所示。

表 4-7 各项生产费用和定额资料

单位：元

成本项目	直接材料	直接工资	制造费用	合计
期初在产品成本	2 000	1 000	500	3 500
本期发生费用	22 000	10 000	5 000	37 000
合　计	24 000	11 000	5 500	40 500
完工产品定额	20 000	450 工时	450 工时	—
月末在产品定额	5 000	100 工时	100 工时	—

要求：按定额比例法分配计算完工产品和在产品成本。

解：

（1）直接材料费用分配率＝24 000÷（20 000＋5 000）＝0.96（元/工时）

　　完工产品直接材料费用＝20 000×0.96＝19 200（元）

　　在产品直接材料费用＝5 000×0.96＝4 800（元）

（2）直接人工费用分配率＝11 000÷（450＋100）＝20（元/工时）

　　完工产品直接人工费用＝450×20＝9 000（元）

　　在产品直接人工费用＝100×20＝2 000（元）

（3）制造费用分配率＝5 500÷（450＋100）＝10（元/工时）

　　完工产品制造费用＝450×10＝4 500（元）

　　在产品制造费用＝100×10＝1 000（元）

（4）完工产品成本＝19 200＋9 000＋4 500＝32 700（元）

　　月末在产品成本＝4 800＋2 000＋1 000＝7 800（元）

甲产品成本计算单填写如表 4-8 所示。

表 4-8 产品成本计算单

产品名称：甲

单位：元

项　目	直接材料	直接人工	制造费用	合　计
月初在产品成本	2 000	1 000	500	3 500
本月发生费用	22 000	10 000	5 000	37 000
费用合计	24 000	11 000	5 500	40 500
完工产品成本	19 200	9 000	4 500	32 700
月末在产品成本	4 800	2 000	1 000	7 800

定额比例法与在产品按定额成本法分配生产费用的区别在于：前者产品实际成本脱离定额成本的差异，按完工产品与月末在产品定额的比例，在两者之间进行分摊；而后者脱离定额成本差异完全由完工产品承担。因此，采用定额比例法计算完工产品和在产品成本比在产品按定额成本法计算的结果准确。

4.2.3 完工产品成本的结转

工业企业的完工产品，包括产成品以及自制的材料、工具和模具等。在完工产品成本算出以后，它的成本应从"基本生产成本"科目和各种产品成本明细账的贷方转入各有关科目的借方。其中完工入库产成品的成本，应转入"库存商品"科目的借方；完工自制材料、工具、模具等的成本，应分别转入"原材料"和"周转材料"等科目的借方，会计分录如下：

借：库存商品（原材料、周转材料）
　　贷：基本生产成本

"基本生产成本"科目的月末余额，就是基本生产在产品的成本，也就是占用在基本生产过程中的生产资金，应与所属各种产品成本明细账中月末在产品成本之和核对相符。

复习思考题

一、简答题

1．生产费用在完工产品与月末在产品之间分配费用，有哪几种方法？它们的适用范围分别是什么？
2．约当产量法的特点及适用范围是什么？此方法有哪些优缺点？
3．如何测定在产品的完工程度？
4．在产品按定额成本法的特点和适用范围分别是什么？
5．定额比例法的特点和适用范围分别是什么？
6．在产品按所耗原材料计价法的特点和适用范围分别是什么？

二、单项选择题

1．如果某种产品的月末在产品数量较大，各月在产品数量变化也较大，产品成本中各项费用的比重相差不大，生产费用在完工产品与月末在产品之间分配，应采用的方法是（　　）。

A．不计在产品成本法　　　　　　　　B．约当产量比例法

C．在产品按完工产品计算方法　　　D．定额比例法

2．采用在产品成本按年初固定成本计价法，将生产费用在完工产品与期末在产品之间的分配，适用于（　　）。

A．各月在产品数量很大

B．各月末在产品数量虽大，但各月之间变化不大

C．各月末在产品数量变化较大

D．各月成本水平相差不大

3．下列方法中不属于完工产品与月末在产品之间分配费用的方法是（　　）。

A．约当产量比例法　　　　　　　B．不计算在产品成本法

C．年度计划分配率分配法　　　　D．定额比例法

4．企业某种产品的各项定额准确、稳定，且各月末在产品数量变化不大，为了简化成本计算工作，其生产费用在完工产品与在产品之间分配应采用（　　）。

A．定额比例法　　　　　　　　　B．在产品按完工产品计价法

C．约当产量法　　　　　　　　　D．在产品按定额成本计价法

5．某种产品经两道工序加工而成。单位产品的工时定额为40小时，其中一工序为10小时，二工序为30小时，各道工序在产品在本道工序的加工程度按工时定额的50%计算。一工序在产品数量80件，二工序在产品数量40件，则期末在产品的约当产量为（　　）件。

A．120　　　　B．35　　　　C．25　　　　D．60

三、多项选择题

1．企业的在产品包括（　　）。

A．正在车间加工中的在制品

B．已完成某个或几个加工步骤需进一步加工的半成品

C．返修中的废品

D．未经检验入库的产品

2．约当产量比例法适用于（　　）的产品。

A．月末在产品数量较大

B．各月末在产品数量变化较大

C．月末在产品数量变化较小

D．产品成本中原材料费用和工资及福利费等加工费用的比重相差不多

3．在产品采用定额成本法计价的条件是（　　）。

A．产品数量的各项消耗定额比较稳定　　B．产品的各项费用定额比较准确

C．各月末在产品数量变化不大　　　　　D．各项消耗定额比较准确

4．生产费用在完工产品与月末在产品之间分配的方法，应考虑的条件是（　　）。

A．各项费用比重的大小　　　　　B．在产品数量的多少

C. 定额管理基础的好坏 D. 各月在产品数量变化的程度
5. 本月发生的生产费用与月初、月末在产品及本月完工产品成本之间的关系是（　　）。
A. 月初在产品成本＋本月发生的生产费用＝本月完工产品成本＋月末在产品成本
B. 月初在产品成本＋本月完工产品成本＝本月发生的生产费用＋月末在产品成本
C. 本月完工产品成本＝月初在产品成本＋本月发生的生产费用－月末在产品成本
D. 本月完工产品成本＝月末在产品成本＋本月发生的生产费用－月初在产品成本

四、判断题

1. 所谓完工产品与在产品之间费用的分配就是指产成品与狭义在产品之间费用的分配。（　　）
2. 采用按年初数固定计算在产品成本法时，某种产品本月发生的生产费用就是本月完工产品的成本。（　　）
3. 对外销售的自制半成品，验收入库后，也应列入在产品。（　　）
4. 如果原材料在生产开始时一次投入，不管在产品完工程度如何，原材料费用的投料程度均为100%。（　　）
5. 原材料分工序一次投入与原材料在每道工序陆续投入，其完工率的计算方法是完全一致的。（　　）
6. 约当产量是指月末在产品的完工程度。（　　）
7. 在产品成本的大小，一般与完工产品成本的大小无直接关系。（　　）
8. 某道工序在产品的完工率为该道工序止累计的工时定额与完工的产品工时定额的比率。（　　）

五、实训题

1. 某企业生产的甲产品，材料成本占产品成本比重较大，该企业采用只计算直接材料成本的方法计算在产品成本，材料在生产开始时一次投入，本月份初在产品成本为52 000元，月初在产品数量为400件，本月投产800件，本月发生的生产费用110 000元，其中直接材料为100 000元，直接人工4 000元，制造费用6 000元，月末完工产品1 000件，月末在产品为200件。

要求：按在产品只计所耗原材料成本计价法，计算月末在产品、完工产品成本（保留两位小数）。

2. 某企业生产的甲产品顺序经过第一、第二和第三道工序加工，原材料分次在各工序生产开始时一次投入，各工序在产品在本工序的加工程度均为50%。甲产品单位产品原材料消耗定额为2 000元，其中第一工序投入1 000元，第二工序投入600元，第三工序投入400元；单位产品工时定额为400小时，其中第一工序170小时，第二工序150小时，第三工序 80 小时。本月甲产品月末在产品为 1 000 件,其中第一工序 420 件,第二工序 380 件,第三工序 200 件。

要求:

(1) 计算甲产品月末在产品投料程度和约当产量。

(2) 计算甲产品月末在产品加工程度和约当产量。

3. 某企业第一车间甲产品月初在产品成本为 18000 元,其中直接材料 10 000 元,直接人工为 5 000 元,制造费用为 3 000 元。甲产品本月发生生产费用为 97 350 元,其中直接材料 50 000 元,直接人工 30 325 元,制造费用 17 025 元。本月完工产品加工程度为 50%。

要求:采用约当产量法计算甲产品本月完工产品成本和月末在产品成本。

4. 某企业生产丙产品,经过两道工序连续加工制成,原材料一次投入,其他有关资料如下。

(1) 各道工序的完工程度均按 60% 计算,其定额工时及在产品数量如下表所示。

定额工时及在产品数量表

工序	定额工时(小时)	在产品数量(件)
1	15	80
2	10	80
合计	25	160

(2) 有关的产品单位定额资料如下表所示。

产品单件定额表

直接材料定额成本(元)	定额(工时计划分配率)	
	直接人工	制造费用
15	0.90	0.50

(3) 丙产品生产成本明细账上归集的生产费用总额如下表所示。

丙产品的生产费用总额表

项目	直接材料	直接人工	制造费用	合计
生产费用总额(元)	16 000	4 250	10 480	31 000

要求:按定额成本法分配完工产品和在产品成本。

5. 某企业本月完工甲产品 400 件,月末在产品 100 件。生产甲产品的有关资料如下表所示。

表 4.12　生产费用资料

摘　要	直接材料	直接人工	制造费用
月初在产品成本	2 800	1 400	400
本月生产费用	16 400	7 000	2 400
单位完工产品定额	50kg	30 小时	
月末在产品定额	50kg	20 小时	

要求：根据上述资料，采用定额比例法编制产品成本计算单，计算本月完工产品及月末在产品成本。

第 5 章　产品成本计算方法概述

【学习目标】
通过本章的学习，应该了解生产特点和管理要求对产品成本计算的影响，理解产品成本计算的具体方法。

【本章重点】
生产特点和管理要求对产品成本计算的影响，以及成本计算的基本方法和辅助方法。

【本章难点】
生产特点和管理要求对产品成本计算的影响。

5.1　生产特点和管理要求对产品成本计算的影响

前已述及，计算产品成本是为成本管理提供资料，满足成本管理对于成本资料的要求。产品成本又是在生产过程中形成的，成本管理需要的成本资料在很大程度上又受到生产特点的影响，因此，每个企业或车间在计算产品成本时，都应根据生产特点和管理要求来确定适宜的成本计算方法。

5.1.1　生产特点对产品成本计算的影响

工业企业生产特点是指产品生产工艺过程的特点和生产组织的特点。

1. 生产工艺过程的特点

生产工艺过程是指产品从投产到完工的生产工艺技术过程。按生产工艺过程的特点，工业企业的生产可分为单步骤生产和多步骤生产两种。

（1）单步骤生产又称简单生产，是指生产工艺过程不能间断，或不能分散在不同地点进行的生产。这类生产工艺技术较简单，生产周期较短，产品品种较少且相对稳定。这类企业生产由于技术上的不可间断性（例如发电），或由于工作地点上的限制（例如采掘），通常由一个企业整体进行，而不能由几个车间协作进行。

（2）多步骤生产又称复杂生产，是指产品的生产工艺过程由若干个可以间断的、分散在不同地点、分别在不同时间进行的生产步骤所组成的生产。这类生产工艺技术较复杂，生产周期较长，产品品种较多且不很稳定，一般由一个企业的若干步骤或车间协作进行生产。按其产品的加工方式，又可分为连续加工式生产和平行加工式生产（装配式生产）。连续加工式生产是指原材料投入生产后到产品完工，要依次经过各生产步骤的连续加工的生产，前一加工步骤完工的半成品为后一加工步骤加工的对象。例如，纺织、冶金、造纸等生产。平行加工式生产是指各个生产步骤可以在不同地点和不同时间同时进行，先将原材料平行加工成零件、部件，然后将零件、部件装配成产成品。例如，机械、仪表等生产。

2. 生产组织的特点

生产组织是指保证生产过程各个环节、各个因素相互协调的生产工作方式。按生产组织的特点，工业企业生产可分为大量生产、成批生产和单件生产3种。

（1）大量生产是指不断的大量重复生产相同产品的生产。在这种生产的企业或车间里，往往产品的品种较少、产量较大，而且比较稳定。例如，纺织、面粉、采掘等的生产。

（2）成批生产是指按照事先规定的产品批别和数量进行的生产。在这种生产的企业或车间里，通常产品品种较多，产量较大，生产具有重复性。例如，服装、机械的生产。成批生产按照产品批量的大小，又可分为大批生产和小批生产。大批生产由于产品批量较大，往往在几个月内不断地重复生产一种或几种产品，因而性质上接近于大量生产；小批生产由于产品批量较小，一批产品一般可以同时完工，因而性质上近于单件生产。

（3）单件生产类似小批生产，是指根据订货单位的要求，生产个别的、性质特殊的产品的生产。例如，船舶、重型机器、新产品试制等的生产。

生产特点对成本计算方法的影响，主要表现在成本计算对象、成本计算期及生产费用在完工产品与在产品之间的分配等3个方面。

（1）对成本计算对象的影响。从生产工艺过程特点来看，单步骤生产由于工艺过程不能间断，必须以产品为成本计算对象，按产品品种分别计算成本；多步骤连续加工式生产，由于工艺过程由若干个分散在不同地点、不同时间的连续加工过程所组成，为分清各自责任，便于计算产品成本，需要以步骤为成本计算对象，既按步骤又按品种计算各步骤半成品成本和产品成本；多步骤平行式加工生产，由于产品的零件、部件可以在不同地点同时进行加工，然后装配成最终产品，而零件、部件半成品没有独立的核算意义，因此不需要按步骤计算半成品成本，而以产品品种为成本计算对象。

从产品生产组织特点来看，在大量生产情况下，一种或多种产品连续不断重复生产，由于同样的原材料投入，不断产出相同产品，只能按产品品种为成本计算对象计算产品成本；大批生产，往往集中投料，生产一批零件、部件供几批产品耗用，在这种情况下，零件、部件生产的批别和数量与产品生产的批别和所用零件、部件的数量往往不一致，因此不能按产品批别计算成本，而只能按产品品种计算产品成本；如果大批生产的零件、部件按产品投产，也可按批别或件别计算成本；小批、单件生产，由于产品批量小，一批产品一般可以同时完工，可按产品批别计算产品成本。

（2）对成本计算期的影响。不同生产类型，产品成本计算期不同，这主要取决于生产组织的特点。在大量、大批生产中，由于生产连续不断地进行，每月都有完工产品，因而产品成本要定期在每月末进行，与生产周期不一致。在小批、单件生产中，产品成本只能在某批、某件产品完工以后计算，因而成本计算是不定期进行的，而与生产周期一致。

（3）对完工产品和在产品之间费用分配的影响。生产类型的特点，还会影响到月末在进行成本计算时有没有在产品，是否需要在完工产品和在产品之间分配的问题。在单步骤生产中，生产过程不能间断，生产周期也较短，一般没有在产品，或在产品数量很少，因而计算产品成本时，生产费用不必在完工产品与在产品之间进行分配。在多步骤生产中，是否需要在完工产品与在产品之间分配费用，很大程度上取决于生产组织的特点。在大量、大批生产中，由于生产不间断进行，而且经常有在产品，因而在计算成本时，就需要采用适当的方法，将生产费用在完工产品与在产品之间进行分配。在小批、单件生产中，因为成本计算期与产品生产周期一致，不存在期末在产品，所登记的费用就是完工产品的成本，因而不存在完工产品与产品之间分配费用的问题。

上述三方面是相互联系、相互影响的，其中生产类型对成本计算对象的影响是主要的。不同的成本计算对象决定了不同的成本计算期和生产费用在完工产品与产品之间的分配。因此，成本计算对象的确定，是正确计算产品成本的前提，也是区别各种成本计算方法的主要标志。具体来说，主要有：以产品品种为成本计算对象；以产品批别为成本计算对象；以产品生产步骤为成本计算对象。

5.1.2 管理要求对产品成本计算的影响

产品生产特点客观上决定着成本计算对象的确定，但成本计算对象还要受成本管理的影响，因为成本核算是为成本管理服务并提供资料的。

成本管理要求对成本计算方法的影响主要有以下几个方面。

（1）单步骤生产或管理上不要求分步骤计算成本的多步骤生产，以品种或批别为成本计算对象，采用品种法或分批法。

（2）管理上要求分步骤计算成本的多步骤生产，以生产步骤为成本计算对象，采用分步法。

（3）在产品品种、规格繁多的企业，管理上要求尽快提供成本资料，简化成本计算工作，可采用分类法计算产品成本。

（4）在定额管理基础较好的企业，为加强定额管理工作，可采用定额法。

5.2 产品成本计算的主要方法

前面讲述了生产特点和管理要求对产品成本计算对象的影响,体现在成本计算对象的确定、成本计算期的确定以及生产费用在完工产品与在产品之间的分配 3 个方面,其中影响最为主要的是成本计算对象的确定。成本计算,就是按照成本计算对象分配和归集生产费用并计算其总成本和单位成本的过程。以不同的成本计算对象为主要标志,形成工业企业成本计算的各种方法。

1. 产品成本计算的基本方法

为了适应各类生产的特点和不同的管理要求,将成本计算对象、成本计算期、生产费用在完工产品和在产品之间分配等方面有机结合,形成了不同的成本计算方法。主要以成本计算对象不同为标志,成本计算有 3 种不同基本方法。

(1) 品种法。它是以产品品种为成本计算对象的产品成本计算方法。这种方法一般适用于单步骤的大量大批生产,如采掘、发电等;也可用于管理上不需分步骤计算成本的多步骤的大量大批生产,如水泥厂等。

(2) 分批法。它是以产品批别为成本计算对象的产品成本计算方法。这种方法一般适用于小批、单件的单步骤生产或管理上不要求分步骤计算成本的多步骤生产,如重型机械制造、船舶制造、修理作业等。

(3) 分步法。它是以产品生产步骤为成本计算对象的产品成本计算方法。这种方法一般适用于大量大批且管理上要求分步骤计算成本的生产,如纺织、冶金等。

以上各种产品成本计算基本方法的适用范围如表 5-1 所示。

表 5-1 各种产品成本计算基本方法的适用范围

产品成本计算方法	生产组织	生产过程和管理要求
品种法	大量大批生产	单步骤生产或管理上不要求分步骤计算成本的多步骤生产
分批法	小批单件生产	同上
分步法	大量大批生产	管理上要求分步骤计算成本的多步骤生产

上述以不同成本计算对象为主要标志的 3 种成本计算方法是产品成本计算的基本方法,无论采用哪种方法计算产品成本,都必须计算出每种产品的成本,按产品计算成本也是成本计算工作的基本要求,因此品种法是成本计算的最基本方法。

2. 产品成本计算的辅助方法

(1) 分类法。除上述产品成本计算的基本方法外,在产品品种、规格繁多的工业企业,如灯泡厂、钉厂等,为了简化成本计算工作,还可采用一种简便的成本计算方法——分类法。这种方法按产品类别归集生产费用，再按一定标准在类内各产品之间进行分配，计算产品成本。

（2）定额法。它是在定额管理基础较好的工业企业，为配合和加强定额管理，加强成本控制，更有效地发挥成本核算、成本管理的作用，还应用一种将符合定额的生产费用和脱离定额差异分别核算，保证成本计划、定额完成的一种产品成本计算方法。

分类法和定额法与企业生产类型的特点没有直接联系，不涉及成本计算对象。它们的应用或者是为了简化成本计算，或者是为了加强成本管理，只要具备条件，任何类型生产企业都能运用。因此，从计算产品实际成本的角度看，它们并非必不可少，称之为辅助方法。产品成本计算的辅助方法，一般应与基本方法结合起来使用，而不单独使用。

在工业企业中，确定不同的成本计算对象，采用不同的成本计算方法，主要是为了适应企业的生产特点和成本管理要求，正确提供产品成本资料为成本管理服务。实际工作中一个企业因其生产特点和管理要求不同，往往将几种方法同时应用或结合应用。

复习思考题

一、简答题

1. 影响成本计算对象的因素是什么？
2. 生产特点和管理要求对成本计算有何影响？
3. 产品成本计算的基本方法有哪些？
4. 产品成本计算的辅助方法有哪些？

二、单项选择题

1. 工业企业的产品生产按照生产组织的特点可以分为（　　）。
   A. 简单生产与复杂生产　　　　　　B. 连续式加工与平行式加工
   C. 单步骤生产和多步骤生产　　　　D. 大量生产、成批生产和小批生产
2. 生产特点和管理要求对成本计算方法的影响主要表现在（　　）。
   A. 成本计算对象　　　　　　　　　B. 成本计算日期
   C. 间接费用的分配方法　　　　　　D. 完工产品与在产品之间分配费用的方法
3. 区分产品成本计算方法的主要标志是（　　）。
   A. 成本计算对象　　　　　　　　　B. 成本计算期
   C. 生产周期　　　　　　　　　　　D. 生产费用的分配方法
4. 决定成本计算对象的因素是生产特点和（　　）。
   A. 成本计算实体　　　　　　　　　B. 成本计算日期

C. 成本计算方法　　　　　　D. 成本管理要求
5. 产品成本计算最基本的方法是（　　）。
A. 品种法　　B. 分批法　　C. 分步法　　D. 分类法和定额法

三、多项选择题

1. 生产特点和管理要求影响产品成本计算的对象有（　　）。
A. 产品品种　　B. 产品类别　　C. 产品批别　　D. 产品生产步骤
2. 产品成本计算的基本方法有（　　）。
A. 分步法　　B. 分类法　　C. 定额法　　D. 分批法
3. 企业在确定产品成本计算方法时，必须从企业的具体情况出发，同时考虑（　　）因素。
A. 企业的生产特点　　　　　　B. 企业生产规模的大小
C. 进行成本管理的要求　　　　D. 月末有无在产品
4. 成本计算的辅助方法是（　　）。
A. 可以单独使用　　　　　　　B. 不能单独使用
C. 与基本的方法结合使用　　　D. 根据需要确定与基本方法结合使用
5. 多步骤生产按照产品加工方式的不同，可以分为（　　）。
A. 简单生产　　　　　　　　　B. 连续式多步骤生产
C. 复杂生产　　　　　　　　　D. 装配式多步骤生产

四、判断题

1. 由于按照产品品种计算成本是产品成本计算的最一般、最起码的要求，因而只有品种法才是计算产品成本的基本方法。（　　）
2. 企业产品的生产按照工艺技术过程可分为大量生产、成批生产和单件生产。（　　）
3. 成本计算对象是区分产品计算基本方法的主要标志。（　　）
4. 多步骤生产按照生产组织的方式可分为连续式生产和装配式生产。（　　）
5. 大量大批单步骤生产的企业里，没有在产品所以不存在生产费用在完工产品和在产品之间分配的问题。（　　）
6. 生产类型不同，管理要求不同，产品成本对象就不相同。（　　）
7. 大量大批的多步骤生产的企业里，产品成本计算必须采用分步法。（　　）

第 6 章　成本计算的品种法

【学习目标】

明确品种法的含义和适用范围；掌握品种法的成本计算步骤和程序；学会应用品种法计算产品成本。

【本章重点】

品种法适用范围；品种法的成本计算步骤和程序；品种法的应用。

【本章难点】

品种法的成本计算步骤。

6.1　品种法概述

6.1.1　品种法的含义

1. 品种法的概念

品种法是指以产品品种作为成本计算对象，来归集和分配生产费用，计算产品成本的一种产品成本计算方法。采用品种法计算产品成本，需按产品品种设置基本生产明细账，归集和分配直接材料费用、直接人工费用和制造费用，最终计算出产品的总成本和单位成本。按照产品品种来计算产品成本是成本计算的最基本的要求。因此，品种法是企业产品成本计算的最基本的方法。

2. 品种法的适用范围

品种法一般适用于大批大量单步骤生产的企业，如发电、供水、采掘等企业。这类企业生产工艺过程不能间断，且不断重复生产相同品种的产品，产品品种单一，生产过程短，基本没有在产品，成本计算较简单，所汇集的生产费用即为产品的总成本。品种法还适用于大批大量的多步骤生产，管理上不要求分步骤计算产品成本的企业，如水泥厂、造纸厂等。这类企业生产规模较小，各步骤生产的半成品只能满足本企业连续加工的需要，直到产品加工完毕。企业只要求按照产品品种计算成本。另外，企业的供水、供电、供气等辅助生产车间计算其提供的水、电、气的成本，也可以采用品种法。

3. 品种法的种类

品种法按成本计算对象数量可分为单一品种的品种法和多品种的品种法。采用单品种的品种法的企业只生产一种产品，把生产过程中发生的费用汇总，即为该产品的基本生产成本，采用多品种的品种法的企业生产多种产品，生产过程中发生的费用需按产品品种（成本计算对象）进行归集分配，计算各种产品的成本。

6.1.2 品种法的特点

在单步骤生产的企业，由于生产工艺要求，不能间断生产，这就决定了企业的生产组织只能在一个企业单位完成。而且生产组织是大量生产，中间没有或很少有半成品，且产品品种单一，生产周期短。

在多步骤、小规模生产的企业，虽然生产过程可以间断，但各步骤的半成品都由本企业连续加工，直至完工为止，因而在管理上，不要求按步骤计算产品成本，这类企业生产的产品品种可能有若干种，期末可能会有在产品。

基于上述的企业生产特点和管理要求，决定了品种法的以下特点。

（1）以产品品种作为成本计算对象，按产品品种归集和分配生产费用。如果企业只生产一种产品，该种产品就是成本计算对象，由此设置基本生产明细账，归集和分配生产费用，计算该种产品的成本。或开设一张成本计算单，按成本项目开设专栏。在这种情况下发生的费用都是直接费用，可以直接记入基本生产明细账或产品成本计算单。

如果企业生产多种产品，成本计算对象就是各种产品。按各种产品分别设置基本生产明细账或产品成本计算单，发生的直接费用可以直接记入各种产品的基本生产明细账或产品成本计算单；应由几种产品共同负担的间接费用，则要选择适当的方法，在各产品之间分配，然后记入各种产品的基本生产明细账或成本计算单。

（2）按月定期计算产品成本。每月月末计算完工产品的成本，成本计算期与会计报告期是一致的。由于各产品的生产周期长短不尽相同，所以，产品的生产周期与成本计算期不一致。

（3）月末如有在产品，费用应在完工产品和在产品之间进行分配。大批大量单步骤生产，产品品种单一，月末一般没有在产品，不需将生产费用在完工产品和月末在产品之间进行分配；而大批大量多步骤生产，月末一般有在产品，就需要将生产费用在完工产品和月末在产品之间进行分配，从而确定完工产品成本和在产品成本。

6.1.3 品种法的成本计算程序

品种法作为产品成本计算的一种最基本的方法，其成本计算的一般程序，主要有以下几个步骤。

（1）按产品品种设置基本生产明细账。按产品品种设置基本生产明细账或产品成本计算单，并按成本项目开设专栏，如"直接材料"、"直接人工"、"制造费用"等。

（2）归集和分配本月生产费用。根据原始凭证和其他有关资料编制各种要素费用分配表，将本月发生的生产费用进行分配，生产产品发生的直接费用，如"直接材料"、"直接人工"等费用，计入各种产品成本明细账，间接费用先在"制造费用明细账"中进行归集，辅助生产车间发生的费用在"辅助生产费用明细账"中进行归集。

（3）分配辅助生产费用。根据辅助生产对外提供的劳务数量，按受益单位受益情况编制"辅助生产费用分配表"，将辅助生产费用明细账中所归集的生产费用采用适当的方法分配给各受益对象，并具以登记有关成本费用明细账。

（4）分配基本生产车间制造费用。将基本生产车间为组织和管理生产所发生的费用，通过"制造费用明细账"进行归集后，月末编制"制造费用分配表"。将制造费用分配给各受益的产品，并具以登记"基本生产明细账"。

（5）计算完工产品成本和月末在产品成本。将产品基本生产明细账中按成本项目归集的生产费用采用适当的方法在完工产品和月末在产品之间进行分配，确定完工产品成本和在产品成本。

（6）结转完工产品成本。根据产品基本生产明细账或产品成本计算单，汇总编制完工产品成本汇总表，汇总计算各种完工产品的总成本和单位成本，然后编制记账凭证，结转完工产品成本。

品种法的上述成本计算程序如图 6-1 所示。

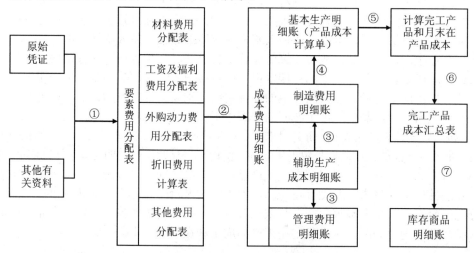

图 6-1 成本计算程序

①—根据发生的各项生产费用，编制各种要素费用分配表 ②—根据各种要素费用分配表及相关凭证，登记有关成本费用明细账 ③—分配辅助生产费用 ④—分配制造费用 ⑤—在完工产品和月末在产品之间进行分配生产费用 ⑥—编制完工产品成本汇总表，计算各种完工产品的总成本和单位成本 ⑦—登记库存商品明细账

6.2 单品种的品种法

6.2.1 单品种的品种法概述

在大批大量单步骤生产情况下,企业往往只生产一种产品,只有一个成本计算对象。企业在生产过程中发生的应计入产品成本的费用都是直接费用,不存在在各成本计算对象之间分配的问题。如果企业生产周期较短,没有或极少有期末在产品,也不存在在完工产品和月末在产品之间进行分配费用的问题。因此,采用品种法计算产品成本,只需为这种产品开设一张基本生产成本明细账或产品成本计算单。按成本项目设专栏,发生的生产费用全部都是直接费用,可以根据原始凭证直接计入。月份终了时,一般没有在产品(或虽有数量很少的在产品,可不必计算在产品成本),这样按成本项目归集于成本明细账的本月生产费用,都是产品的总成本。将产品的总成本除以产量,就是产品的单位成本。这种成本计算的方法,通常称为单品种的品种法,也称简单法或单一法。

单品种的品种法适用于大批大量单步骤生产的企业。这种企业的生产不可间断,产品品种单一,生产周期短,一般没有在产品,如发电、供水、采掘等企业。

6.2.2 单品种的品种法举例

现以北方火力发电厂为例说明单品种的品种法的成本计算方法。

1. 企业基本情况

北方火力发电厂是以重油和天然气为燃料进行发电,设有燃料、锅炉、气机和电机基本生产车间,因其生产工艺过程在技术上不可间断,虽有多个生产车间,但可作为一个生产步骤,也就是单步骤进行成本核算。电力生产是大量生产,不断重复生产同一产品——电力。其生产周期短,不能储存,不存在半成品和在产品。另外,北方火力发电厂设有机修辅助生产车间和若干管理部门。

根据北方火力发电厂的生产特点和管理要求,电力成本计算宜采用单品种的品种法。北方火力发电厂 2007 年 5 月份产量为 2 000 亿 kW/h。

2. 成本核算程序

(1) 按产品品种设置基本生产明细账。

该厂应设置"基本生产成本"总分类账户,并按燃料、直接材料、直接人工和制造费用等成本项目,分专栏设置电力产品"基本生产成本明细账",组织成本核算。由于该厂属于大量生产电力产品的单步骤生产类型,机修辅助生产车间直接服务于电力生产,所以不必设置辅助生产费用明细账。在本例中为了反映两个生产车间的生产费用情况设置制造费用明细账。

（2）归集和分配本月生产费用。

根据本月发生的有关经济业务的原始凭证，编制各种要素费用分配表。

① 根据领料单等原始凭证，编制"材料费用分配表"，如表 6-1 所示。

表 6-1　材料费用分配表

2007 年 5 月　　　　　　　　　　　　　　　　　　　　　单位：元

项　　　目		燃　　料	水　　费	辅助材料	合　　计
基本生产		500 000	40 000	80 000	620 000
制造费用	——气机车间			14 000	14 000
	——电机车间			10 000	10 000
管理费用				3 000	3 000
合　　计		500 000	40 000	107 000	647 000

② 根据工资结算凭证等，编制"应付职工薪酬分配表"，如表 6-2 所示。

表 6-2　应付职工薪酬分配表

2007 年 5 月　　　　　　　　　　　　　　　　　　　　　单位：元

项　　　目		职工薪酬	合　　计
基本生产		84 000	84 000
制造费用	气机车间	5 000	5 000
	电机车间	6 000	6 000
管理费用		10 000	10 000
合　　计		105 000	105 000

③ 根据固定资产折旧计算表，编制"折旧费用分配表"，如表 6-3 所示。

表 6-3　折旧费用分配表

2007 年 5 月　　　　　　　　　　　　　　　　　　　　　单位：元

项　　　目		折旧费用	合　　计
制造费用	气机车间	3 000	3 000
	电机车间	2 000	2 000
管理费用		2 000	2 000
合　　计		7 000	7 000

根据表 6-1、表 6-2、表 6-3 所示的资料，编制会计分录如下。

① 借：基本生产成本　　　　　　　　　　620 000
　　　制造费用——气机车间　　　　　　 14 000
　　　　　　　——电机车间　　　　　　 10 000
　　　管理费用　　　　　　　　　　　　　3 000
　　贷：原材料——燃料　　　　　　　　500 000
　　　　　　——水　　　　　　　　　　 40 000
　　　　　　——辅助材料　　　　　　　107 000
② 借：基本生产成本　　　　　　　　　　 84 000
　　　制造费用——气机车间　　　　　　　5 000
　　　　　　　——电机车间　　　　　　　6 000
　　　管理费用　　　　　　　　　　　　 10 000
　　贷：应付职工薪酬　　　　　　　　　105 000
③ 借：制造费用——气机车间　　　　　　　3 000
　　　　　　　——电机车间　　　　　　　2 000
　　　管理费用　　　　　　　　　　　　　2 000
　　贷：累计折旧　　　　　　　　　　　　7 000

登记各种成本明细账，如表 6-4 至表 6-6 所示。

表 6-4　制造费用明细账

车间名称：气机车间　　　　　　2007 年 5 月　　　　　　　　　　单位：元

2007 年		凭证号	摘　　要	材料费用	职工薪酬	折旧费	其他	合　　计
5	31		材料费用分配表	14 000				14 000
	31		应付职工薪酬分配表		5 000			5 000
	31		折旧费用分配表			3 000		3 000
	31		合　　计	14 000	5 000	3 000		22 000

表 6-5　制造费用明细账

车间名称：电机车间　　　　　　2007 年 5 月　　　　　　　　　　单位：元

2007 年		凭证号	摘　　要	材料费用	职工薪酬	折旧费	其他	合　　计
5	31		材料费用分配表	10 000				10 000
	31		应付职工薪酬分配表		6 000			6 000
	31		折旧费用分配表			2 000		2 000
	31		合　　计	10 000	6 000	2 000		18 000

表 6-6 基本生产成本明细账

供电量 2 000 亿 kW/h　　　　　　　　　　　　　　　　　　　　　　　　　单位：元

2007年		凭证号	摘　要	燃料	直接材料		直接人工	制造费用	合　计
					生产用水	辅助材料			
5	31		材料费用分配表	500 000	40 000	80 000			620 000
	31		应付职工薪酬分配表				84 000		84 000

（3）根据制造费用明细账，编制制造费用汇总表，如表 6-7 所示。

表 6-7 制造费用汇总表

2007 年 5 月　　　　　　　　　　　　　　　　　　　　　　　　　　　　　单位：元

车间名称	工资	辅助材料	折旧费	其他	合计
气机车间	5 000	14 000	3 000		22 000
电机车间	6 000	10 000	2 000		18 000
合　计	11 000	24 000	5 000		40 000

根据表 6-7 所示的资料，编制会计分录如下。

借：基本生产成本　　　　　　　　　　　　　40 000
　　贷：制造费用——气机车间　　　　　　　22 000
　　　　　　　　——电机车间　　　　　　　18 000

根据以上会计分录，进行结转，计入基本生产成本明细账，如表 6-8 所示。

表 6-8 基本生产成本明细账

供电量：2 000 亿 kW/h　　　　　　　　　　　　　　　　　　　　　　　　单位：元

2007年		凭证号	摘　要	燃料	直接材料		直接人工	制造费用	合　计
					生产用水	辅助材料			
5	31		材料费用分配表	500 000	40 000	80 000			620 000
	31		应付职工薪酬分配表				84 000		84 000
	31		制造费用汇总表					40 000	40 000

（4）计算和结转完工产品成本

该厂发生的全部生产费用即为本月完工产品成本，如表6-9所示。

表6-9 基本生产成本明细账

供电量：2 000 亿 kW/h　　　　　　　　　　　　　　　　　　　　　　　　　　单位：元

2007年		凭证号	摘　要	燃料	直接材料		直接人工	制造费用	合计
					生产用水	辅助材料			
5	31		材料费用分配表	500 000	40 000	80 000			620 000
	31		应付职工薪酬分配表				84 000		84 000
	31		制造费用汇总表					40 000	40 000
	31		本月合计	500 000	40 000	80 000	84 000	40 000	744 000
	31		本月结转	500 000	40 000	80 000	84 000	40 000	744 000

根据表6-9所示的资料编制会计分录如下。

借：库存商品　　　　　　　　744 000
　　贷：基本生产成本　　　　744 000

计算电力产品总成本和单位成本，如表6-10所示。

表6-10 电力产品成本计算单

发电量：2 000 亿 kW/h　　　　　　　　2007年5月

成　本　项　目	总　成　本（元）	单　位　成　本（元/亿 kW/h）
燃料	500 000	250
直接材料	120 000	60
直接人工	84 000	42
制造费用	40 000	20
合　　计	744 000	372

6.3　多品种的品种法

6.3.1　多品种的品种法概述

在大批大量多步骤生产情况下，企业生产的产品品种较多，即生产多品种的产品，有多个成本计算对象。企业在生产过程中发生的应计入产品成本的费用，往往既有直接费用，又有间接费用，存在在各成本计算对象之间分配的问题。这种企业月末一般有在产品，所以，又存在完工产品与月末在产品之间分配费用的问题。如果采用品种法进行产品成本计算,则需要按每种产品设置成本明细账或成本计算单,按成本项目设置专栏。除直接费用可以按原始凭证直接计入外,间接费用要先行归集,再采用适当标准在各种产品之间进行分配,计入各该产品成本明细账。月份终了时,如果有在产品,各产品成本明细账所归集的生产费用,还要按一定的方法,在完工产品与月末在产品之间进行分配,以便计算出完工产品成本与月末在产品成本。这种方法,通常称为多品种的品种法。多品种的品种法,适用于大批大量多步骤的生产企业,这种企业生产可以间断,规模较大,产品较多,管理上不要求按生产步骤计算成本。月末一般有在产品,如小型的水泥厂、造纸厂、砖瓦厂等。

6.3.2 多品种的品种法举例

现以日升机械厂为例说明多品种的品种法的成本计算方法。

1. 企业基本情况

日升机械厂规模较小,生产组织是大批大量生产的,以制造通用机械产品 A、B 两种产品为主。从其生产工艺过程来看,属于多步骤生产。基本生产设有铸造车间、加工车间、装配车间。铸造车间利用生铁、钢等各种原料,熔铸各种铸件;加工车间利用各种铸件、外购半成品和外购材料进行加工,制造成各种产品的零部件;最后转入装配车间进行装配,生产出各种机械产品,管理上不要求按生产步骤计算成本。根据日升机械厂的生产特点和管理要求,对机械产品成本计算,应采用品种法计算成本。日升机械厂还设有一个机修车间为本企业基本生产车间和管理部门提供服务。该厂 2007 年 6 月份的生产情况及其成本费用资料如下。

(1) 生产情况,如表 6-11 所示。

表 6-11 生产情况

2007 年 6 月   单位:件

产品	月初在产品	本月投入	本月完工	月末在产品	完工程度
A	500	1 500	1 800	200	20%
B	400	1 100	1 000	500	40%

(2) 月初在产品成本,如表 6-12 所示。

表 6-12 月初在产品成本

2007 年 6 月   单位:元

产品	直接材料	直接人工	制造费用	合计
A	4 030	1 672	836	6 538
B	1 440	924	462	2 826
合计	5 470	2 596	1 298	9 364

(3) 本月发生的生产费用，如表 6-13 至表 6-16 所示。

表 6-13 材料费用

2007 年 6 月 　　　　　　　　　　　　　　　　　　　　　　　　　　　　单位：元

项　　目	甲材料	乙材料	合　计
A 产品领用	200 000	20 000	220 000
B 产品领用	130 000	10 000	140 000
小　　计	330 000	30 000	360 000
生产车间用		4 000	4 000
辅助车间用	30 000	10 000	40 000
厂部用		1 080	1 080
合　　计	690 000	75 080	765 080

表 6-14 职工薪酬费用

2007 年 6 月 　　　　　　　　　　　　　　　　　　　　　　　　　　　　单位：元

部　　门	生产工人薪酬	管理人员薪酬	合　计
生产车间	200 000	50 000	250 000
辅助车间	12 000	8 000	20 000
厂　部		28 000	28 000
合　　计	212 000	86 000	298 000

表 6-15 固定资产折旧费用表

2007 年 6 月 　　　　　　　　　　　　　　　　　　　　　　　　　　　　单位：元

项目	生产车间			厂部	合计
	基本生产车间	辅助生产车间	小计		
折旧费用	1 060	500	1 560	680	2 240

表 6-16 低值易耗品摊销表

2007 年 6 月 　　　　　　　　　　　　　　　　　　　　　　　　　　　　单位：元

项目	生产车间			厂部	合计
	基本生产车间	辅助生产车间	小计		
低值易耗品摊销	16 000	4 000	20 000	600	20 600

另外,本月以银行存款支付其他费用:生产车间为 5 000 元;辅助车间为 3 000 元;管理部门为 5 500 元。

(4) 产品生产工时:A 产品 15 000 小时;B 产品 5 000 小时。

(5) 辅助车间为生产车间提供修理工时为 6 050 小时;为管理部门提供修理工时为 700 小时。

2. 成本核算程序

(1) 按产品品种设置基本生产成本明细账。

采用多品种的品种法计算每一种产品的基本生产成本,除设置相关总分类账户以外,需在"基本生产成本""辅助基本生产成本"账户下,按每一种产品设置三级明细账户。在本例中,要核算 A、B 产品的成本,需设置"基本生产成本——A 产品""基本生产成本——B 产品""辅助生产成本""制造费用——基本生产成本车间"等账户。

(2) 归集和分配生产费用。

根据本月发生的有关经济业务的原始凭证,编制各项费用分配表,并据以编制记账凭证。

① 根据有关领料凭证,编制材料费用分配表,如表 6-17 所示。

表 6-17　材料费用分配表

2007 年 6 月　　　　　　　　　　　　　　　　单位:元

应借科目		原材料	合　计
基本生产成本	—A 产品	220 000	220 000
	—B 产品	140 000	140 000
小计		360 000	360 000
制造费用—基本生产车间		4 000	4 000
辅助生产成本		40 000	40 000
管理费用		1 080	1 080
合　计		765 080	765 080

根据表 6-17 所示的资料编制会计分录如下。

借:基本生产成本——A 产品　　　　　　　　220 000
　　　　　　　　——B 产品　　　　　　　　140 000
　　辅助生产成本　　　　　　　　　　　　　 40 000
　　制造费用——基本生产车间　　　　　　　 4 000
　　管理费用　　　　　　　　　　　　　　　 1 080
　贷:原材料　　　　　　　　　　　　　　　 765 080

② 根据工资结算凭证等,编制"应付职工薪酬分配表",如表 6-18 所示。

表6-18 应付职工薪酬分配表

2007年6月　　　　　　　　　　　　　　　　　　　　　　　单位：元

应借科目		职工薪酬		
总账	明细账	生产工时	分配率	分配金额
基本生产成本	——A产品	15 000		150 000
	——B产品	5 000		50 000
	小计	20 000	10	200 000
制造费用—基本生产成本车间				50 000
辅助生产成本	机修车间			20 000
管理费用				28 000
合　计		20 000		298 000

根据表6-18所示的资料，编制会计分录如下。
　　借：基本生产成本——A产品　　　　　　　　150 000
　　　　　　　　　　——B产品　　　　　　　　 50 000
　　　　辅助生产成本　　　　　　　　　　　　 20 000
　　　　制造费用——基本生产车间　　　　　　 50 000
　　　　管理费用　　　　　　　　　　　　　　 28 000
　　　　贷：应付职工薪酬　　　　　　　　　　298 000
根据固定资产折旧费用表（表略），编制会计分录如下。
　　借：辅助生产成本　　　　　　　　　　　　　　500
　　　　制造费用——基本生产车间　　　　　　　1 060
　　　　管理费用　　　　　　　　　　　　　　　　680
　　　　贷：累计折旧　　　　　　　　　　　　　2 240
根据本月的耗用情况，摊销低值易耗品，编制会计分录如下。
　　借：辅助生产成本　　　　　　　　　　　　　4 000
　　　　制造费用——基本生产车间　　　　　　 16 000
　　　　管理费用　　　　　　　　　　　　　　　　600
　　　　贷：低值易耗品　　　　　　　　　　　 20 600
以银行存款支付其他费用，编制会计分录如下。
　　借：辅助生产成本　　　　　　　　　　　　　3 000
　　　　制造费用——基本生产车间　　　　　　　5 000
　　　　管理费用　　　　　　　　　　　　　　　5 500
　　　　贷：银行存款　　　　　　　　　　　　 13 500
　　根据各费用分配表编制的记账凭证，登记辅助生产成本明细账，并编制辅助生产费用分配表，如表6-19、表6-20所示。

表 6-19　辅助生产成本明细账

车间：机修车间　　　　2007 年 6 月　　　　单位：元

2007 年		凭证号	摘要	材料费	职工薪酬	折旧费	低值易耗品	其他费用	合计
			材料费用分配表	40 000					40 000
			职工薪酬分配表		20 000				20 000
			折旧费用分配表			500			500
			领用低值易耗品				4 000		4 000
			其他费用					3 000	3 000
			本月发生额	40 000	20 000	500	4 000	3 000	67 500
			本月转出额	40 000	20 000	500	4 000	3 000	67 500

表 6-20　辅助生产费用分配表

车间：机修车间　　　　2007 年 6 月　　　　单位：元

受益部门	修理工时	分配率	金额
基本生产车间	6 050		60 500
管理部门	700		7 000
合　计	6 750	10	67 500

根据表 6-20 所示的资料，编制会计分录如下。

借：制造费用——基本生产车间　　　60 500
　　管理费用　　　　　　　　　　　 7 000
　贷：辅助生产成本　　　　　　　　67 500

根据各费用分配表编制的记账凭证，登记基本生产车间制造费用明细账，并编制制造费用分配表，如表 6-21、表 6-22 所示。

表 6-21　制造费用明细账

车间：基本生产车间　　　　2007 年 6 月　　　　单位：元

2007 年		凭证号	摘要	材料	职工薪酬	折旧	低值易耗品	其他	修理费	合计
			材料费用分配表	4 000						4 000
			职工薪酬分配表		50 000					50 000
			折旧费用分配表			1 060				1 060
			领用低值易耗品				16 000			16 000
			其他费用					5 000		5 000
			修理费						6 050	6 050
			……							
			本月发生额	4 000	50 000	1 060	16 000	5 000	6 050	82 110
			本月转出额	4 000	50 000	1 060	16 000	5 000	6 050	82 110

表 6-22 制造费用分配表

车间：基本生产车间　　　　　　　2007 年 6 月　　　　　　　　　　　　单位：元

产品名称	工时	分配率	金 额
A 产品	15 000		60 582.5
B 产品	5 000		20 527.5
合　计	20 000	4.1055	82 110

根据表 6-22 所示的资料，编制会计分录如下。

借：基本生产成本——A 产品　　　　　　　60 582.50
　　　　　　　　——B 产品　　　　　　　20 527.50
　　贷：制造费用——基本生产车间　　　　　82 110

根据各项费用分配表、产品产量和在产品数量等资料登记 A、B 产品成本明细账，并计算完工产品成本与月末在产品成本，如表 6-23 至表 6-25 所示。

表 6-23 产品成本明细账

产品名称：A 产品　　　　　　　2007 年 6 月　　　　　　　　　　　　单位：元

2007 年		凭证号	摘　要	直接材料	直接人工	制造费用	合　计
5	31		月初在产品成本	1 440	924	462	2 826
6	30		本月发生生产费用	140 000	50 000	20 527.5	210 527.5
			合　计	141 440	50 924	20 989.5	213 353.5
			完工产品产量	1 800	1 800	1 800	
			月末在产品约当产量	200	40	40	
			产量合计	2 000	1 840	1 840	
			单位成本	112.015	82.43	33.38	227.825
			结转完工产品成本	201 627	148 374	60 084	410 085
			月末在产品成本	22 403	3 298	1 334.5	27 035.5

表 6-24 产品成本明细账

产品名称：B 产品　　　　　　　2007 年 6 月　　　　　　　　　　　　单位：元

2007 年		凭证号	摘　要	直接材料	直接人工	制造费用	合　计
5	31		月初在产品成本	4 030	1 672	836	6 538
6	30		本月发生生产费用	220 000	150 000	60 582.5	430 582.5
			合　计	224 030	151 672	61 418.5	437 120.5
			完工产品产量	1 000	1 000	1 000	
			月末在产品约当产量	500	20	20	
			产量合计	1 500	1 020	1 020	
			单位成本	149.353	148.698	60.214	358.265
			结转完工产品成本	149 353	148 698	60 214	358 265
			月末在产品成本	74 677	2 974	1 204.5	78 855.5

表 6-25 完工产品成本汇总表

2007 年 6 月   单位：元

产品名称	单 位	数量	总成本	单位成本
A 产品	件	18 000	410 085	227.825
B 产品	件	1 000	358 265	358.265
合 计	—	—	768 350	586.09

根据完工产品成本汇总表，编制会计分录，结转完工产品成本。

借：库存商品——A 产品　　　　　　　410 085
　　　　　　——B 产品　　　　　　　358 265
　　贷：基本生产成本——A 产品　　　　410 085
　　　　　　　　　　——B 产品　　　　358 265

复习思考题

一、简答题

1. 什么是品种法？品种法的适用范围是什么？
2. 品种法的主要特点有哪些？
3. 品种法成本计算程序主要有哪几个步骤？
4. 单品种的品种法成本核算的程序是什么？
5. 多品种的品种法成本核算的程序是什么？

二、单项选择题

1. 在大批大量的多步骤生产的情况下，如果管理上不要求分步计算产品成本，其所采用的成本计算方法是（　　）。
   A．品种法　　　　B．分批法　　　　C．分步法　　　　D．分类法
2. 适用于大批大量的单步骤生产的成本计算方法是（　　）。
   A．分类法　　　　B．分批法　　　　C．分步法　　　　D．品种法
3. （　　）是最基本的成本计算方法，代表了产品成本计算的一般程序。
   A．分步法　　　　B．品种法　　　　C．分类法　　　　D．分批法
4. 品种法的特点是（　　）。
   A．分批计算产品成本　　　　　　　B．分步骤计算产品成本
   C．分品种计算产品成本　　　　　　D．既分品种又分步骤计算产品成本

5．品种法的成本计算期与（　　）是一致的。
A．生产周期　　　　　　　　　　　B．会计报告期
C．会计计划期　　　　　　　　　　D．产品完工日期
6．如果企业只生产一种产品，那么发生的生产费用（　　）。
A．要分配后计入产品成本　　　　　B．全部是间接费用
C．全部是直接生产费用　　　　　　D．部分是直接费用，部分是间接费用

三、多项选择题

1．品种法的成本计算程序包括（　　）。
A．按品种开设基本生产成本明细账归集生产费用
B．归集并分配辅助生产费用
C．归集并分配制造费用
D．月末将归集生产费用在完工产品与在产品之间分配
2．品种法的适用范围是（　　）。
A．大批大量的单步骤生产　　　　　B．大批大量的多步骤生产
C．按订单组织的生产　　　　　　　D．要求分步骤计算成本的多步骤生产
3．下列企业中，适用于品种法计算产品成本的有（　　）。
A．煤矿　　　　B．发电厂　　　　C．水泥厂　　　　D．拖拉机厂
4．以下各项中，属于品种法特征的是（　　）。
A．成本计算期与生产周期一致　　　B．以产品品种为成本计算对象
C．月末通常要计算在产品成本　　　D．按月定期计算产品成本
5．下列企业中，不适用于品种法计算产品成本的有（　　）。
A．大型服装厂　　　B．发电厂　　　C．精密仪器制造　　　D．纺织厂

四、判断题

1．品种法只适用于单步骤的生产。（　　）
2．按品种法计算产品成本时，不存在将生产费用在完工产品和月末在产品之间进行分配。（　　）
3．产品成本计算的品种法是以产品品种为成本计算对象，归集生产费用以及计算产品成本的一种方法。（　　）
4．不论企业的类型如何，也不论有什么样的管理要求，企业都应运用品种法计算产品成本。（　　）
5．品种法是按月定期计算产品成本。（　　）
6．品种法不需要在各种产品之间分配费用，也不需要在完工产品和月末在产品之间分配费用，所以也称为简单法。（　　）

7. 从生产工艺过程来看，品种法只适用于简单生产。（ ）

五、实训题

1. 华盛制造厂设有一个基本生产成本车间和供电、锅炉两个辅助生产车间，大量生产甲、乙两种产品。根据生产特点和管理要求，采用品种法计算产品成本，有关 2007 年 10 月份成本计算资料如下。

（1）月初在产品成本：

甲产品月初在产品成本 30 000 元，其中直接材料 10 000 元，直接人工 12 000 元，制造费用 8 000 元；乙产品无在产品。

（2）本月生产数量：

甲产品本月实际生产工时 40 000 小时，本月完工 800 件，月末在产品 400 件，在产品原材料已全部投入，加工程度为 50%；乙产品本月实际生产工时 20 000 小时，本月完工 400 件，月末无在产品。

供电车间本月供电 30 000kW/h，其中锅炉车间用 3 000kW/h，产品生产用 20 000kW/h，基本生产成本车间一般耗用 5 000kW/h，厂部管理部门消耗 2 000kW/h。

锅炉车间本月供气 15 000 立方米，其中供电车间用 1 000 立方米，产品生产用 10 000 立方米，基本生产成本车间一般耗用 2 000 立方米，厂部管理部门消耗 2 000 立方米。

（3）本月发生的生产费用：

① 材料费用，如下表所示。

发出材料汇总表

2007 年 10 月 单位：元

用　　途	直接领用	共同耗用	合　计
产品生产直接消耗	60 000	20 000	80 000
甲产品	20 000		20 000
乙产品	40 000		40 000
基本生产成本车间一般耗用	10 000		10 000
供电车间消耗	500		500
锅炉车间消耗	1 000		1 000
厂部管理部门消耗	600		600
合　　计	72 100	20 000	92 100

② 本月职工薪酬，如下表所示。

职工薪酬汇总表

2007 年 10 月   单位：元

人员类别	应付职工薪酬
生产工人	150 000
供电车间人员	15 000
锅炉车间人员	10 000
基本生产成本车间人员	12 000
厂部管理人员	23 000
合　　计	210 000

③ 本月计提折旧费 50 000 元，其中基本生产成本车间 30 000 元，锅炉车间 1 000 元，供电车间 10 000 元，厂部管理部门 9 000 元。

④ 本月以银行存款支付的费用 28 000 元，其中基本生产成本车间水费 12 000 元，办公费 3 000 元；锅炉车间水费 1 800 元，修理费 200 元；供电车间外购电力和水费 5 000 元；厂部管理部门办公费 4 000 元，差旅费 2 000 元。

要求：

（1）开设甲、乙产品基本生产成本明细账、供电车间、锅炉车间辅助基本生产成本明细账，开设基本生产成本车间制造费用明细账、管理费用明细账，其他总账、明细账从略。

（2）根据资料进行费用分配和成本计算，编制产品成本计算单，编制会计分录，并记入有关账户。

① 根据甲、乙产品直接消耗材料比例分配共同用料，根据发出材料汇总表和分配结果编制会计分录，并记入有关账户。

② 根据甲、乙产品的实际生产工时，分配产品生产工人薪酬，根据分配结果编制会计分录，并记入有关账户。

③ 编制本月计提折旧的会计分录，并记入有关账户。

④ 编制本月以银行存款支付的费用的会计分录，并记入有关账户。

⑤ 编制辅助生产费用分配表（按生产工时分配）。根据分配结果编制会计分录，并记入有关账户。

⑥ 编制制造费用分配表（按生产工时分配），根据分配结果编制会计分录，并记入有关账户。

⑦ 采用约当产量法计算甲产品月末在产品成本，编制甲、乙产品成本计算单，并编制结转完工甲、乙产品成本的会计分录。

2. 发达采矿厂是燕山脚下的一个铁矿石采掘厂，设有采石、选矿两个基本生产成本分厂（可看做车间），生产工艺过程在技术上不可间断，虽有两个生产分厂，但可作为一个生产步骤,也就是单步骤进行成本核算,且大量生产,不断重复生产同一产品——铁矿石,生产周期短。另外,发达采矿厂设有机修辅助生产车间和管理部门。根据发达采矿厂的生产特点和管理要求,产品成本计算宜采用单品种的品种法。

(1) 有关 2007 年 10 月份成本计算资料如下。

① 产量为 100 万吨。

② 材料耗用情况,如下表所示。

材料费用汇总表

2007 年 10 月　　　　　　　　　　　　　　　　　　单位:元

项　　目		燃料	水费	辅助材料	合计
生产产品用		40 000	5 000	9 000	54 000
基本车间用	——采石分厂			4 000	4 000
	——选矿分厂			1 000	1 000
厂部管理用				3 000	3 000
合　计		40 000	5 000	17 000	62 000

③ 工资结算凭证,如下表所示。

应付职工薪酬汇总表

2007 年 10 月　　　　　　　　　　　　　　　　　　单位:元

项　　目		职工薪酬	合　计
生产产品工人		150 000	150 000
基本车间管理人员	——采石分厂	40 000	40 000
	——选矿分厂	6 000	6 000
厂部管理人员		4 000	4 000
合　计		200 000	200 000

④ 固定资产折旧计算,如下表所示。

折旧费用汇总表

2007 年 10 月　　　　　　　　　　　　　　　　　　单位:元

项　　目		折旧费用	合　计
基本车间	——采石分厂	12 000	12 000
	——选矿分厂	22 000	22 000
管理部门		16 000	16 000
合　计		50 000	50 000

⑤ 本月以现金支付其他费用：生产车间——采石分厂5 000元，生产车间——选矿分厂7 000元，管理部门5 500元。

要求：

（1）开设产品基本生产成本明细账（辅助生产成本明细账不开设），开设基本生产成本车间制造费用明细账、管理费用明细账，其他总账、明细账从略。

（2）根据以下资料进行费用分配和成本计算，编制产品成本计算单，编制会计分录，并记入有关账户。

① 根据发出材料汇总表分配材料费用，根据分配结果编制会计分录，并记入有关账户。

② 分配应付职工薪酬，根据分配结果编制会计分录，并记入有关账户。

③ 编制本月计提折旧的会计分录，并记入有关账户。

④ 编制本月以银行存款支付的其他费用的会计分录，并记入有关账户。

⑤ 编制制造费用分配表，根据分配结果编制会计分录，并记入有关账户。

⑥ 根据产品基本生产成本明细账编制产品成本计算单，并结转完工产品成本的会计分录。

第 7 章　成本计算的分批法

【学习目标】
通过本章的学习，使学生了解成本计算分批法的含义和特点；理解和掌握分批法的成本核算程序、方式；重点掌握简化分批法的核算程序及适用范围。

【本章重点】 按批设置成本明细账，掌握分批法的成本核算程序、方式，掌握简化分批法的核算程序及适用范围。

【本章难点】 分批法的计算程序、简化分批法。

7.1　分批法的含义和特点

1. 分批法的含义

分批法是依据产品批别或订单作为成本计算对象，归集生产费用，计算产品成本的一种方法。

按照产品批别进行生产时，生产计划部门要下达生产通知单（或订单）到车间，同时通知财务部门。生产通知单中的编号，称为产品批号或订单号。财务部门根据产品批号设立生产成本明细账（产品成本计算单）。

分批法主要适用于小批单件生产，如专用设备、重型机械、精密仪器和船舶的制造、新产品试制，机器设备的大修理，辅助生产的工具模具制造等。

分批法适用范围通常包括下列生产类型。

(1) 根据购买者订单生产的企业。
(2) 产品种类经常变动的小规模制造厂。
(3) 专门进行修理业务的工厂。
(4) 新产品试制车间。

2. 分批法的特点

分批法的特点主要表现在以下 3 个方面。

(1) 成本计算对象是产品批别或订单号。由于小批单件生产的企业，一般是根据购货单位订单确定的产品品种和数量组织生产，因而需要按件或分批计算产品成本，所以成本核算对象确定为产品批别或订单。如果一份订单中包含几种产品，或者一种产品数量较多需要分批交货，这时可将订单规定的产品品种划分批别组织生产，或将同类产品划分为数量较少的批别组织生产，分批计算成本。如果同一会计期间不同订单中有相同的产品，可以将其合并为一批组织生产，此时，财会部门应按照内部生产通知单开设"生产成本明细账"，而不应按照批别、订单开设"生产成本明细账"了。

（2）成本计算不定期进行。采用分批法时，以每批产品的生产周期作为成本计算期。生产费用应按月汇总，但由于各批产品的生产周期不一致，每批产品的实际成本，要等到该批产品全部完工才能确定，所以分批法的成本计算是不定期的。

（3）一般不需要分配计算在产品成本。月末，若某批产品全部完工，则该批产品成本明细账归集的生产费用，即为该批完工产品的实际总成本。若未完工，则全部列为在产品成本。

由于是小批单件生产，批内产品一般都能同时完工。这样月末计算成本时，或者全部完工或者全部未完工，因此一般情况下不存在生产费用在完工产品与在产品之间分配的问题。但当出现批内产品跨月陆续完工的情况，在月末计算成本时，一部分产品已完工，另一部分尚未完工，这时候就需要在完工产品与在产品之间分配费用，以计算完工产品成本和在产品成本。

由于小批生产的批量不大，批内跨月陆续完工的情况不多，为简化核算，可以采用简便的分配方法，即可以按计划单位成本、单位定额成本或最近一期相同产品的实际单位成本，计算当期完工的产品成本，余下的为在产品成本。为了正确的考核和分析整批产品的成本情况，在该批产品全部完工后，还应计算该批产品的实际总成本和单位成本，但对已计算结转过的成本，不再调整。

7.2 分批法的计算程序及举例

1. 分批法的计算程序

分批法计算成本的具体程序可以分为以下几个步骤。

（1）设置产品成本明细账。根据产品订单或生产通知单设置产品成本明细账，产品成本明细账可按车间、成本项目分设明细科目和专栏。

（2）做好成本费用核算的基础工作。在分批法下，由于需要按批别或订单归集、分配生产费用，所以在填制有关原始凭证时均要注明订单号或生产通知单号，以便将费用归集到相应的明细账中。

（3）月末编制各项要素费用分配表。根据要素费用分配表，直接费用根据订单号或生产通知单号计入有关的成本明细账中；间接费用计入辅助生产成本、制造费用明细账中。

（4）月末编制辅助生产费用分配表。通过辅助生产费用分配表，将归集的辅助生产费用分配到相应的成本、费用明细账内。

（5）月末编制制造费用分配表。月末，应根据各车间的制造费用明细账汇总的费用总额，按照规定的分配方法，分配计入到相应的产品成本明细账。

（6）编制产品成本计算单，计算完工产品成本。当一批订单产品完工后，车间应对属于该批次生产所剩的材料盘点，办理退料或"假退料"手续，并填制"分批生产产品完工通知单"，送交财务部门，用以结算完工成本。财务部门收到通知单后，根据有关凭证和明细账，检查与该批产品生产有关的直接、间接生产费用是否均以入账。同时编制产品成本计算单，计算该批完工产品成本。

2．分批法的核算举例

现以某小批生产产品的工厂生产为例，说明分批法的计算程序。

【例7-1】某工厂小批生产某些产品，采用分批法计算产品成本，2007年11月生产三批产品。

（1）批号为071010#的甲产品，2007年10月28日开工，2007年11月24日完工。其生产成本明细账如表7-1所示。

表7-1 生产成本明细账

批号：071010#　　　　开工日期：2007年10月28日　　　　批量：50件
产品名称：甲产品　　　完工日期：2007年11月24日　　　　单位：元

项　　目	直接材料	直接人工	制造费用	合　　计
月初在产品成本	441 069	8 300	9 600	458 969
本月生产费用	—	66 000	64 000	130 000
生产费用累计	441 069	74 300	73 600	588 969
完工产品总成本	441 069	74 300	73 600	588 969
完工产品单位成本	8 821.38	1 486	1 472	11 779.38

根据表7-1所示的资料编制会计分录如下。

借：库存商品——071010#甲产品　　　　　　588 969
　　贷：基本生产成本——071010#甲产品（直接材料）　　441 069
　　　　　　　　　　　　　　　　　　　（直接人工）　　74 300
　　　　　　　　　　　　　　　　　　　（制造费用）　　73 600

071010#甲产品的生产属于以前月份投产，本月完工的情况。这种情况完工前生产费用的累计数即为该批完工产品的总成本。

（2）批号为071105#的乙产品，2007年11月5日开工，至11月末全部完工。生产成本明细账如表7-2所示。

表 7-2 生产成本明细账

批号：071105#　　　　　开工日期：2007 年 11 月 16 日　　　　　批量：20 件
产品名称：乙产品　　　　完工日期：2007 年 11 月 30 日　　　　　单位：元

项　目	直接材料	直接人工	制造费用	合　计
本月生产费用	321 054	57 060	32 500	410 614
完工产品总成本	321 054	57 060	32 500	410 614
完工产品单位成本	16 052.7	2 853	1 625	20 530.7

根据表 7-2 所示的资料编制会计分录如下。

借：库存商品——071105#乙产品　　　　　　　　　　41 0614
　　贷：基本生产成本——071105#乙产品（直接材料）　321 054
　　　　　　　　　　　　　　　　　　　（直接人工）　57 060
　　　　　　　　　　　　　　　　　　　（制造费用）　32 500

071105#乙产品的生产属于本月投产，本月完工的情况。这种情况当月发生的生产费用即为该批完工产品的总成本。

（3）批号为 071106# 的丙产品，2007 年 11 月 16 日开工，至 11 月 30 日部分完工。其生产成本明细账如表 7-3 所示。

表 7-3 生产成本明细账

　　　　　　　　　　　　　　　　　　　　　　　　　　　批量：25 件
　　　　　　　　　　　　　　　　　　　　　　　　　　　月末完工：15 件
批号：071116#　　　　　　　　　　　　　　　　　　　　月末在产品：10 件
产品名称：丙产品　　　　开工日期：2007 年 11 月 16 日　　单位：元

项　目	直接材料	直接人工	制造费用	合　计
本月生产费用	425 050	32 560	26 400	484 010
完工产品总成本	255 030	24 420	19 800	299 250
完工产品单位成本	17 002	1 628	1 320	19 950
月末在产品成本	170 020	8 140	6 600	184 760

注：生产费用分配采用约当产量法，原材料为生产开始时一次投入，在产品的完工程度为 50%。

表 7-3 中的有关计算过程如下。

（1）直接材料费用分配率＝425 050÷（15＋10）＝17 002（元/件）
　　完工产品直接材料费用＝15×17 002＝255 030（元）
　　在产品直接材料费用＝10×17 002＝170 020（元）
（2）直接人工费用分配率＝32 560÷（15＋10×50%）＝1 628（元/件）
　　完工产品直接人工费用＝15×1 628＝24 420（元）
　　在产品直接人工费用＝10×50%×1 628＝8 140（元）

(3) 制造费用分配率＝26 400÷（15+10×50%）＝1 320（元/件）

完工产品制造费用＝15×1 320＝19 800（元）

在产品制造费用＝10×50%×1 320＝6 600（元）

该批完工产品总成本＝255 030+24 420+19 800＝299 250（元）

根据表 7-3 所示的资料编制会计分录如下。

借：库存商品——071116#丙产品　　　　　　　　　29 9250

　　贷：基本生产成本——071116#丙产品（直接材料）　25 5030

　　　　　　　　　　　　　　　　　　　（直接人工）　24 420

　　　　　　　　　　　　　　　　　　　（制造费用）　19 800

071116#丙产品的生产属于当月投产，本月部分完工且需要计算完工产品成本的情况。这种情况需要按照规定的方法将生产费用在完工产品与在产品之间进行分配，从而计算该批完工产品的总成本。

上述举例的三批产品的生产成本的计算均比较简单，但不能因此而得出产品成本计算的分批法简单的结论。实际上，我们在举例时省略了许多与品种法相同的过程和方法。在品种法中采用的要素费用分配、辅助生产费用分配、制造费用分配等计算程序都要进行。

7.3　简化的分批法

7.3.1　简化的分批法的计算程序

1. 概述

在小批单件生产的企业里，同一月份投产的产品批数往往很多，在这种情况下，各种间接计入费用在每批产品之间按月进行费用分配的工作量就很大。所以，在投产批数很多并且月末未完工批数较多的情况下，实务中还采用一种简化的分批法，就是不分批计算间接计入费用的分批法。

采用这种简化的分批法，在设置产品成本明细账时仍然按照产品批别或订单设立，但在各批产品完工之前，各成本明细账只按月登记直接计入费用和所耗工时；设置生产成本二级账，对于间接计入费用在发生时直接计入生产成本二级账（分成本项目），本月有完工产品的批次产品才分配计入间接计入费用，至于未完工的批次产品则无须分配计入间接计入费用。

2. 计算程序

简化的分批法的计算程序如下。

（1）设置生产成本二级账和明细账，按成本项目设专栏，并增设生产工时一栏。

(2) 根据要素费用分配表和相关生产工时记录,分别登记生产成本二级账,并根据费用分配汇总表,登记生产成本明细账中的直接材料和生产工时。

(3) 月末若有完工产品,应根据生产成本二级账中的累计间接计入费用和累计工时,计算全部产品累计间接计入费用分配率。计算公式如下:

全部产品累计间接计入费用分配率＝全部产品累计间接费用÷全部产品累计工时

(4) 月末有完工产品时,按照生产费用分配方法分配计入直接材料费用。

(5) 根据各批完工产品的累计生产工时和全部产品累计间接计入费用分配率,计算各批完工产品应分担的间接计入费用。计算公式如下:

某批完工产品应分担的间接计入费用＝该批完工产品累计工时×全部产品累计间接费用分配率

(6) 根据生产成本明细账记录的完工产品生产工时和应分担的间接计入费用,汇总登记生产成本二级账中应转出的完工产品的成本和生产工时,同时可以计算出月末在产品成本和生产工时。

(7) 汇总编制产品成本计算表,填制产品入库单,编制产品完工入库的会计分录。

为了按月提供企业或车间全部产品的累计生产费用和累计工时,在采用简化的分批法时,必须设置生产成本二级账。通过生产成本二级账和各批次产品成本明细账的资料,可以计算出全部产品累计间接费用分配率和某批完工产品应分担的间接费用。

在简化的分批法下,平时发生直接计入生产费用,分别计入生产成本二级账和明细账,而发生间接计入费用,只在二级账中登记。而对于所消耗的生产工时,则同时分别要在二级账和明细账中登记。

若本月中有完工批次产品,则需要按上述公式分配计算该批次产品应分担的间接计入费用,并计算结转完工产品成本。而对于未完工产品,其明细账中只反映直接计入费用和所消耗的工时,其间接计入费用只需登记在二级账中,明细账不需反映,这样就大大减轻了计算的工作量。

7.3.2 简化的分批法核算举例

【例 7-2】 大华厂按订货单要求小批量组织生产,各月投产的产品批别较多,且月末大量存在未完工产品批别,为了简化成本计算工作,采用间接费用累计简化分配方法计算各批产品成本。大华厂 2007 年 10 月份各批产品的情况如下。

(1) 070812#甲产品:10 件,8 月份投产,本月完工。

(2) 070906#乙产品:22 件,9 月份投产,本月完工 10 件。

(3) 070915#甲产品:12 件,9 月份投产,尚未完工。

(4) 071003#丙产品:8 件,10 月份投产,尚未完工。

各批次产品月初在产品成本和本月发生生产费用以及生产工时(原材料投料方式为逐步

投料，在产品完工程度为50%），如表7-4所示。

表7-4 生产成本二级账（各批产品总成本）

单元：元

07月	年日	摘要	直接材料	生产工时	直接人工	制造费用	成本合计
10	8	月初在产品	200 050	30 760	50 180	69 640	319 870
10	31	本月发生	62 080	30 270	53 571	70 729	186 380
10	31	累计	262 130	61 030	103 751	140 369	506 250
10	31	全部产品累计间接计入费用分配率	—	—	1.7	2.3	—
10	31	本月完工产品转出	177 682.50	39 270	66 759	90 321	334 762.50
10	31	月末在产品	84 447.50	21 760	36 992	50 048	171 487.50

表7-4中有关数据计算过程如下。

累计直接人工费用分配率=103 751÷61 030=1.7（元/工时）

累计制造费用分配率=140 369÷61 030=2.3（元/工时）

本月完工产品转出：

（1）直接材料=126 570+51 112.50=177 682.50（元）

（2）生产工时=25 980+13 290=39 270（元）

（3）直接人工=44 166+22 593=66 759（元）

（4）制造费用=59 754+30 567=90 321（元）

070812#甲产品应该负担的费用如表7-5所示。

表7-5 生产成本明细账

产品批号：070812#　　　投产日期：2007年8月　　　产品批量：10件
产品名称：甲产品　　　　完工日期：2007年10月　　　本月完工/在产品：10件/0件
　　　　　　　　　　　　　　　　　　　　　　　　　单位：元

07月	年日	摘要	直接材料	生产工时	直接人工	制造费用	成本合计
8	31	本月发生	65 380	9 820	—	—	—
9	31	本月发生	35 470	6 320	—	—	—
10	31	本月发生	25 720	9 840	—	—	—
10	31	累计数及累计间接计入费用分配率	126 570	25 980	1.7	2.3	—
10	31	本月完工产品转出	126 570	25 980	4 4166	59 754	230 490
10	31	完工产品单位成本	12 657	—	4 416.6	5 975.4	23 049

表7-5中有关数据计算过程如下。

070812#甲产品完工产品应分配直接人工费用＝25 980×1.7＝44 166（元）
070812#甲产品完工产品应分配制造费用＝25 980×2.3＝59 754（元）
070906#乙产品应负担的费用如表 7-6 所示。

表 7-6 生产成本明细账

产品批号：070906#　　　　　投产日期：2007 年 9 月　　　产品批量：22 件
产品名称：乙产品　　　　　　完工日期：2007 年 11 月　　本月完工/在产品：10 件/12 件
　　　　　　　　　　　　　　　　　　　　　　　　　　　　单位：元

07 月	日	摘　　要	直接材料	生产工时	直接人工	制造费用	成本合计
9	30	本月发生	75 310	7 390	—	—	—
10	31	本月发生	6 470	9 760	—	—	—
10	31	累计数及累计间接计入费用分配率	81 780	17 150	1.7	2.3	—
10	31	本月完工产品转出	51 112.50	13 290	22 593	30 567	104 272.50
10	31	完工产品单位成本	5 111.25	—	2 259.30	3 056.70	10 427.25
10	31	月末在产品	30 667.50	3 860	—	—	—

表 7-6 中有关数据计算过程如下。
070906#乙产品完工产品直接材料费用分配率＝81 780÷(10＋12×50%)＝5 111.25（元/件）
070906#乙产品完工产品应分配直接材料费用＝5 111.25×10＝51 112.50（元）
070906#乙产品月末在产品应分配直接材料费用＝5 111.25×12×50%＝30 667.50（元）
070906#乙产品完工产品应分配直接人工费用＝13 290×1.7＝22 593（元）
070906#乙产品完工产品应分配制造费用＝13 290×2.3＝30 567（元）

070915#甲产品应负担的费用如表 7-7 所示。

表 7-7 生产成本明细账

产品批号：070915#　　　　　投产日期：2007 年 9 月　　　产品批量：12 件
产品名称：甲产品　　　　　　完工日期：2007 年 11 月　　本月完工/在产品：0 件/12 件
　　　　　　　　　　　　　　　　　　　　　　　　　　　　单位：元

07 月	日	摘　　要	直接材料	生产工时	直接人工	制造费用	成本合计
9	30	本月发生	23 870	7 230			
10	31	本月发生	8 710	4 290			

071003#丙产品应负担的费用如表 7-8 所示。

表7-8 生产成本明细账

产品批号：071003#　　　　投产日期：2007年10月　　　　产品批量：8件
产品名称：丙产品　　　　　　完工日期：2007年11月　　　　本月完工/在产品：0件/8件
　　　　　　　　　　　　　　　　　　　　　　　　　　　　单位：元

07月	年日	摘要	直接材料	生产工时	直接人工	制造费用	成本合计
10	31	本月发生	21 180	6 380			

编制各批次完工产品成本汇总表，如表7-9所示。

表7-9 产品成本汇总表

单位：元

批别和产品名称	直接材料	直接人工	制造费用	合计
070812#甲产品总成本（10件）	126 570	44 166	59 754	230 490
070812#甲产品单位成本	12 657	44 16.6	5 975.4	23 049
070906#乙产品总成本（10件）	51 112.50	22 593	30 567	104 272.50
070906#乙产品单位成本	5 111.25	2 259.30	3 056.70	10 427.25

根据表7-9中的资料，填制产品入库单，并做账务处理如下。
借：库存商品——070812#甲产品　　　　　　　　230 490
　　　　　　——070906#乙产品　　　　　　　　104 272.50
　　贷：基本生产成本——070812#甲产品　　　　230 490
　　　　　　　　　　——070906#乙产品　　　　104 272.50

7.3.3 简化的分批法优缺点和适用范围

简化的分批法，其优点在于：可以简化费用的分配和登记工作，而且月末未完工产品的批数越多，核算工作越简化。而其缺点在于：在各月间接计入费用相差悬殊的情况下，采用该法会影响各月产品成本的正确性。

简化的分批法适用于同一月份投产的产品批次很多，且月末未完工批数较多的企业。这样可以大大减轻登记和分配费用的工作量。

复习思考题

一、简答题

1. 什么是成本计算的分批法？其特点及适用范围是什么？

2. 简述简化分批法的核算程序？
3. 简化分批法的特点及适用范围是什么？此方法有哪些优缺点？
4. 简述简化分批法下生产成本二级账的作用？

二、单项选择题

1. 采用简化的分批法，在产品完工之前，产品成本明细账（   ）。
   A. 不登记任何费用
   B. 只登记直接计入费用（如原材料费用）和生产工时
   C. 只登记原材料费用
   D. 登记间接计入费用，不登记直接计入费用
2. 产品成本计算的分批法，适用的生产组织是（   ）。
   A. 大量大批生产   B. 大量小批生产
   C. 单件成批生产   D. 单件小批生产
3. 分批法的成本计算对象是（   ）。
   A. 产品品种   B. 生产步骤
   C. 产品批别   D. 产品订单
4. 对于成本计算的分批法，下列说法正确的是（   ）。
   A. 不存在完工产品与在产品之间费用分配问题
   B. 成本计算期与会计报告期一致
   C. 适用于小批、单件、管理上不要求分步骤计算成本的多步骤生产
   D. 以上说法全部正确
5. 小批、单件生产的产品，适宜采用的成本计算方法是（   ）。
   A. 品种法   B. 分批法
   C. 分步法   D. 分类法
6. 某企业采用分批法计算产品成本。6月1日投产甲产品5件，乙产品3件；6月15日投产甲产品4件，乙产品4件，丙产品3件；6月26日投产甲产品6件。该企业6月份应开设产品成本明细账的张数是（   ）。
   A. 3张   B. 5张   C. 4张   D. 6张
7. 分批法的成本计算期一般是（   ）。
   A. 按月计算   B. 按生产周期
   C. 按生产合同   D. 按生产步骤

三、多项选择题

1. 采用分批法计算产品成本时，如果批内产品跨月陆续完工的情况不多，完工产品数量占全部批量的比重很小，先完工的产品可以（   ）从产品成本明细账转出。

A. 按计划单位成本计价
B. 按定额单位成本计价
C. 按近期相同产品的实际单位成本计价
D. 按实际单位成本计价

2. 采用简化的分批法，必须具备的条件有（　　）。
A. 月末未完工产品的批数较少
B. 月末未完工产品的批数较多
C. 各个月份的间接计入费用的水平相差不多
D. 有完整工时消耗定额基础
E. 各个月份的直接计入费用的水平相差不多

3. 产品成本计算的分批法适用于（　　）。
A. 单件小批类型的生产
B. 大量大批的多步骤生产
C. 小批量、管理上不需要分生产步骤计算产品成本的多步骤生产
D. 大量大批的单步骤生产

4. 分批法成本计算的特点是（　　）。
A. 以生产批次作为成本计算对象
B. 产品成本计算期不固定
C. 按月计算产品成本
D. 一般不需要进行完工产品和在产品的费用分配

5. 采用分批法计算产品成本时，成本计算对象可以按（　　）。
A. 一张订单中的不同品种产品分别确定
B. 一张订单中的同种产品分批确定
C. 一张订单中单件产品的组成部分分别确定
D. 多张订单中的同种产品确定

四、判断题

1. 采用分批法计算产品成本时，如果批内产品跨月陆续完工情况不多，完工产品数量占全部批量比重较小，完工产品可按计划成本或定额成本计算。（　　）

2. 分批法是以产品的批别作为成本计算对象，若一批产品的数量只有一件，则成本计算对象就是该件产品。（　　）

3. 在采用分批法计算产品成本的情况下，其成本计算期与各批产品的生产周期一致，与会计报告期不一致。（　　）

4. 如果同一时期内，在几张订单中有相同的产品，即使为了更加经济合理地组织生产，也不能将其合为一批组织生产，计算成本。（　　）

5. 在小批单件生产的企业或车间中，同一月份内投产的产品批数繁多，而且月末未完工产品批数较多时，可以采用简化的分批法。（　　）

6. 分批法和简化的分批法的主要区别在于是否设置生产成本二级账。（　　）

7. 简化的分批法，就是不分批计算产品成本的分批法。（　　）

8. 为了使同一批产品同时完工，避免跨月陆续完工情况，减少在完工产品与月末在产品之间分配费用的工作，产品的批量越小越好。（　　）

五、实训题

1. 某公司生产 A、B 两种产品，生产组织为小批生产，成本计算采用分批法进行。9 月份的产品批号如下。

（1）9010 批号：A 产品 12 件，本月投产，本月完工 8 件。

（2）9011 批号：B 产品 12 件，本月投产，本月完工 3 件。

9 月份各批号生产费用资料如下表所示。

单位：元

批号	直接材料	直接工资	其他直接支出	制造费用
9010	39 990	24 660	6 020	29 980
9011	46 875	36 795	7 300	20 012

9010 批号 A 产品完工数量较大，原材料在生产开始时一次投入，其他费用在完工产品与在产品之间采用约当产量比例法分配，在产品完工程度为 50%。

9011 批号 B 产品完工数量较少，完工产品按计划成本结转。每台产品单位计划成本：直接材料 3 180 元，直接工资 4 400 元，其他直接支出 860，制造费用 2 500 元。

要求：根据上述资料，采用分批法，登记产品成本明细账，计算各批产品的完工成本和月末在产品成本。

2. 某公司生产组织属于小批生产，产品的批数多，月末有多个批号产品不能完工，产品成本计算采用简化的分批法进行。

8 月份产品批号如下。

（1）8120 号：甲产品 6 件，7 月投产，8 月 22 日全部完工。

（2）8121 号：乙产品 12 件，7 月投产，8 月完工 8 件。

（3）8122 号：丙产品 6 件，7 月末投产，尚未完工。

（4）8123 号：丁产品 8 件，8 月初投产，尚未完工。

各批号 8 月末累计原材料费用（原材料在生产开始时一次投入）和工时如下。

（1）8120 号：原材料费用 20 000 元，工时 1 000 小时。

（2）8121 号：原材料费用 28 600 元，工时 2 650 小时。

（3）8122 号：原材料费用 16 800 元，工时 960 小时。

（4）8123 号：原材料费用 12 000 元，工时 894 小时。

8月末，该公司全部产品累计原材料费用77 400元，工时5 504小时，直接工资29 800元，其他直接支出5 800元，制造费用8 480元。

8月末，完工产品工时2 632小时，其中乙产品1 632小时。

要求：

（1）根据上列资料，登记产品成本二级账和各批产品生产成本明细账。

（2）计算和登记累计间接费用分配率。

（3）计算各批完工产品成本。

产品成本二级账（各批产品总成本）

单位：元

摘　要	直接材料	生产工时	直接工资	其他直接支出	制造费用	合计
累　计						
全部产品累计间接计入费用分配率						
本月完工产品转出						
在产品						

产品成本明细账

批号：8120

产品名称：甲产品　　　　开工日期：　　　　　　　　批量：

订货单位：　　　　　　　完工日期：　　　　　　　　单位：元

摘　要	直接材料	生产工时	直接工资	其他直接支出	制造费用	合计
累　计						
全部产品累计间接计入费用分配率						
本月完工产品转出						
完工产品单位成本						

产品成本明细账

批号：8121

产品名称：乙产品　　　　开工日期：　　　　　　　　批量：

订货单位：　　　　　　　完工日期：　　　　　　　　单位：元

摘　要	直接材料	生产工时	直接工资	其他支出	制造费用	合计
累　计						
全部产品累计间接计入费用分配率						
本月完工产品转出						
完工产品单位成本						
在产品						

产品成本明细账

批号：8122

产品名称：丙产品　　　　开工日期：　　　　　　　　批量：

订货单位：　　　　　　　完工日期：　　　　　　　　单位：元

摘　　要	直接材料	生产工时	直接工资	其他直接支出	制造费用	合计
累　　计						

产品成本明细账

批号：8123

产品名称：丁产品　　　　开工日期：　　　　　　　　批量：

订货单位：　　　　　　　完工日期：　　　　　　　　单位：元

摘　　要	直接材料	生产工时	直接工资	其他直接支出	制造费用	合计
累　　计						

3．某公司采用简化分批法计算产品成本，有关资料如下。

（1）2007年3月份生产批号如下。

① 301批号：A产品9件，2月份投产，3月18日全部完工。

② 302批号：B产品21件，2月份投产，3月份完工11件。

③ 303批号：C产品16件，2月份投产，尚未完工。

④ 304批号：D产品18件，3月份投产，尚未完工。

（2）各批号产品3月底累计原材料费用（原材料在生产开始时一次投入）和生产工时如下。

① 301批号：原材料43800元，工时1256小时。

② 302批号：原材料60200元，工时2500小时。

③ 303批号：原材料24000元，工时880小时。

④ 304批号：原材料19800元，工时760小时。

（3）3月末，该公司全部累计原材料费用147 800元，累计工时5 396小时，累计直接工资76 220元，累计其他直接支出16 880元，累计制造费用26 800元。

（4）3月末，该公司完工产品工时为3 650小时，其中B产品工时为2 394小时。

要求：

（1）计算全部产品累计间接计入费用分配率。

（2）按批号计算完工产品成本。

（3）计算月末在产品成本。

第 8 章　成本计算的分步法

【学习目标】

通过本章的学习，使学生了解成本计算分步法的含义、特点；理解和掌握逐步结转分步法和平行结转分步法的成本核算程序和特点，区分二者的不同；重点掌握综合结转分步法成本还原的原理及方法，平行结转分步法下在产品的含义和计算步骤等。

【本章重点】

逐步结转分步法、平行结转分步法。

【本章难点】

逐步综合结转分步法成本还原的原理及方法；平行结转分步法。

8.1　分步法的含义和特点

1. 分步法的含义

分步法是依据产品品种和每种产品经过的生产步骤作为成本计算对象，归集生产费用，计算产品成本的一种方法。

分步法主要适用于大量、大批生产形式的多步骤生产，并且管理上要求分步计算产品成本的企业。例如，冶金、纺织、造纸以及机械制造业等。在这些企业中，产品生产过程可以划分为若干个生产步骤，如机械制造业可以分为铸造、加工、装配等环节；纺织企业可以分为纺纱、织布、印染等生产步骤。每个生产步骤除了最后一步是产成品外，之前各步骤生产的是半成品，各步骤生产出的这些半成品，主要用于下一生产步骤继续进一步加工或装配，同时也可以对外销售，满足市场需求，取得收入。为了适应这一生产特点，不仅要按照产品品种计算成本，而且还要求按生产步骤归集生产费用，计算各步骤产品的成本，以满足企业计算损益和实行成本分级管理的需要。

2. 分步法的特点

按照分步法计算产品成本，计算对象是每种产品及其经过的各生产步骤，其特点主要表现在以下 4 个方面。

（1）以产品品种及其各生产步骤作为成本计算对象。如果企业只生产一种产品，成本计算对象就是该种产品及其所经过的各生产步骤，产品成本明细账应按照产品的生产步骤设置。如果企业生产多种产品，成本计算对象则应是各种产品及其所经过的各生产步骤，产品成本明细账应当按照生产步骤分产品品种设置。

需要注意的是，成本计算划分的步骤与实际的生产步骤不一定完全一致，它可按照实际加工步骤，结合成本管理要求加以确定。为简化核算，只对管理上有要求分步计算成本的生产步骤单独开设产品成本明细账，单独计算成本；管理上不要求单独计算成本的生产步骤，则可以将几个生产步骤合并为一个成本计算对象，合并计算成本。

（2）定期按月进行成本计算。分步法是以产品品种及其经过的生产步骤作为成本计算对象，在大量、大批多步骤生产中，由于生产过程较长，各步骤生产相对独立，而且往往都是跨月陆续完工，因此，成本计算期与生产周期无法一致，而与会计报告期一致，定期按月进行成本的计算。

（3）在各步骤完工产品和在产品之间分配生产费用，结转半成品成本。月末，将各生产步骤产品成本明细账归集的生产费用，在完工产品与在产品之间进行分配，计算各生产步骤的完工产品成本和在产品成本。由于产品生产是分步进行的，上一步骤生产的半成品是下一步骤的加工对象，因此，应采取适当方法，结转各步骤半成品成本，或计入产成品成本份额，计算出每种产品的总成本和单位成本。

（4）在各步骤之间合理归集生产费用。某步骤某种产品发生的直接费用，应直接计入该步骤该种产品成本明细账的相应项目内；各步骤、各种产品共同发生的间接费用，应当采用一定的标准，分配计入各步骤各产品的成本明细账内。

由于各个企业生产工艺过程的特点和成本管理对各步骤成本资料的要求（要不要计算半成品成本）不同，以及对简化成本计算工作的考虑，各生产步骤成本的计算和结转可采用两种不同方法：逐步结转和平行结转。因而产品成本计算分步法也就相应地分为逐步结转分步法和平行结转分步法两种。

8.2 逐步结转分步法

逐步结转分步法也称半成品成本计算法，其成本计算程序是：先计算第一步骤所产半成品成本，并将其转入第二步骤；再将第二步骤所发生的生产费用，加上第一步骤转入的半成品成本，计算出第二步骤所产半成品成本，并将其转入第三步骤；这样按照生产步骤依次逐步结转，在生产的最后一步计算出完工产成品的成本。

由于对每步骤半成品成本都进行了计算，各步骤生产完工的半成品可以供下一步继续加工，计算下一步骤半成品成本，也可以对外销售，单独进行盈亏核算。

采用逐步结转分步法,按照上一步骤半成品成本转入下一步骤生产成本明细账反映的方法不同,又可分为综合逐步结转分步法和分项逐步结转分步法。

逐步结转分步法各步骤结转程序如图 8-1、图 8-2 所示。

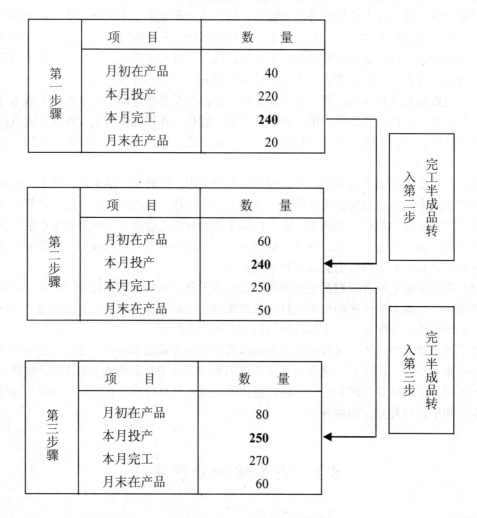

图 8-1 逐步结转分步法分步骤实物结转程序

项目	直接材料	直接人工	制造费用	合计
月初在产品	3 000	800	1 200	5 000
本月投产	12 000	2 600	5 500	20 100
本月完工	**13 000**	**2 800**	**5 600**	**21 400**
月末在产品	2 000	600	1 100	3 700

第一步骤

项目	直接材料	直接人工	制造费用	合计
月初在产品	4 200	620	2 300	7 120
本月投产	**21 400**	3 200	6 500	31 100
本月完工	22 000	3 000	7 600	**32 600**
月末在产品	3 600	820	1 200	5 620

第二步骤

项目	直接材料	直接人工	制造费用	合计
月初在产品	5 700	820	2 100	8 620
本月投产	**3 2600**	2 800	8 600	44 000
本月完工	3 4000	3 000	9 000	46 000
月末在产品	4 300	620	1 700	6 620

图 8-2 逐步结转分步法分步骤成本结转程序

8.2.1 综合逐步结转分步法

综合逐步结转分步法是将上一生产步骤转入下一生产步骤的半成品成本，不分成本项目，全部计入下一生产步骤产品成本明细账中的"直接材料"或专设的"半成品"成本项目中，综合反映各步骤耗用的上一生产步骤半成品成本的方法。

综合逐步结转分步法除要计算最终产品成本，也要计算各步骤半成品的成本。其成本计算对象是各个步骤的半成品和最后步骤的产成品，每个生产步骤都应按半成品设置生产成本明细账，计算半成品成本，并随着半成品实物转移进行半成品成本的结转，最后步骤按产成品设置生产成本明细账，最终计算出产品成本。

综合逐步结转分步法主要适用于大量大批连续式多步骤生产，且在管理上要求分步计算成本。例如，棉纺织企业就是这种类型的多步骤生产。它在生产过程中，现将棉花经过洗棉、梳棉、并条、粗纺等步骤制成半成品棉纱，然后对棉纱经过络筒、整经、装纱、穿经和织造等步骤最后织成棉布。

1. 综合逐步结转分步法按实际成本结转举例

【例 8-1】 万山机械厂 2007 年 2 月份生产甲产品,该产品顺序经过第一、二、三个生产步骤加工,第一步骤投入原材料后生产 A 半成品,交第二步骤生产 B 半成品,再交第三步骤加工成甲产成品,原材料在第一步骤开始生产时一次投入,各步骤的加工程度逐步发生,设各步骤月末在产品的完工程度均为 50%,采用综合逐步结转分步法计算产品成本,相关资料如表 8-3、表 8-4、表 8-5 所示。

表 8-3 产量纪录资料

产品: 　　　　　　　　　　　　　　2007 年 2 月 　　　　　　　　　　　　　　计量单位:件

项　　目	月初在产品	本月投入	本月完工	月末在产品
第一步骤	80	200	220	60
第二步骤	100	220	280	40
第三步骤	90	280	350	20

表 8-4 期初在产品成本资料

产品: 　　　　　　　　　　　　　　2007 年 2 月 　　　　　　　　　　　　　　单位:元

项　　目	直接材料	直接人工	制造费用	合计
第一步骤	32 000	4 000	6 500	42 500
第二步骤	43 000	8 300	9 600	60 900
第三步骤	48 000	12 000	11 000	71 000
合计	123 000	24 300	27 100	174 400

表 8-5 本月发生的生产费用

产品: 　　　　　　　　　　　　　　2007 年 2 月 　　　　　　　　　　　　　　单位:元

项　　目	直接材料	直接人工	制造费用	合　计
第一步骤	428 000	38 000	42 000	508 000
第二步骤	—	66 000	64 000	130 000
第三步骤	—	94 000	98 000	192 000
合　计	428 000	198 000	20 400	646 400

根据例 8-1 中的资料,编制第一步骤基本生产成本明细账,如表 8-6 所示。

表 8-6　第一步骤基本生产成本明细账

车间名称：××　　　　　　　　　　　　　　　　　　　　　　　　完工产量：220 件
产品名称：A 半成品　　　　　　2007 年 2 月　　　　　　　　　　　单位：元

项　目	直接材料	直接人工	制造费用	合　计
月初在产品成本	32 000	4 000	6 500	42 500
本月发生费用	428 000	38 000	42 000	508 000
费用合计	460 000	42 000	48 500	550 500
单位成本	1 642.86	168	194	2 004.86
完工半成品成本	361 429	36 960	42 680	441 069
月末在产品成本	98 571	5 040	5 820	109 431

根据表 8-6 所示的资料，有关数据计算过程如下。

直接材料成本项目单位成本＝460 000÷（220＋60×100%）＝1 642.86（元）

完工半成品成本＝220×1 642.86＝361 429（元）

月末在产品成本＝460 000－361 429＝98 571（元）

直接人工成本项目单位成本＝42 000÷（220＋60×50%）＝168（元）

完工半成品成本＝220×168＝36 960（元）

月末在产品成本＝42 000－36 960＝5 040（元）

制造费用成本项目单位成本＝48 500÷（220＋60×50%）＝194（元）

完工半成品成本＝220×194＝42 680（元）

月末在产品成本＝48 500－42 680＝5 820（元）

根据例 8-1 中的资料，编制第二步骤基本生产成本明细账，如表 8-7 所示。

表 8-7　第二步骤基本生产成本明细账

车间名称：××　　　　　　　　　　　　　　　　　　　　　　　　完工产量：280 件
产品名称：B 半成品　　　　　　2007 年 2 月　　　　　　　　　　　单位：元

项　目	直接材料（半成品）	直接人工	制造费用	合　计
月初在产品成本	43 000	8 300	9 600	60 900
本月生产费用	441 069	66 000	64 000	571 069
合　计	484 069	74 300	73 600	631 969
单位产品成本	1 512.72	247.67	245.33	2 005.72
完工半成品成本	423 561	69 348	68 692	561 601
月末在产品成本	60 508	4 952	4 908	70 368

根据表 8-7 所示的资料，有关数据计算过程如下。

直接材料成本项目单位成本＝484069÷（280＋40×100%）＝1 512.72（元）
完工半成品成本＝280×1 512.72＝42 3561（元）
月末在产品成本＝484 069－423 561＝60 508（元）
直接人工成本项目单位成本＝74 300÷（280＋40×50%）＝247.67（元）
完工半成品成本＝280×247.67＝69 348（元）
月末在产品成本＝74 300－69 348＝4 952（元）
制造费用成本项目单位成本＝73 600÷（280＋40×50%）＝245.33（元）
完工半成品成本＝280×245.33＝68 692（元）
月末在产品成本＝73 600－68 692＝4 908（元）

根据例 8-1 中的资料，编制第三步骤基本生产成本明细账，如表 8-8 所示。

表 8-8　第三步骤基本生产成本明细账

车间名称：××　　　　　　　　　　　　　　　　　　　　完工产量：350 件
产品名称：甲产成品　　　　　　2007 年 2 月　　　　　　单位：元

项　目	直接材料（半成品）	直接人工	制造费用	合　计
月初在产品成本	48 000	12 000	11 000	71 000
本月生产费用	561 601	94 000	98 000	753 601
合　计	609 601	106 000	109 000	824 601
单位产品成本	1 647.57	294.44	302.78	2 244.79
完工产成品成本	576 650	103 054	105 973	785 677
月末在产品成本	32 951	2 946	3 027	38 924

根据 8-8 所示的资料，有关数据计算过程如下。
直接材料成本项目单位成本＝609 601÷（350＋20×100%）＝1 647.57（元）
完工产成品成本＝350×1 647.57＝576 650（元）
月末在产品成本＝609 601－576 650＝32 951（元）
直接人工成本项目单位成本＝106 000÷（350＋20×50%）＝294.44（元）
完工产成品成本＝350×294.44＝103 054（元）
月末在产品成本＝106 000－103 054＝2 946（元）
制造费用成本项目单位成本＝109 000÷（350＋20×50%）＝302.78（元）
完工产成品成本＝350×302.78＝105 973（元）
月末在产品成本＝109 000－105 973＝3 027（元）

根据第三步骤基本生产成本明细账，编制产品成本计算表，如表 8-9 所示。

表 8-9　编制产品成本计算表

产品名称：甲产成品　　　　　　　　2007 年 2 月　　　　　　　产量：350 件
　　　　　　　　　　　　　　　　　　　　　　　　　　　　　　　单位：元

成本项目	半成品	直接人工	制造费用	合　计
单位成本	1 647.57	294.44	302.78	2 244.79
总成本	576 650	103 054	105 973	785 677

通过上述计算及表 8-9 表明，本月生产甲产成品实际单位平均成本为 2 244.79 元，实际总成本为 785 677 元。根据完工产品成本计算单和产品入库单，编制结转本月完工入库产品的账务处理如下：

　　借：库存商品——甲产品　　　　　　　　　　　785 677
　　　　贷：基本生产成本——第三车间——甲产品　　785 677

2. 综合逐步结转分步法的成本还原

通过以上采用综合逐步结转分步法结转半成品成本，各步骤所耗用上一步骤半成品的成本费用，可直接从成本明细账中反映出来，成本结转简洁明了，便于分析各步骤耗用半成品的情况。但各步骤耗用的半成品只计入下一步的"直接材料（或半成品）"一个成本项目，导致产品成本结构不符合实际。从上例第三步骤甲产品成本明细账可以看出，产成品成本中的绝大部分费用是所耗第二步骤半成品的费用，直接人工、制造费用只是第三步骤发生的费用，在产品成本中所占比重很小。显然，这不符合产品成本构成的实际情况，因而不能据以从整个企业角度分析和考核产品成本的构成和水平。因此，在管理上要求从整个企业角度考核和分析产品成本的构成和水平时，还应将综合结转算出的产成品成本进行成本还原。

所谓成本还原，就是从最后一个步骤起，把本月产成品成本中所耗上一步骤半成品的综合成本分解为原来的直接材料、直接人工、制造费用等原始成本项目，直至第一个步骤，从而求得按原始成本项目反映的产成品成本资料。其计算公式如下：

$$成本还原分配率 = \frac{本月产成品所耗上一步骤半成品成本合计}{本期该步骤所产的半成品成本合计}$$

还原后各成本项目金额＝上一步骤生产的半成品某个成本项目的成本×成本还原分配率

仍以例 8-1 为例，从最后一个步骤起进行还原的方法如下。

（1）第一次还原：

还原分配率＝576 650÷561 601＝1.0268

甲产品所耗 B 半成品费用中的直接材料费用＝423 561×1.0268＝434 921.43（元）

甲产品所耗 B 半成品费用中的直接人工费用＝69 348×1.0268＝71 206.53（元）

甲产品所耗 B 半成品费用中的制造费用＝576 650－(434 921.43＋71 206.53)＝70 522.04(元)

（2）第二次还原

还原分配率＝434 921.43÷441 069＝0.9861

甲产品所耗 A 半成品费用中的直接材料费用＝361 429×0.9861＝356 405.14(元)

甲产品所耗 A 半成品费用中的直接人工费用＝36 960×0.9861＝36 446.26（元）

甲产品所耗 B 半成品费用中的制造费用＝434 921.43－(356 405.14＋36 446.26)
＝41 070.03（元）

成本还原一般是通过成本还原计算表进行的，如表 8-10 所示。

表 8-10　产成品成本还原计算表

产品：甲产品　　　　　　　　　　2007 年 2 月　　　　　　　　产量：350 件
　　　　　　　　　　　　　　　　　　　　　　　　　　　　　　单位：元

行次	项目	产量	还原分配率	成本项目			
				直接材料	直接人工	制造费用	合计
1	还原前产成品成本	350 件		576 650	103 054	10 5973	785 677
2	第二步骤半成品成本			423 561	69 348	68 692	561 601
3	第一次成本还原		1.0268	434 912	71 206	70 532	576 650
4	第一步骤半成品成本			361 429	36 960	42 680	441 069
5	第二次成本还原		0.986	356 369	36 443	42 100	434 912
6	还原后产成品总成本			356 369	210 703	218 605	785 677
7	还原后产成品单位成本	350 件		1 018.19	602.02	621.61	2 241.93

表 8-10 中有关数据计算如下。

第一次成本（B 半成品成本）还原率＝576 650÷561 601＝1.0268

第二次成本（A 半成品成本）还原率＝434 912÷441 069＝0.986

表 8-10 中第 6 行还原后产成品总成本中直接材料等于第 5 行直接材料；直接人工、制造费用等于 1、3、5 行对应金额相加。

通过计算成本还原率进行成本的还原，没有考虑以前月份所产半成品成本的影响，在各月所产半成品的成本结构变化较大的情况下，采用这种方法进行成本还原会产生误差。如果企业有半成品的定额成本或计划成本比较准确，可以按半成品的定额成本或计划成本的成本结构进行还原。

8.2.2　分项逐步结转分步法

1. 分项逐步结转分步法的特点

分项逐步结转分步法是按照成本项目，将上一步骤半成品成本分项转入下一步骤产品成本明细账中相应成本项目的一种方法。

采用分项逐步结转分步法，逐步分项结转半成品成本，可以直接、正确地提供按原始成本项目反映的产成品成本资料，便于从整个企业角度考核和分析产品成本计划的执行情况，因而不需要进行成本还原，特别当生产步骤较多时，简化了成本还原的工作量。

2. 分项逐步结转分步法应用举例

【例 8-2】 沿用例 8-1，万山机械厂 2007 年 2 月份生产甲产品业务，设该产品顺序经过第一、二、三个生产步骤加工，原材料在第一步骤开始生产时一次投入，各步骤月末在产品完工程度均为 50%，各车间的产量纪录、期初在产品成本和本月发生费用资料如表 8-3、表 8-4、表 8-5 所示。按照分项逐步结转分步法编制第一步骤基本生产成本明细账，如表 8-11 所示。

表 8-11 第一步骤基本生产成本明细账

车间名称：×× 完工产量：220 件
产品名称：A 半成品　　　　2007 年 2 月　　　　单位：元

项　目	直接材料	直接人工	制造费用	合　计
月初在产品成本	32 000	4 000	6 500	42 500
本月发生费用	428 000	38 000	42 000	508 000
费用合计	460 000	42 000	48 500	550 500
单位成本	1 642.86	168	194	2 004.86
完工半成品成本	361 429	36 960	42 680	441 069
月末在产品成本	98 571	5 040	5 820	109 431

表 8-11 中，各成本项目单位成本的计算与前述计算过程相同（略）。

根据例 8-2 中的资料，编制第二步骤基本生产成本明细账，如表 8-12 所示。

表 8-12 第二步骤基本生产成本明细账

车间名称：××
产品名称：B 半成品
完工产量：280 件　　　　2007 年 2 月　　　　单位：元

项　目	直接材料	直接人工	制造费用	合　计
月初在产品成本	43 000	8 300	9 600	60 900
上步骤转入费用	361 429	36 960	42 680	441 069
本月生产费用	—	66 000	64 000	130 000
合　计	404 429	111 260	116 280	631 969
单位产品成本	1 263.84	370.87	387.6	2 022.31
完工半成品成本	353 875	103 844	108 528	566 247
月末在产品成本	50 554	7 416	7 752	65 722

根据表 8-12 中的资料，有关数据计算过程如下。

直接材料成本项目单位成本＝404 429÷（280＋40×100%）＝1 263.84（元）

完工半成品成本＝280×1 263.84＝353 875（元）

月末在产品成本＝404 429－353 875＝50 554（元）

直接人工成本项目单位成本＝111 260÷（280＋40×50%）＝370.87（元）

完工半成品成本＝280×370.87＝103 844（元）

月末在产品成本＝111 260－103 844＝7 416（元）

制造费用成本项目单位成本＝116 280÷（280＋40×50%）＝387.6（元）

完工半成品成本＝280×387.6＝108 528（元）

月末在产品成本＝116 280－108 528＝7 752（元）

根据例 8-2 中的资料，编制第二步骤基本生产成本明细账，如表 8-13 所示。

表 8-13　第三步骤基本生产成本明细账

车间名称：××　　　　　　　　　　　　　　　　　　　　完工产量：350 件
产品名称：甲产成品　　　　　　2007 年 2 月　　　　　　　单位：元

项　　目	直接材料	直接人工	制造费用	合　　计
月初在产品成本	48 000	12 000	11 000	71 000
上步骤转入费用	353 875	103 844	108 528	566 247
本月生产费用	—	94 000	98 000	192 000
合计	401 875	209 844	217 528	829 247
单位产品成本	1 086.15	582.9	604.24	2 273.29
完工半成品成本	380 153	204 015	211 484	795 652
月末在产品成本	21 722	5 829	6 044	33 595

根据表 8-13 中的资料，有关数据计算过程如下。

直接材料成本项目单位成本＝401 875÷（350＋20×100%）＝1 086.15（元）

完工产成品成本＝350×1 086.15＝380 153（元）

月末在产品成本＝401 875－380 153＝21 722（元）

直接人工成本项目单位成本＝209 844÷（350＋20×50%）＝582.9（元）

完工产成品成本＝350×582.9＝204 015（元）

月末在产品成本＝209 844－204 015＝5 829（元）

制造费用成本项目单位成本＝217 528÷（350＋20×50%）＝604.24（元）

完工产成品成本＝350×604.24＝211 484（元）

月末在产品成本＝217 528－211 484＝6 044（元）

根据表 8-13 中的资料，编制本月完工产品总成本和单位成本如表 8-14 所示。

表 8-14　产品成本计算表

产品名称：甲产成品　　　　　　　2007 年 2 月　　　　　　　　产量：350 件
　　　　　　　　　　　　　　　　　　　　　　　　　　　　　　单位：元

成本项目	直接材料	直接人工	制造费用	合　计
单位成本	1 086.15	582.9	604.24	2 273.29
总成本	380 153	204 015	211 484	795 652

通过上述计算及表 8-14 可以看出，采用分项逐步结转分步法计算半成品成本，能直接真实地反映产品成本的原始构成，避免了各步骤成本还原工作。但这种方法成本结转工作比较复杂，计算工作量也比较大，各步骤产品成本明细账中看不出耗用的上一生产步骤半成品成本以及本步骤发生的生产费用。因此，分项逐步结转分步一般适用于管理上不要求分别提供各步骤完工产品所耗上一生产步骤费用和本步骤加工费用资料，但要求按原始成本项目反映产品成本的企业。

8.3　平行结转分步法

8.3.1　平行结转分步法的含义和特点

平行结转分步法，或称不计算半成品成本分步法，是只核算各步骤所发生的费用和各步骤应计入当期完工产成品成本中的份额，并将各步骤应计入同一产成品成本的份额平行结转、汇总，以求得该种产品的产成品成本的方法。

在大量、大批多步骤生产的装配类企业中，其生产过程首先是对各种原材料平行地进行连续加工，使之成为各种半成品——零件和部件，然后再装配成各种产成品。例如，机械制造企业的车间一般按生产工艺过程设置，设有铸工、锻工、加工、装配等车间。铸工车间利用生铁、钢、铜等各种原料熔铸各种铸件；锻工车间利用各种外购钢材锻造各种锻件。铸件和锻件都是用来进一步加工的毛坯。加工车间对各种铸件、锻件、外购半成品和外购材料进行加工，制造各种产品的零件和部件；然后转入装配车间进行装配，生产各种机械产品。由于在这类生产企业中，各生产步骤所产半成品的种类很多，但半成品外售的情况却较少，在管理上不要求计算半成品成本，因而为了简化和加速成本计算工作，在计算产品成本时，可以不计算和结转各步骤所产半成品成本（即各步骤之间不结转所耗半成品成本），而只计算本步骤所发生的各项生产费用以及这些费用中应计入产成品的份额，然后平行结转汇总，求得最终完工的产成品成本的方法。

平行结转分步法的特点如下。

（1）平行结转分步法的成本核算对象是产成品及其所经过的生产步骤，各生产步骤只计算本步骤所发生的生产费用，不计算半成品成本。除第一步骤生产费用中包括所耗用的原材料和各项加工费用外，其他各步骤只计算本步骤发生的各项加工费用。

（2）采用平行结转分步法，半成品实物已经转移，但半成品成本不结转，也就是说，月末各生产步骤将生产费用在完工产品与月末在产品之间进行分配时，生产费用是本步骤发生的费用，没有上一步骤转入的费用。

（3）本月完工产品是指企业最终完工的产成品，月末在产品是广义的在产品，包括：尚在本步骤加工中的在产品；本步骤已完工转入半成品库的半成品；已从半成品库转到以后各步骤进一步加工、尚未最后制成的半成品。为了计算各生产步骤发生的费用中应计入产成品成本的份额，必须将每一生产步骤发生的费用划分为耗用于产成品部分和尚未最后制成的在产品部分。

（4）将各步骤费用中应计入产成品的份额，平行结转、汇总计算该种产成品的总成本和单位成本。

8.3.2 平行结转分步法的成本计算程序

平行结转分步法的成本计算程序如下。

（1）按产品生产步骤和产品品种开设生产成本明细账，各步骤成本明细账按成本项目归集本步骤发生的生产费用（不包括耗用上一生产步骤半成品的成本）。

（2）月终，将各步骤归集的生产费用在产成品与广义在产品之间进行分配，计算各步骤应计入产成品成本的费用份额。

（3）将各步骤生产费用总额减去本步骤应计入产成品成本的费用份额，即为本步骤期末在产品成本，计算公式为：

某步骤月末在产品成本 = 该步骤月初在产品费用 + 该步骤本月生产费用 − 该步骤应计入产成品成本的份额

（4）将各步骤应计入产成品成本的费用份额平行相加汇总后，就得到产成品总成本。将总成本除以完工产品数量，即为单位成本。

平行结转分步法的成本计算程序，如图 8-3 所示。

第 8 章 成本计算的分步法

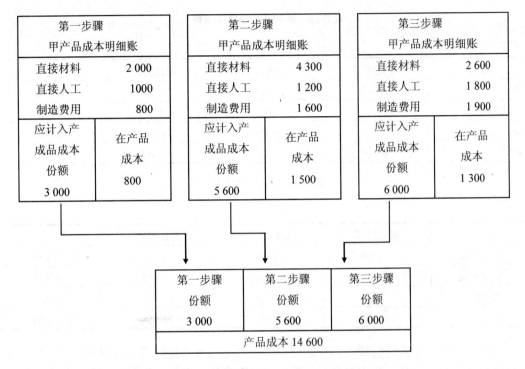

图 8-3 平行结转分步法的成本计算程序

8.3.3 平行结转分步法的计算举例

【例 8-3】 万方公司 2007 年 2 月份生产甲产品，该产品顺序经过第一、二、三个生产步骤（生产车间）进行加工，原材料在第一步骤开始生产时一次投入，各步骤生产的半成品不经过半成品仓库，直接为下一个生产步骤耗用，第三步骤生产完工为甲产成品，交产成品仓库。设第三步骤单位在产品和产成品耗用第二步骤 B 半成品一件，第二步骤单位在产品和产成品耗用第一步骤 A 半成品一件。月末在产品成本按约当产量法计算，有关资料如表 8-15、表 8-16、表 8-17 所示。

表 8-15 产量纪录资料

产品：甲产品　　　　　　　　　　　　2007 年 2 月　　　　　　　　　　　　单位：件

项　目	月初在产品	本月投入	本月完工	月末在产品	在产品完工程度
第一步骤	200	400	360	240	50%
第二步骤	160	360	320	200	50%
第三步骤	120	320	300	140	50%

表 8-16　期初在产品成本资料

产品：　　　　　　　　　　　　2007 年 2 月　　　　　　　　　　　　单位：元

项目	直接材料	直接人工	制造费用	合计
第一步骤	36 000	2 200	2 600	40 800
第二步骤		1 800	2 500	4 300
第三步骤		4 000	6 000	10 000
合计	36 000	8 000	11 100	55 100

表 8-17　本月发生费用

产品：　　　　　　　　　　　　2007 年 2 月　　　　　　　　　　　　单位：元

项　　目	直接材料	直接人工	制造费用	合　计
第一步骤	68 000	8 000	6 200	82 200
第二步骤		6 000	7 400	13 400
第三步骤		12 000	15 000	27 000
合　计	68 000	26 000	28 600	122 600

按照平行结转分步法的特点和计算程序，本月完工产品是指第三步骤（车间）生产完工交库的产成品甲产品，月末在产品是指广义的在产品，包括本步骤月末在产品和已经交付下一步骤但尚未最终完工的半成品。在约当产量法下，各步骤月末在产品约当产量计算公式是：

$$\text{某步骤月末在产品约当产量（广义）} = \text{该步骤月末在产品数量} \times \text{在产品完工程度} + \text{已完工转入以后各步骤但尚未最后完工的半成品数量}$$

某生产步骤月末广义在产品约当产量，加上最终完工产品耗用该步骤半成品的数量，等于该生产步骤的生产总量（约当总产量），计算公式为：

$$\text{某步骤约当总产量} = \text{该步骤广义在产品约当产量} + \text{最终完工产品数量} \times \text{单位产成品耗用该步骤半成品数量}$$

根据以上资料和公式，计算在产品约当产量如下。
（1）各步骤广义在产品约当产量的计算
第一步骤　直接材料项目＝240＋200＋140＝580（件）
　　　　　直接人工和制造费用项目＝240×50%＋200＋140＝460（件）
第二步骤　直接人工和制造费用项目＝200×50%＋140＝240（件）
第三步骤　直接人工和制造费用项目＝140×50%＝70（件）
（2）本月各步骤生产总量（约当总产量）的计算
第一步骤　直接材料项目＝580＋300＝880（件）

直接人工和制造费用项目＝460＋300＝760（件）

第二步骤　直接人工和制造费用项目＝240＋300＝540（件）

第三步骤　直接人工和制造费用项目＝70＋300＝370（件）

根据以上约当总产量，计算各步骤成本项目费用分配率和产成品成本负担的份额如下。

第一步骤　直接材料项目费用分配率＝$\dfrac{36\,000+68\,000}{880}$＝118.18（元/件）

最终产成品成本负担的份额＝300×118.18＝35 454（元）

直接人工项目费用分配率＝$\dfrac{2\,200+6\,000}{760}$＝10.79（元/件）

最终产成品成本负担的份额＝300×10.79＝3 237（元）

制造费用项目费用分配率＝$\dfrac{2\,600+7\,400}{760}$＝13.16（元/件）

最终产成品成本负担的份额＝300×13.16＝3 948（元）

将以上计算结果计入第一步骤基本生产成本明细账，如表 8-18 所示。

表 8-18　第一步骤基本生产成本明细账

产品名称：甲产品　　　　2007 年 2 月　　　　　　　　　　　　　　单位：元

项　　目	直接材料	直接人工	制造费用	合　计
月初在产品成本	36 000	2 200	2 600	40 800
本月发生费用	68 000	6 000	7 400	81 400
费用合计	104 000	8 200	10 000	122 200
费用分配率	118.18	10.79	13.16	142.13
本月产成品数量	300	300	300	—
应计入产成品成本份额	35 454	3 237	3 948	42 639
在产品约当产量	580	460	460	—
月末在产品成本	68 546	4 963	6 052	79 561

第二步骤成本项目费用分配率和产成品应负担的份额如下。

直接人工项目费用分配率＝（1 800＋6 000）÷540＝14.44（元/件）

最终产成品成本负担的份额＝300×14.44＝4 332（元）

制造费用项目费用分配率＝（2 500＋7 400）÷540＝18.33（元/件）

最终产成品成本负担的份额＝300×18.33＝5 499（元）

将以上结果计入第二步骤基本生产成本明细账，如表 8-19 所示。

表 8-19　第二步骤基本生产成本明细账

产品名称：甲产品　　　　　　　　2007 年 2 月　　　　　　　　　　单位：元

项　　目	直接材料	直接人工	制造费用	合　　计
月初在产品成本		1 800	2 500	4 300
本月发生费用		6 000	7 400	13 400
费用合计		7 800	9 900	17 700
费用分配率		14.44	18.33	32.77
本月产成品数量		300	300	—
应计入产成品成本份额		4 332	5 499	9 831
在产品约当产量		240	240	—
月末在产品成本		3 468	4 401	7 869

第三步骤成本项目费用分配率和产成品应负担的份额如下。

　　　　直接人工项目费用分配率＝（4 000＋12 000）÷370＝43.24（元/件）
　　　　最终产成品成本负担的份额＝300×43.24＝12 972（元）
　　　　制造费用项目费用分配率＝（6 000＋15 000）÷370＝56.76（元/件）
　　　　最终产成品成本负担的份额＝300×56.76＝17 028（元）

将以上结果计入第三步骤基本生产成本明细账，如表 8-20 所示。

表 8-20　第三步骤基本生产成本明细账

产品名称：甲产品　　　　　　　　2007 年 2 月　　　　　　　　　　单位：元

项　　目	直接材料	直接人工	制造费用	合　　计
月初在产品成本		4 000	6 000	10 000
本月发生费用		12 000	15 000	27 000
费用合计		16 000	21 000	37 000
费用分配率		43.24	56.76	100
本月产成品数量		300	300	
应计入产成品成本份额		12 972	17 028	30 000
在产品约当产量		70	70	
月末在产品成本		3 028	3 972	7 000

　　将第一、二、三步骤产品成本明细账中应计入产成品成本的份额，平行结转、汇总计入甲产品成本汇总表中，求得甲产品的总成本和单位成本，编制甲产品成本汇总表，如表 8-21 所示。

表 8-21　甲产品成本汇总表

产品：甲产品
产量：300 件　　　　　　　　　　2007 年 2 月　　　　　　　　　　单位：元

车间份额	直接材料	直接人工	制造费用	合计
第一步骤计入完工产品份额	35 454	3 237	3 948	42 639
第二步骤计入完工产品份额	—	4 332	5 499	9 831
第三步骤计入完工产品份额	—	12 972	17 028	30 000
完工甲产品总成本	35 454	20 541	26 475	82 470
单位成本	118.18	68.47	88.25	274.9

根据表 8-21 所示的资料和产品入库单，编制结转本月完工入库产品的账务处理如下。
　　借：库存商品——甲产品　　　　　　　　82 470
　　　　贷：基本生产成本——第一车间　　　42 639
　　　　　　　　　　　　——第二车间　　　9 831
　　　　　　　　　　　　——第二车间　　　30 000

　　总结以上所述，平行结转分步法与逐步结转分步法相比较，具有以下优点。
　　（1）各步骤可以同时计算应计入产成品成本的份额，不需要逐步计算和结转半成品成本，从而可以简化和加速成本计算工作。
　　（2）采用平行结转分步法，一般是按成本项目平行结转、汇总各步骤成本中应计入产成品成本的份额，因而能够直接提供按原始成本项目反映的产成品成本资料，不必进行成本还原，省去了较多的计算工作。
　　但是，由于采用这一方法各步骤不计算、也不结转半成品成本，因而存在以下缺点。
　　（1）不能提供各步骤半成品成本资料及各步骤所耗上一步骤半成品费用资料，因而不能全面地反映各步骤生产耗费的水平，不利于各步骤的成本管理。
　　（2）由于各步骤间不结转半成品成本，使半成品实物转移与费用结转脱节，因而不能为各步骤在产品的实物管理和资金管理提供资料。
　　（3）月末在产品既包括本步骤正在加工的在产品，也包括已经完工交给以后各步骤但尚未最终完工的半成品，因而是广义的在产品。
　　因此，平行结转分步法只宜在半成品种类较多，逐步结转半成品成本工作量较大，管理上又不要求提供各步骤半成品成本资料的情况下采用；并在采用时加强各步骤在产品收发结存的数量核算，以便为在产品的实物管理和资金管理提供资料，弥补这一方法的不足。

复习思考题

一、简答题

1. 什么是成本计算的分步法？其特点及适用范围是什么？
2. 什么是逐步结转分步法？其特点及适用范围是什么？该方法有哪些优缺点？
3. 说明逐步结转分步法的成本计算程序。
4. 逐步结转为什么又分为分项结转和综合结转？
5. 什么是成本还原？为什么要进行成本还原？说明其原理和方法。
6. 什么是平行结转分步法？其特点及适用范围是什么？
7. 说明平行结转分步法的计算程序。
8. 在平行结转分步法下，什么是广义在产品、狭义在产品？

二、单项选择题

1. 分步法适用于（　　）。
   A. 单件小批生产　　　　　　　　B. 大量大批生产
   C. 大量大批多步骤生产　　　　　D. 单步骤生产
2. 下列方法中属于不计算半成品成本的分步法是（　　）。
   A. 逐步结转分步法　　　　　　　B. 综合结转法
   C. 分项结转法　　　　　　　　　D. 平行结转法
3. 分步法的主要特点是（　　）。
   A. 为了计算各步骤应计入产成品的份额　　B. 为了计算半成品成本
   C. 分车间计算产品成本　　　　　　　　　D. 按产品的生产步骤计算成本
4. 成本还原的对象是（　　）。
   A. 产成品
   B. 各步骤所耗上一步骤半成品的综合成本
   C. 最后步骤的产成品成本
   D. 各步骤半成品成本
5. 在（　　）分步法下，需要将生产费用在产成品与广义在产品之间的分配。
   A. 综合结转　　　B. 平行结转　　　C. 分项结转　　　D. 平等结转
6. 进行成本还原，应以还原分配率分别乘以（　　）。
   A. 本月所产半成品各个成本项目的费用
   B. 本月所耗半成品各个成本项目的费用
   C. 本月所产该种半成品各个成本项目的费用
   D. 本月所耗该种半成品各个成本项目的费用

7. 采用平行结转分步法，（　　）。
A. 不能全面反映各个生产步骤产品的生产耗费水平
B. 能够全面反映各个生产步骤产品的生产耗费水平
C. 能够全面地反映第一个生产步骤产品的生产耗费水平
D. 能够全面地反映最后一个步骤产品的生产耗费水平

8. 下列方法中需要进行成本还原的是（　　）。
A. 平行结转法　　　　　　　　B. 逐步结转法
C. 综合结转法　　　　　　　　D. 分项结转法

9. 成本还原就是从最后一个步骤起，把各步骤所耗上一步骤半成品成本，按照（　　）逐步分解，还原算出按原始成本项目反映的产成品成本。
A. 本月所耗半成品成本结构　　B. 本月完工产品成本的结构
C. 上一步骤所产该种半成品成本的结构　　D. 上一步骤月末在产品成本的结构

10. 采用逐步结转分步法，其在完工产品与在产品之间分配费用，是指在（　　）之间分配费用。
A. 产成品与月末在产品
B. 完工半成品与月末加工中的在产品
C. 产成品与广义的在产品
D. 前面步骤的完工半成品与加工中的在产品及最后步骤的产成品与加工中的在产品。

三、多项选择题

1. 采用综合结转法时，各步骤所耗上步骤半成品成本一般计入其生产明细账中的（　　）一个项目。
A. 直接人工　　B. 直接材料　　C. 制造费用　　D. 半成品

2. 计算各步骤半成品成本是为了（　　）。
A. 分析和考核各生产部门成本计划执行和控制情况
B. 分析产成品耗用的半成品成本数据
C. 进行同行业半成品成本指标对比
D. 计算对外销售的半成品损益

3. 逐步结转分步法的特点是（　　）。
A. 每步骤半成品成本都进行计算
B. 半成品成本随实物结转下一步骤
C. 期末在产品是狭义的在产品
D. 期末在产品是广义的在产品

4. 平行结转分步法的特点是（　　）。
A. 各生产步骤不计算半成品成本，只计算本步骤所发生的生产费用

B. 各步骤间不结转半成品成本

C. 各步骤应计算本步骤所发生生产费用中应计入产成品成本的份额

D. 将各步骤应计入产成品成本的份额平行结转，汇总计算产成品的总成本和单位成本

5. 在平行结转分步法下，完工产品与在产品之间费用的分配，正确的说法是指（　　）两者之间的费用分配。

A. 产成品与广义的在产品

B. 产成品与狭义的在产品

C. 各步骤完工半成品与月末加工中的在产品

D. 应计入产成品的"份额"与广义的在产品

6. 平行结转分步法下广义的在产品包括（　　）。

A. 尚在本步骤加工中的在产品

B. 转入各半成品库的半成品

C. 已从半成品仓库转到以后各步骤进一步加工、尚未最后制成的半成品

D. 全部加工中的在产品和半成品

7. 平行结转分步法适用（　　）的企业。

A. 半成品不对外销售

B. 半成品种类较多，逐步结转半成品成本工作量较大

C. 管理上不要求提供各步骤半成品资料

D. 管理上要求提供各生产步骤半成品成本资料

四、判断题

1. 分步法是按照产品每一生产步骤计算产品成本的一种方法。（　　）

2. 在逐步结转分步法下，半成品成本的结转与半成品实物的转移是一致的，因而有利于半成品的实物管理和在产品的资金管理。（　　）

3. 采用逐步结转分步法计算成本，如果半成品成本是综合结转的就必须进行成本还原。（　　）

4. 分项结转分步法只计算各步骤应计入最终产成品的成本份额，不能计算每步骤完工的半成品成本。（　　）

5. 采用逐步结转分步法，上步骤半成品成本都必须转入下步骤产品成本明细账中的直接材料或产成品项目。（　　）

6. 采用平行结转分步法，各步骤可以同时计算产品成本，且各步骤间不结转半成品成本。（　　）

7. 采用综合逐步结转分步法，根据需要而进行成本还原时，所计算的成本还原率可能大于"1"，也可能小于"1"。（　　）

8. 在成本计算分步法下，各步骤期末在产品都是指广义在产品。（　　）

五、实训题

1. 某企业生产 W 产品,经过三个生产步骤进行生产,原材料在开始生产时一次投入。月末在产品按约当产量法计算。有关资料如下表所示。

产量资料

项　目	一步骤（件）	二步骤（件）	三步骤（件）
月初在产品数量	60	60	120
本月投产数量	220	200	260
本月完工产品数量	200	260	300
月末在产品数量	80	0	80
在产品完工程度	50%	—	50%

生产费用资料

单位:元

成本项目	月初在产品成本			本月发生费用		
	一步骤	二步骤	三步骤	一步骤	二步骤	三步骤
直接材料	2 600	2 200	3 200	18 000		
直接工资	800	1 000	1 200	6 300	5 300	8 800
制造费用	1 200	900	1 500	8 000	7 800	10 000
合　计	4 600	4 100	5 900	32 300	13 100	18 800

要求:采用综合逐步结转分步法计算产品成本并将计算结果填入下表中。

第一步骤产品成本计算单

产品:P 半成品　　　　　　　　　年　　月

项　目		直接材料	直接工资	制造费用	合　计
月初在产品成本					
本月发生费用					
合　计					
产品产量	完工产品产量				
	在产品约当产量				
	合　计				
单位成本					
转出半成品成本					
在产品成本					

第二步骤产品成本计算单

产品：V半成品　　　　　　　　　　年　　月

项目		直接材料	直接工资	制造费用	合　计
月初在产品成本					
本月发生费用					
合　计					
产品产量	完工产品产量				
	在产品约当产量				
	合　计				
单位成本					
转出半成品成本					
在产品成本					

第三步骤产品成本计算单

产品：W产成品　　　　　　　　　　年　　月

项目		直接材料	直接工资	制造费用	合　计
月初在产品成本					
本月发生费用					
合　计					
产品产量	完工产品产量				
	在产品约当产量				
	合　计				
单位成本					
完工产成品成本					
在产品成本					

2. 某企业采用逐步结转分步法分3个步骤计算产品成本，3个步骤成本计算的资料如下表所示。

生产步骤	半成品	直接材料	直接人工	制造费用	成本合计
第一步骤半成品成本	—	5 000	2 000	3 800	10 800
第二步骤半成品成本	7 600	—	3 600	1 600	12 800
第三步骤产成品成本	8 900		2 200	6 800	17 900

要求：依据所给的资料进行成本还原。

产品成本还原计算表

产品：　　　　　　　　　　　　　年　月

	成本项目	还原前成本	本月生产半成品成本	还原分配率	半成品成本还原	还原后总成本
按第二步骤半成品结构进行还原	直接材料					
	半成品					
	直接工资					
	制造费用					
	合计					
按第一步骤半成品结构进行还原	直接材料					
	半成品					
	直接工资					
	制造费用					
	合　计					

3．某企业生产 A 产品，经过甲乙两个生产车间，原材料在开始时一次投入，月末在产品按约当产量法计算，在产品完工程度为 50%，有关产量资料如下表所示。

产量资料

单位：元

项　　目	甲车间	乙车间
月初在产品数量	100	120
本月投产数量	400	420
本月完工数量	420	400
月末在产品数量	80	140

各车间月初在产品成本及本月发生的费用额见下列各车间的成本计算单。

甲车间成本计算单

单位：元

项目	直接材料	燃料与动力	直接工资	制造费用	合计
月初在产品成本	22 000	3 600	1 200	2 400	
本月发生费用	68 000	6 000	3 600	4 800	
合计					
约当产量					
单位成本					
计入产成品成本份额					
月末在产品成本					

乙车间成本计算单

单位：元

项目	直接材料	燃料与动力	直接工资	制造费用	合计
月初在产品成本		1 200	2 400	3 600	
本月发生费用		4 800	2 100	1 800	
合计		6 000	4 500	5 400	
约当产量					
单位成本					
计入产成品成本份额					
月末在产品成本					

要求：根据上述资料，采用平行结转分步法计算产品成本，并将计算结果填入下列表中。

完工产品成本汇总计算表

单位：元

项目	直接材料	燃料与动力	直接工资	制造费用	合计
甲车间转入					
乙车间转入					
总成本					
单位成本					

第 9 章　产品成本计算的辅助方法

【学习目标】

通过本章的学习，了解分类法、定额法的特点及其各自的适用范围；明确分类法、定额法的计算程序；掌握分类法、定额法以及联产品和副产品的成本计算方法。

【本章重点】

分类法下类内各种产品成本的计算。

【本章难点】

定额成本核算中脱离定额差异和定额变动差异的区别和计算。

9.1　产品成本计算的分类法

9.1.1　分类法的含义及特点

1. 分类法的含义

产品成本计算的分类法是指先按照产品类别归集生产费用，计算出各类完工产品总成本，然后再按一定标准和方法在同类产品中分配生产费用，计算出类内各不同品种、规格产品成本的一种方法。

分类法主要适用于产品品种、规格繁多，而且可以按照一定要求和标准分类的企业。这类企业如果以产品品种或规格作为成本计算对象来归集生产费用，计算产品成本，则成本计算工作量过大，因而可以采用分类法计算产品成本。例如，生产不同类别和规格的电子元件企业；生产不同规格的活塞环配件机械加工行业；生产各种不同规格的服装企业等。

2. 分类法的特点

（1）分类法以产品的类别为成本计算对象，按产品类别设立成本计算单，归集生产费用，并计算各类产品的成本。

（2）成本计算期决定于生产特点及管理要求。如果是大批量生产，结合品种法或分步法进行成本计算，则应定期在月末进行成本计算；如果与分批法结合运用，成本计算期可不固定，而与生产周期一致。所以，分类法并不是一种独立的基本成本计算方法。

（3）每类产品成本计算出来后，按照受益原则，采用合理的分配标准，在该类内不同品种或不同规格的各产品之间进行分配,以便计算出该类产品中每一具体品种或规格的产品成本。

9.1.2 分类法的成本计算程序及分配方法

1. 分类法的成本计算程序

(1) 按产品类别设立生产成本明细账。采用分类法计算产品成本,首先要将产品按照性质、用途、生产工艺、耗用原材料的不同标准,划分若干类别。其具体标准如下。

① 产品之间所耗用的原料相同。
② 生产工艺、生产技术相似。
③ 产品的规格、性能相仿。
④ 产品的用途、销售对象一致。

(2) 按照规定的成本项目汇集生产费用,计算各类产品的总成本。

(3) 采用适当的方法将各类完工产品成本在该类各种不同规格的产品中进行分配,计算类内各产品的总成本和单位成本。

2. 分类法的分配方法

分类法下各类别产品总成本在类内各种产品之间分配的方法是根据产品生产特点确定的。它既可以采用产品的经济价值指标(计划成本、定额成本、销售单价),也可以采用产品的技术性指标(重量、长度、体积、浓度、含量等),还可以采用产品生产的各种定额消耗指标作为分配标准。常用的分配方法有系数分配法和定额比例法两种。

(1) 系数分配法。它是按照系数分配生产费用的方法。其计算步骤如下。

① 在同类产品中选择一种产量较大、生产比较稳定或规格折中的产品作为标准产品,把这种产品的分配标准系数确定为1。

② 以类内其他产品单位分配标准数据与标准产品的数据相比,分别求出其他产品与标准产品的比例,即系数。

③ 在每种产品系数确定后,把各种产品的实际产量乘上该种产品的系数,换算成标准产品产量,或称为总系数。

④ 按各种产品总系数比例分配计算类内各种产品成本。

通常情况下,直接材料费用按材料消耗定额比例计算系数,其他各项费用按工时消耗定额比例确定系数。系数分配法的公式如下。

① 单项系数计算公式

$$\text{直接材料成本系数} = \frac{\text{某种产品的分配标准}(\text{如直接材料定额成本})}{\text{标准产品的分配标准}(\text{如直接材料定额成本})}$$

$$\text{直接人工(或其他)项目成本系数} = \frac{\text{某种产品的分配标准(如定额工时、定额费用)}}{\text{标准产品的分配标准(如定额费用或定额工时)}}$$

② 产品总系数计算公式

某产品直接材料总系数 = 该种产品产量 × 该种产品直接材料成本系数

某产品直接人工(或其他)总系数 = 该种产品产量 × 该种产品直接人工(或其他)成本系数

③ 各项费用分配的计算公式

$$\text{直接材料费用分配率} = \frac{\text{某类产品直接材料费用总额}}{\text{类内各种产品直接材料总系数之和}}$$

某产品应分配的直接材料费用 = 该种产品直接材料总系数 × 直接材料费用分配率

$$\text{直接人工(或其他)项目费用分配率} = \frac{\text{某类产品直接人工(或其他)费用总额}}{\text{类内各种产品直接人工(或其他)总系数}}$$

某产品应分配的直接人工(或其他)项目费用 = 该种产品直接人工(或其他)总系数 × 直接人工(或其他)费用分配率

【例 9-1】 假设顺昌企业生产的产品品种、规格繁多,其中甲、乙、丙三种产品经过的生产工艺过程、使用的原材料都相同,只是规格不同,所以可以划分为一类进行产品成本计算,这类产品称为 A 类产品。该类产品的直接材料费用按照各种产品的原材料系数进行分配,原材料系数按直接材料定额成本确定,直接工资等其他费用项目均按各种产品定额工时比例分配。该类产品中甲类产品为标准产品。A 类产品有关资料如表 9-1、表 9-2、表 9-3 所示。

表 9-1 单位产品直接材料消耗定额和计划单价

产品类别	产品品种	直接材料	消耗定额(kg)	计划单价(元)
A 类	甲产品	100#	100	1.70
		101#	55	1.20
	乙产品	100#	70	1.00
		101#	40	1.20
	丙产品	100#	100	1.74
		101#	150	1.20

表 9-2 产量和定额工时资料

产品类别	产品品种	计量单位	产量	单位产品工时定额
A 类	甲产品	件	550	100
	乙产品	件	400	150
	丙产品	件	120	155

表 9-3 A类产品成本计算单

××××年××月

单元：元

项目	直接材料	直接人工	制造费用	合计
月初在产品成本（定额成本）	2 156	281	478	2 915
本月发生费用	336 894	113 831	100 507	551 232
合计	339 050	114 112	100 985	554 147
完工产品成本	325 500	113 560	100 200	539 260
月末在产品成本（定额成本）	13 550	552	785	14 887

根据单位产品材料消耗定额和计划单价，计算确定直接材料费用系数，计算结果如表9-4所示。

表 9-4 直接材料费用系数计算表

产品类别	产品品种	单位产品直接材料费用				直接材料费用系数
		原材料	消耗定额（千克）	计划单价（元）	定额成本（元）	
A 类	甲产品	100#	100	1.70	170	1
		101#	55	1.20	66	
		小计	—	—	236	
	乙产品	100#	70	1.00	70	118/236＝0.5
		101#	40	1.20	48	
		小计	—	—	118	
	丙产品	100#	100	1.74	174	354/236＝1.5
		101#	150	1.20	180	
		小计	—	—	354	

根据材料费用系数、产量、工时定额及A类产品成本计算单的相关资料，分配计算A类产品中各种完工产品成本，如表9-5所示。

表9-5 A类完工产品成本计算单

项目	产量	材料系数	材料总系数	工时定额	定额工时系数	应分配的费用			合计	单位成本
						直接材料	直接人工	制造费用		
（1）	（2）	（3）	（4）	（5）	（6）	（7）	（8）	（9）	（10）	（11）
分配率						350	0.85	0.75		
甲产品	550	1	550	100	55 000	192 500	46 750	41 250	280 500	510
乙产品	400	0.5	200	150	60 000	70 000	51 000	45 000	166 000	415
丙产品	120	1.5	180	155	18 600	63 000	15 810	13 950	92 760	773
合　计	—		930	—	133 600	325 500	113 560	100 200	539 260	—

表9-5中有关项目填列方法说明如下。

（2）、（3）、（5）栏的数据取自表9-2和表9-4。

（4）栏 =（2）栏×（3）栏

（6）栏 =（2）栏×（5）栏

（7）栏 =（4）栏×直接材料分配率，其中：直接材料分配率＝325 500÷930＝350

（8）栏 =（6）栏×直接人工分配率，其中：直接人工分配率＝113 560÷133 600＝0.85

（9）栏 =（6）栏×制造费用分配率，其中：制造费用分配率＝100 200÷133 600＝0.75

（10）栏 =（7）栏＋（8）栏＋（9）栏

（11）栏 =（10）栏÷（2）栏

（2）定额比例法

定额比例法是在计算出类内产品的总成本后，按类内各种产品的定额比例进行分配，从而计算出类内每一种产品成本的一种方法。这种方法一般适用于定额比较健全、稳定的企业。具体计算时，材料费用可采用材料定额耗用量比例进行分配，加工费用可采用定额工时比例进行分配，具体计算公式参照前面相关内容。

9.1.3　分类法的优缺点及注意事项

1. 分类法的优缺点

（1）优点：按照产品类别开设成本计算表，归集生产费用，计算成本，不仅能简化核算工作，而且能够在产品品种规格繁多的情况下，分类掌握产品的成本水平。

（2）缺点：由于类内各种产品的成本都是按照一定比例分配计算的，计算结果具有一定的假定性。

2. 采用分类法的注意事项

（1）对产品成本进行分类时，应以该产品所耗原材料和工艺技术过程是否相近为主要标准。

（2）类距不能定得过小，避免加重计算工作量。

（3）类距也不能定得过大，避免造成成本计算的"大杂烩"。

（4）在分配标准的选择上，要选择与成本水平高低有密切联系的标准进行费用分配，以保证成本费用计算准确。

9.2　产品成本计算的定额法

9.2.1　定额法概述

1. 定额法的含义

产品成本计算的定额法是指以产品品种为成本计算对象，以产品定额成本为基础，加减定额差异和定额变动差异，计算产品实际成本的一种方法。其基本原理是：在实际费用发生时，将其划分为定额成本与定额差异两部分来归集，并分析产生差异的原因，及时反馈到管理部门，月终以产品定额成本为基础，加减所归集和分配的差异，以此求得产品实际成本。

定额法主要适用于产品品种少、产量大、产品定型、品种较稳定并且原始记录齐全、定额管理工作比较健全的企业，这也是采用定额法应具备的条件。

2. 定额法的特点

（1）事前制订产品的消耗定额、费用定额和定额成本作为降低成本的目标，对产品成本进行事前控制。

（2）日常生产费用的核算中，将定额费用和脱离定额的差异分别核算，在生产费用发生时确定实际成本与定额成本的差异，这样就能使成本差异发生的地点、发生的原因、差异发生的责任和差异对成本的影响及时反映出来，便于成本的控制和管理。因此，定额法是一种将成本核算与成本控制相结合的成本计算方法。

（3）月末，按定额计算的总费用和脱离定额的总差异都需要在完工产品与在产品之间进行分配，从而计算完工产品与在产品的实际成本。

（4）定额法不是一种独立的产品成本计算方法，它应结合其他基本方法使用。

3. 定额法的成本计算程序

（1）按产品（零、部件）设置成本计算单，并按成本项目设立定额成本、定额差异和定额变动差异等专栏。

（2）根据产品投放产量和各项定额资料，在生产费用发生时就计算定额成本、定额成本差异、材料成本差异，并分别按成本项目登记产品成本计算单。如果定额在当月有变动，还应计算定额变动差异，调整月初在产品定额成本。

（3）月末，将生产费用在完工产品与在产品之间进行分配，计算出完工产品的定额成本加减应负担的定额成本差异、定额变动差异及材料成本差异，从而得出实际成本。

9.2.2 定额成本的计算

定额成本是指按照各时期的现行消耗定额和计划价格计算的成本。它是计算产品实际成本的基础，也是衡量生产费用节约或超支的尺度。

计算定额成本应根据事先制订的有关原材料、工时等消耗定额，以及材料计划单价、计划小时工资率、计划小时制造费用率等，计算出各项目费用定额和单位产品定额成本。

计算产品定额成本必须分成本项目进行。定额成本包括的成本项目必须与实际成本和计划成本包括的项目一致，以便对成本进行分析、考核。各成本项目和单位产品定额成本计算公式如下：

（1）单位产品直接材料定额成本＝∑（产品的材料消耗定额×计划单价）

（2）单位产品直接人工定额成本＝产品的工时定额×计划小时工资率

（3）单位产品制造费用定额成本＝产品的工时定额×计划小时制造费用率

（4）单位产品定额成本＝单位产品直接材料定额成本＋单位产品直接人工定额成本＋单位产品制造费用定额成本

定额成本计算是通过编制产品定额成本计算表进行的，由于各个企业生产产品工艺过程不同，计算产品定额成本的程序也不相同。在产品结构简单、零部件不多的企业，可以先计算零部件定额成本，然后再汇总计算产品的定额成本。如果产品的零部件较多，为简化会计核算工作，也可不计算零部件的定额成本，而是根据"零件定额卡"以及材料计划单价、计划小时工资率、计划小时制造费用率，计算各部件定额成本，然后汇总计算产成品定额成本。

【例 9-2】 采用定额法计算产品成本，零件定额卡如表 9-6 所示。

表 9-6 零件定额卡

零件编号：101

名称：A　　　　　　　　　　　××××年××月

材料名称、编号	计量单位	材料消耗定额
880	千克	5
工序	工时定额（小时）	累计工时定额（小时）
1	4	4
2	6	10
3	8	18

根据零件定额卡等计算部件定额成本，如表 9-7 所示。

表 9-7　部件定额成本计算表

部件编号：2008 A

名称：　　　　　　　　　　××××年××月　　　　　　　　　　单位：元

所用零件编号名称	零件数量	材料定额 880 数量	材料定额 880 计划单价	材料定额 880 金额	材料定额 881 数量	材料定额 881 计划单价	材料定额 881 金额	金额合计	工时定额/小时
101A	4	20	5	100				100	72
102	5				45	3	135	135	50
装配									5
合计				100			135	235	127

定额成本项目					
直接材料	直接人工		制造费用		定额成本合计
	计划工资率	金额	计划制造费用率	金额	
235	3	381	4	508	1 124

表 9-7 中有关项目填列方法说明如下：

在部件定额成本计算表中，每种零件的材料消耗定额和工时定额，等于每一零件的材料消耗定额和工时定额，分别乘以部件所用零件的数量计算；部件的直接工资等于部件的工时定额乘以计划工资率，部件的制造费用等于部件的工时定额乘以计划制造费用率。

根据部件定额有关资料计算产品定额成本如表 9-8 所示。

表 9-8　产品定额成本计算表

部件编号：2008A

名称：　　　　　　　　　　××××年××月　　　　　　　　　　单位：元

所用部件编号名称	所用部件数量	材料定额 部件	材料定额 产品	工时定额/小时 部件	工时定额/小时 产品
2008A	2	235	470	127	254
2008B	1	260	260	50	50
装配					10
合计			730		314

产品定额成本项目					
直接材料	直接人工		制造费用		产品定额成本合计
	计划工资率	金额	计划制造费用率	金额	
730	2.5	785	1.5	471	1 986

表 9-8 中有关项目填列方法说明如下：

在产品定额成本计算表中，每种部件的材料消耗定额和工时定额，按每一部件的材料消耗定额和工时定额分别乘以产品所用部件的数量计算；产品的直接工资等于产品的工时定额乘以计划工资率，产品的制造费用等于产品的工时定额乘以计划制造费用率。

9.2.3 定额差异的计算

定额差异，也称脱离定额差异，是指产量乘以单位定额成本和实际成本之间的差异。它是组成产品实际成本的一个重要因素，是正确计算产品实际成本的关键。定额差异包括直接材料定额差异、直接人工定额差异和制造费用定额差异。定额差异的计算和汇总是分别按成本项目进行的，现分述如下。

（1）直接材料定额差异。直接用于产品生产的材料，一般都是直接费用，在费用发生时，就能按照产品计算出定额成本和脱离定额的差异，并用定额凭证和差异凭证分别予以反映。直接材料定额差异的核算方法主要有限额法、切割法和盘存法 3 种。

① 限额法。采用这种方法时，企业实行的是限额领料制度，限额范围内的领料，根据限额领料单领用，由于增加产量而发生的超额领料，应办理追加限额手续，仍使用限额领料单领用。如果因其他原因造成的超额领料，应填制专设的超限额领料单差异凭证，发生代用材料和利用废料应折合为相当于原定材料的数量后再计算差异，反映在差异凭证中。超限额领料凭证反映耗用量的超支，形成正差异，限额领料单的余额和退料单，反映耗用量的节约，形成负差异。

【例 9-3】 顺昌企业本月投产丙产品 355 件，单位产品 A 材料消耗定额 20 千克，每千克计划单位成本 5 元，超额领料单登记数量为 105 千克。则丙产品的 A 材料定额差异为：

丙产品 A 材料定额成本＝355×20×5＝355 100（元）

丙产品 A 材料脱离定额差异＝105×5＝525（元）

在差异凭证中，应该填明差异的数量、金额和发生差异的原因，月末汇总，即可求得直接材料本月定额差异。差异凭证的签发，必须经过一定的审批手续，其中由于采用代用材料、利用废料和材料质量低劣等原因而引起的脱离定额差异通常由技术部门计算和审批。

为了减少凭证的种类，上述这些差异凭证也可用普通领料单代替，同时，要以不同的颜色或加盖专用的戳记加以区别。

② 切割法。对于某些切割后才能进一步加工的材料，还应采用材料切割核算单来核算材料定额耗用量和脱离定额的差异。

材料切割核算单是反映材料使用情况的凭证，并不是发料凭证。由于材料切割核算单可以及时反映材料的使用情况和差异产生的具体原因，如果将其与车间或班组经济核算或责任成本核算结合起来，将有助于加强对材料消耗的控制。

切割核算单的填制程序为：首先，填写发交切割材料的种类、数量、消耗定额和应切割成的毛坯数量；切割完毕，再填写实际切割成的毛坯数量和材料的实际消耗量；最后，根据实际切割的材料数量和消耗定额，计算出定额耗用量，再与实际消耗量比较，便可计算出脱离定额的差异。材料定额消耗量和脱离定额的差异都应填入材料切割核算单中，并且应在核算单中注明发生差异的原因。

【例 9-4】 某工厂 1006 号材料切割法的计算步骤为：应割成的毛坯数量是 19 件，即单件消耗定额（8 千克）去除材料实际消耗量（155 千克），约为 19.375 件；材料定额消耗量等于单件消耗定额（8 千克）与实际割毛坯数量（18 件）的乘积；废料定额回收量等于单件回收废料定额（0.3 千克）与实际割成毛坯数量（18 件）的乘积；材料脱离定额数量差异等于实际消耗量与定额消耗量之差，再用它乘以材料计划单价，即为差异金额（11×15＝165）。

材料切割核算单如表 9-9 所示。

表 9-9 材料切割核算单

材料编号、名称：1006　　　　　　　　　　　　　　　　　　　　材料计量单位：千克
零件编号、名称：00123　　　切割日期：××××年××月××日　　材料计划单价：15 元
产品名称：丙产品　　　　　　完工日期：××××年××月××日

发料数量	退回余料数量	材料实际消耗数量	废料实际回收量
160	5	155	9

单件消耗定额	单件回收废料定额	应割成的毛坯数量	实际割成的毛坯数量	材料定额消耗量	废料定额回收量
8	0.3	19	18	144	5.4

材料脱离定额差异		废料脱离定额差异			差异原因	责任者
数量	金额	数量	单价	金额	由于操作时多留了边料，减少了毛坯	切割工人
11	165	−3.6	1	−3.6		

切割人：刘一　　　　　　　　图纸号：681　　　　　　　　机床号：110

注：由于回收废料的价值可以冲减材料费用，因此废料回收超过定额的差异，填为负数；反之，为正数。

③ 盘存法。它是指在连续投产的大量生产情况下，应定期（按周或旬或按工作日、工作班等）通过盘存法核算脱离定额的差异。

其核算基本步骤如下：
- 根据完工产品数量和在产品盘存（实地盘存或账面盘存）资料，按照下列公式计算出本期产品的投产数量：
本期投产产品数量＝本期完工产品数量＋期末在产品数量－期初在产品数量
- 用本期投产产品数量乘以原材料消耗定额，计算得出原材料的定额耗用量；根据

限额领料单和超限额领料单等领料、退料凭证以及车间余料的盘存数量，计算出原材料的实际耗用量。
- 将材料实际耗用量与定额耗用量相比，即可计算出材料脱离定额的差异。

在实践中，为了及时核算和揭示材料脱离定额差异，有效地控制用料，用料差异的核算期越短越好，应尽量按工作班或工作日进行核算。

以上3种方法无论采用的是哪一种进行核算，都应按照成本计算对象，根据原材料定额消耗量和定额差异，编制"原材料定额费用和定额差异汇总表"，分别填明该批或该种产品所耗各种原材料的定额消耗量、定额费用和脱离定额差异，并说明差异原因。

"原材料定额费用和定额差异汇总表"可用来代替原材料费用分配表登记产品成本明细账，还可以报送管理当局或向职工公布，以便根据发生的原因采取措施，进一步挖掘降低材料费用的潜力。其格式如表9-10所示。

表9-10 原材料定额费用及定额差异汇总表

产品名称：乙产品　　　　　××××年××月××日至××日　　　　　单位：元

材料种类	材料编号	单位	计划单位成本	定额费用		按计划价格计算的实际费用		脱离定额差异		差异原因分析
				数量	金额	数量	金额	数量	金额	
A材料	1011	千克	5	10 600	53 000	10 000	50 000	−600	−3 000	略
B材料	1022	千克	3	9 055	27 165	9 500	28 500	+445	1 335	略
合　计					80 165		78 500		−1 665	

（2）直接人工定额差异。工资定额差异的核算因工资的形式不同而有所差别。

在计件工资形式下，工资成本属于直接费用，其控制方法与材料定额差异的控制方法相同，即凡符合定额范围内的生产工人工资，要登记在正常的产量记录之中，对于脱离定额的差异，应该经过一定的手续，登记在专设的工资差异凭证之中，并填明差异的原因，以便根据工资差异凭证进行分析。

在计时工资形式下，因为企业生产工人的工资总额一般要等到月末才能计算出来，平时无法确定生产工人的实际工资是多少，所以企业不能随时按产品直接计算直接工资定额差异。实际上，企业可以把工资定额差异分为工时差异和工资率差异两个部分进行核算。其中，工时差异可以在日常核算，而工资率差异的核算要在月末确定了生产工人的工资总额之后才能进行。

企业无论采用哪种工资形式，都应根据以上核算资料，按照成本进行计算，平时只记录工时，具体计算如下：

$$计划小时工资率 = \frac{计划产量的定额直接人工费用}{该计划产量的定额工时}$$

$$\text{实际小时工资率} = \frac{\text{实际产量的定额直接人工费用}}{\text{该实际产量的实际生产工时}}$$

$$\text{某产品的定额直接人工费用} = \text{该产品实际产量的定额生产工时} \times \text{计划小时工资率}$$

$$\text{某产品的实际直接人工费用} = \text{该产品实际产量的实际生产工时} \times \text{实际小时工资率}$$

$$\text{某产品直接人工费用定额差异} = \text{该产品的实际直接人工费用} - \text{该产品的定额直接人工费用}$$

【例 9-5】 顺昌企业本月生产甲乙两种产品,计划直接人工费用总额为 125 000 元,计划产量工时为 50 000 小时;实际产量定额工时为 52 000 小时,其中,甲产品 30 000 小时,乙产品 22 000 小时;实际直接人工费用总额为 195 000;实际工时为 65 000 小时,其中,甲产品 35 000 小时,乙产品 30 000 小时。

要求:分别计算甲、乙产品直接人工费用定额差异。

解:

计划小时工资率=125 000÷50 000=2.5(元/小时)

实际小时工资率=195 000÷65 000=3(元/小时)

甲产品人工费用定额差异=35 000×3－30 000×2.5=30 000(元)

其中:工时变动影响=2.5×(35 000－30 000)=12 500(元)(量差)

工资率变动影响=(3.5－3)×35 000=17 500(元)(价差)

乙产品人工费用定额差异=30 000×3－22 000×2.5=35 000(元)

其中:工时变动影响=2.5×(30 000－22 000)=20 000(元)(量差)

工资率变动影响=(3.5－3)×30 000=15 000(元)(价差)

可见,影响直接人工费用定额差异的因素是工时差异和小时工资率差异。因此,要降低单位产品人工费用,除了要严格控制直接人工费用总支出外,还必须严格控制单位产品的工时耗费。应根据计算对象编制"直接人工费用定额成本和脱离定额差异汇总表",表内汇总登记定额人工费用、实际人工费用、人工费用定额差异及差异原因等资料。在计时工资核算情况下,还应汇总反映各种产品的定额工时、实际工时和工时差异,分析和考核产品直接人工费用和工时定额执行情况。

(3)制造费用定额差异。制造费用是一种间接费用,不能在费用发生时就直接按产品确定脱离定额差异,这是因为制造费用须待月末汇总总额,并采用一定方法分配于各种产品后,才能确定各产品应负担的制造费用。在日常核算中主要是制订费用预算,按费用项目核实实际费用脱离预算的差异并填制差异凭证,从而控制制造费用的发生。月末计算出各产品应负担的实际制造费用,再计算制造费用定额差异,其计算公式如下:

$$\begin{pmatrix} \text{某产品制造} \\ \text{费用定额差异} \end{pmatrix} = \begin{pmatrix} \text{该产品实际} \\ \text{制造费用} \end{pmatrix} - \begin{pmatrix} \text{该产品实际} \\ \text{产量定额工时} \end{pmatrix} \times \text{计划小时制造费用差异率}$$

可见，影响制造费用脱离定额差异的因素是工时差异和小时制造费用差异率，其核算和分析方法与产品直接人工费用脱离定额差异相似。

制造费用脱离定额差异还可用制造费用的实际发生额与按生产计划完成的百分比调整预算相减算出。

【例 9-6】 顺昌企业实际制造费用 10 000 元，预算制造费用 9 500 元，实际生产比计划生产超额完成 25%。

要求：只生产一种产品，计算该产品制造费用定额差异。

解：

调整后的制造费用预算数＝9 500×（1＋25%）＝11 875（元）

制造费用定额差异＝10 000－11 875＝－1 875（元）

9.2.4 定额变动差异的计算

定额变动差异是指由于修订消耗定额而产生的新旧定额之间的差额。随着科学技术的发展和劳动生产率的提高，企业原制定的消耗定额要发生变动，需要重新修订，以适应新的管理要求。

定额变动差异是定额本身变动的结果，是由于企业修改定额而出现的成本差异，与生产费用的超支或节约无关。

各项消耗定额的修改，一般是定期在年初进行，如果在年度内发现定额与实际差距很大，则在年度内也可以调整定额。在实际工作中，变动后的定额通常在月初实施，当月初有在产品时，月初在产品按旧定额计算，为了将按旧定额计算的月初在产品定额成本与按新定额计算的本月投入产品的定额成本，在新定额的基础上统一起来，以便计算产品的实际成本，还应计算月初在产品的定额变动差异，用以调整月初在产品的定额成本。

由于消耗定额的变动一般表现为不断下降的趋势，因而对于月初在产品定额变动差异，一方面应从月初在产品定额成本中扣除这项差异；另一方面，由于该项差异是月初在产品生产费用的实际支出，因此还应将这项差异计入当月生产费用。相反，如果调高消耗定额，月初在产品定额成本中应加上这项差异，由于并未发生这部分支出，因此还应从当月生产费用中扣除这项差异。

【例 9-7】 假设顺昌企业月初在产品 150 件，直接材料项目的定额成本（按上月定额计算）为每件 25 元，共计 3 750 元，假设月初在产品直接材料项目的定额差异为 0。自本月起实行新定额，材料定额成本为每件 20 元，本月投入生产 1 000 件，实际发生直接材料费用为 25 000 元。1 150 件产品在本月内全部完工。因定额变动，应调减月初在产品的成本（直接材料）750 元，即（25－20）×150＝750。有关直接材料项目定额变动差异的计算如表 9-11 所示。

表 9-11 直接材料项目定额变动差异计算表

	定额成本	定额差异	定额变动差异	实际成本
月初在产品（150 件）	3 750	—	—	3 750
月初在产品调整	−750	—	+750	—
本月投入（1000 件）	20 000	+5 000	—	25 000
完工产品合计	23 000	+5 000	+750	28 750

当产品是由零部件组装而成的而且零部件基本上是成套生产时，企业通常采用系数折算法计算定额变动差异。在这种方法下，定额变动差异可以分两个步骤计算：首先计算定额变动系数，然后根据此系数计算月初在产品定额变动差异。具体计算公式如下：

$$定额变动系数 = \frac{按新定额计算的单位产品费用}{按旧额计算的单位产品费用}$$

$$月初在产品定额变动差异 = 按旧定额计算的月初在产品费用 \times (1 - 定额变动系数)$$

【例 9-8】顺昌企业乙产品生产从今年 4 月 1 日起实施新的材料消耗定额，乙产品 3 月 1 日的原材料消耗定额为 5.0 千克，4 月 1 日实施新的定额为 3.5 千克，原材料计划单价为 8 元，4 月初未调整的在产品定额为 50 000 元。

要求：计算月初在产品定额变动差异和调整后的在产品定额成本。

解：
月初在产品定额变动差异 = 50 000 × （1 − 3.5 × 8 ÷ 5.0 × 8）= 15 000（元）
调整后月初在产品定额成本 = 50 000 − 15 000 = 35 000（元）

9.2.5 材料成本差异和产品实际成本的计算

1. 材料成本差异的计算

采用定额法时，日常材料的核算都是按计划成本进行的，直接材料的定额费用及其定额差异，平时也是按材料计划单价计算的。所以，在月末计算产品成本时，应根据材料成本差异分配率，计算所消耗材料应负担的成本差异即价格差异。其计算公式如下：

$$某产品应分配材料成本差异 = (该产品材料定额成本 \pm 材料定额差异) \times 材料成本差异分配率$$

【例 9-9】顺昌企业乙产品直接材料定额成本为 35 000 元，材料定额差异为节约差 500 元，本月材料成本差异率为 +2%；另有丙产品直接材料定额成本 60 000 元，材料定额差异为超支差 560 元，本月材料成本差异率为 -1%。

要求：计算乙产品和丙产品应分配的材料成本差异。

解：

乙产品应分配的材料成本差异 =（35 000 - 500）×（+2%）= 690（元）

丙产品应分配的材料成本差异 =（60 000 + 560）×（-1%）= -605.6（元）

在实际工作中，材料成本差异的分配一般是通过编制发料凭证汇总表或专设的材料成本差异分配表进行的。材料成本差异分配表的格式如表 9-12 所示。

表 9-12　材料成本差异分配表

××××年××月　　　　　　　　　　　　　　　　　　　　单位：元

产品名称	定额费用	脱离定额差异	计划价格费用	材料成本差异率	材料成本差异
乙产品	35 000	-500	34 500	2%	+690
丙产品	60 000	+560	60 560	-1%	-605.60

2. 产品实际成本的计算

采用定额法时，产品的实际成本按如下计算公式计算。

产品的实际成本 = 按现行定额计算的产品定额成本 ± 定额差异 ± 材料成本差异 ± 月初在产品定额变动差异

定额法下的产品成本计算单应按定额成本、定额差异、定额变动差异和材料成本差异分设专栏或专行。产品成本计算单各栏的填制方法说明如下。

（1）"月初在产品"各栏：根据上月同种产品成本计算单转抄"月末在产品"各栏。

（2）"月初在产品定额变动"栏：根据月初在产品盘存数量和月初在产品新旧定额资料计算填列。如果新定额降低，应将计算出来的定额变动数额，在"定额成本调整"栏以"-"号表示，而在"定额变动差异"栏以"+"号表示，如果新定额提高，则应分别用相反的符号表示。

（3）"本月生产费用"各栏：根据各项成本项目或定额成本、定额差异、材料成本差异汇总表或计算表填列。"定额差异"和"材料成本差异"是节约额，用"-"表示，超支差异用"+"号表示。

（4）"生产费用合计"各栏：应将月初在产品成本和本月发生生产费用分别按定额成本、定额差异、材料成本差异和定额变动差异加总填列。

（5）"差异分配率"栏：应按前述"定额差异分配率"和"定额变动差异分配率"的计算公式计算填列。

（6）"完工产品成本"各栏：应按前述计算公式填列。

（7）"月末在产品"各栏：也应按前述计算公式计算填列。

【例 9-10】顺昌企业一车间大量生产丙产品，采用定额法计算产品成本（为简化举例，特设"直接材料"、"直接人工"两个项目)。设该企业 4 月份丙产品投产 350 件,完工 400 件,月末在产品 100 件,材料在开始时一次性投入,月末在产品完工程度为 50%;4 月份丙产品生产实际消耗 A 材料 2 500 千克,B 材料 1 000 千克,实际发生人工费 7 200 元,4 月份材料成本差异率为-2%,定额变动差异全部由完工产品负担。有关成本计算资料如表 9-13 和表 9-14 所示。

表 9-13 月初在产品成本

××××年××月 单位:元

项 目	直接材料	直接人工	合计
定额成本	6 500	1 800	8 300
定额差异	-450	-200	-650
材料成本差异	50		

表 9-14 单位定额成本资料

项 目	3月1日定额成本			4月1日定额成本	
	消耗定额（千克）	计划单价或计划分配率（元）	定额成本（元）	消耗定额（千克）	定额成本（元）
A 材料	6	4	24	5.5	22
B 材料	4	5	20	4.0	20
小 计	—	—	44	—	42
直接人工	8 工时	3	24	6	18
合 计			68		60

根据例 9-10、表 9-13 和表 9-14 中的有关资料,计算丙产品成本,如表 9-15 所示。

表 9-15 产品成本计算单

完工:400 件
在产品:100 件

产品名称:丙产品 ××××年××月 单位:元

摘 要	直接材料				直接人工			实际成本
	定额成本	定额差异	定额变动差异	材料成本差异	定额成本	定额差异	定额变动差异	
月初在产品定额成本	6 500	-450	—	50	1 800	-200	—	7 700
月初在产品定额变动	-325	—	325	—	-450	—	450	—
本月发生生产费用	14 700	-300	—	-288	6 300	900	—	21 312
生产费用合计	20 875	-750	325	-238	7 650	700	450	29 012
差异分配率	—	-0.0359	—	-0.0116	—	0.0915	—	
完工产品成本	16 700	-599.53	325	-193.72	6 800	622.2	450	24103.95
月末在产品成本	4 175	-150.47	—	-44.28	850	77.8	—	4 908.05

表9-15中的有关项目计算过程如下。
（1）月初在产品定额变动差异计算如下（注意：此处不能整除的保留小数后两位）。
直接材料月初在产品定额变动差异＝6500×（1－42÷44）＝325（元）
直接人工月初在产品变动差异＝1800×（1－18÷24）＝450
（2）本月发生的生产费用计算如下（注意：以下不能整除的保留小数后四位）。
直接材料定额成本＝42×350＝14700（元）
直接材料定额差异＝（4×2500＋5×1000）－（4×5.5×350－5×4×350）＝－300（元）
材料成本差异＝（14700－300）×（－2%）＝－288（元）
直接人工定额成本＝3×6×350＝6300（元）
直接人工定额差异＝7200－6300＝900（元）
（3）完工产品成本计算如下。
直接材料定额差异分配率＝（－450－300）÷（6500－325＋14700）＝－0.0359
完工产品应分配的直接材料定额差异＝16700×（－0.0359）＝－599.53
材料成本差异分配率＝（50－288）÷（20875－750＋325）＝－0.0116
完工产品应分配材料成本差异额＝16700×（－0.0116）＝－193.72
工资定额差异分配率＝（－200＋900）÷（1800－450＋6300）＝0.0915
完工产品应分配工资定额差异＝6800×0.0915＝1697.874
（4）根据上述计算结果，编制完工入库产品的会计分录如下。
　　借：库存商品——丙产品　　　　　　　　　24 103.95
　　　　贷：基本生产成本——丙产品　　　　　　　24 103.95

9.3　联产品、副产品、等级品的成本计算

9.3.1　联产品的成本计算

1. 联产品概述

（1）联产品的含义

联产品是指用同样的原材料，经过一道或一系列工序的加工同时生产出几种地位相同但用途不同的主要产品。例如，炼油厂从原油中可同时提炼出汽油、煤油、柴油等产品，这些产品都是炼油厂的主要产品，可称为联产品。这里需要注意的是联产品与同类产品不同，同类产品是指在产品品种、规格繁多的企业或车间，按一定的标准归类的产品，其目的是便于采用分类法简化产品成本计算工作；联产品的生产是联合生产，其特点是同一资源在同一生产过程中投入，分离出两种或两种以上的主要产品，其中个别产品的产出，必

然伴随联产品同时产出。

(2) 联产品的特点

① 联产品是在生产过程中使用相同的原材料一起生产出来的,但各种联产品的性质和用途却不相同。

② 联产品在生产过程中耗费的原材料和加工费用难以按照产品直接计入成本。

③ 各种联产品均为主要产品,是企业收入的主要来源。

(3) 联产品的计算程序

由于联产品是使用同样的原材料,在同一生产过程中生产出来的各种产品。因此,各种联产品的产出,有的要到生产过程终了时才分离出来,有的也可能在生产过程中的某个步骤先分离出来,有些产品分离后,还需继续加工。联产品分离出来时的生产步骤称为"分离点"。分离点是联产品的联合生产程序结束,各种产品可以辨认的生产交界点。在进入分离点之前,各种联产品的生产费用是综合在一起的,被称为"联合成本"或"分离前成本"。计算联产品成本的计算程序如下。

① 联产品分离前的生产费用,可按成本计算对象设置一个生产成本明细账进行归集,计算出联合成本,然后选择适当的方法在各联产品之间进行分配,从而求出各种联产品应分配的生产费用。

② 联产品分离后,可按各种产品设置生产成本明细账,分别归集各种产品分离后所发生的生产费用。

③ 联产品分离后即为最终产品的,分离时所分配的联合成本即为该产品的生产成本;分离后继续加工的,分离时所分配的联合成本加上分离后发生的费用,即为该产品的生产成本。

2. 联产品的计算方法

联产品成本计算可分3个部分进行,即联产品分离点前的成本计算、分离点分配联合成本和分离点后加工成本的计算。分离点前联产品联合成本的计算和分离点后需继续加工的加工成本计算,其计算程序和计算方法如前面章节所述成本计算方法相同。而分离点联产品之间联合成本的分配则要采用专门的方法进行。常用的分配方法有系数分配法、实物量分配法和相对销售收入分配法等。

(1) 系数分配法。系数分配法是将各种联产品的实际产量乘以事先制定的各该联产品的系数,把实际产量换算成相对生产量,然后,按各联产品的相对生产量比例来分配联产品的联合成本。其中,系数分配法关键是系数的确定要合理。实践中系数的确定标准有的是采用各联产品的技术特征(即重量、体积、质量性能等);也有的是采用各联产品的经济指标(即定额成本、售价等)。

(2) 实物量分配法。实物量分配法是按分离点上各种联产品的重量、容积或其他实物量度比例来分配联合成本。采用这种方法计算出的各产品单位成本是一致的,且是平均单位成本,因此简便易行。但由于并非所有的成本发生都与实物量直接相关,容易造成成本计算与实际相脱节的情况。故此法一般适用于成本的发生与产量关系密切,而且各联产品的销售价格较为均衡的联合成本的分配。

(3) 相对销售收入分配法。相对销售收入分配法是指用各种联产品的销售收入比例来分配联合成本。这种分配法强调经济比值,认为既然联合生产过程的联产品是同时产出的,并不是只产出其中一种。因此,从销售中所获得的收益,理应在各种联产品之间按比例进行分配。也就是说,售价较高的联产品应该成比例地负担较高份额的联合成本,售价较低的联产品应该负担较低份额的联合成本,其结果是各种联产品的毛利率相同。这种方法克服了实物量分配法的不足,但其本身也存在缺陷,表现为:一是并非所有的成本都与售价有关,价格较高的产品不一定要负担较高的成本;二是并非所有的联产品都具有同样的获利能力,这种方法一般适用于分离后不再加工,而且价格波动不大的联产品成本计算。

3. 联产品的计算举例

【例 9-11】 顺昌企业用某种原材料经过同一生产过程同时生产出乙、丙两种联产品。2007 年 4 月共生产乙产品 3 000 千克,丙产品 2 000 千克,无期初、期末在产品。该月生产发生的联合成本分别为:原材料为 50 000 元,直接人工成本为 21 000 元,制造费用为 37 500 元。乙产品每千克的售价为 450 元,丙产品每千克的售价为 300 元,假设全部产品均已售出。根据以上资料分别用系数分配法、实物量分配法、相对收入分配法计算乙、丙产品的成本如下。

(1) 采用系数分配法计算联产品

以售价作为标准确定系数,此处选择丙产品为标准产品,其系数为 1,乙产品的系数为 1.5(450÷300)。

乙、丙产品标准产量(标准产量=实际产量×系数)分别为:

乙产品标准产量=3 000×1.5=4 500

丙产品标准产量=2 000×1=2 000

乙、丙产品的分配比例分别为:

乙产品分配比例=4 500÷6 500=69.2%

丙产品分配比例=2 000÷6 500=30.8%

乙、丙产品应负担的成本分别为:

乙产品分配直接材料费用=50 000×0.692=34 600(元)

丙产品分配直接材料费用=50 000×0.308=15 400(元)

乙产品分配直接人工费用=21 000×0.692=14 532(元)

丙产品分配直接人工费用=21 000×0.308=6 468(元)

乙产品分配制造费用=37 500×0.692=25 950(元)

丙产品分配制造费用=37 500×0.308=11 550(元)

将以上计算结果，填入联产品成本计算表，如表9-16所示。

表9-16 联产品成本计算表

××××年××月　　　　　　　　　　　　　　　　　　　　　　单位：元

产品名称	产量（千克）	系数	标准产量	分配比例（%）	应负担的成本			
					直接材料	直接人工	制造费用	合计
乙	3 000	1.5	4 500	69.2	34 600	14 532	25 950	75 082
丙	2 000	1	2 000	30.8	15 400	6 468	11 550	33 418
合计	5 000		6 500	100	50 000	21 000	37 500	108 500

（2）采用实物量分配法计算联产品

乙、丙产品的分配比例分别为：

乙产品分配比例＝3 000÷5 000＝60%

丙产品分配比例＝2 000÷5 000＝40%

乙、丙产品应负担的成本分别为：

乙产品分配直接材料费用＝50 000×60%＝30 000（元）

丙产品分配直接材料费用＝50 000×40%＝15 400（元）

乙产品分配直接人工费用＝21 000×60%＝12 600（元）

丙产品分配直接人工费用＝21 000×40%＝8 400（元）

乙产品分配制造费用＝37 500×60%＝22 500（元）

丙产品分配制造费用＝37 500×40%＝15 000（元）

将以上计算结果，填入联产品成本计算表，如表9-17所示。

表9-17 联产品成本计算表

××××年××月　　　　　　　　　　　　　　　　　　　　　　单位：元

产品名称	产量（千克）	分配比例（%）	应负担的成本			
			直接材料	直接人工	制造费用	合计
乙	3 000	60	30 000	12 600	22 500	65 100
丙	2 000	40	20 000	8 400	15 000	43 400
合计	5 000	100	50 000	21 000	37 500	108 500

（3）采用相对收入分配法计算联产品成本（此方法系数标准选择的是售价，与采用系数分配法结果一致，计算过程略），如表9-18所示。

表 9-18 联产品成本计算表

××××年××月　　　　　　　　　　　　　　　　　　　　　　　单位：元

产品名称	产量（千克）	销售单价	销售价值	分配比例	应负担的成本			
					直接材料	直接人工	制造费用	合计
乙	3 000	450	1 350 000	69.2	34 600	14 532	25 950	75 082
丙	2 000	300	600 000	30.8	15 400	6 468	11 550	33 418
合计	6 000		1 950 000	100	50 000	21 000	37 500	108 500

9.3.2 副产品的成本计算

1. 副产品的含义

副产品是指使用同种原材料在同一生产过程中生产主要产品的同时，附带生产出一些非主要产品，或利用生产中废料加工而成的产品，如制皂厂生产出来的甘油、炼油厂在炼油中产出的渣油、石油焦等。

副产品不是企业生产的主要目的，其价值与主要产品相比较低。但它仍具有一定的经济价值，能满足社会某些方面的需要，而且客观上也发生耗费。因此，需要采取一定的成本计算方法求出其成本。副产品和联产品都是投入同一原材料，经过同一生产过程同时生产出来的。但联产品全部是主要产品，而副产品则是伴随着主要产品生产出来的次要产品，其价值较低。当然，副产品与主要产品是相对而言的，随着生产技术的发展和综合利用，在一定条件，副产品也能转为主要产品，同样，主要产品也会转为副产品。

2. 副产品的计算方法

由于副产品和主要产品是在同一生产过程中生产出来的，它们发生的费用很难严格划分，往往只能将主副产品归为一类，用分类法归集生产费用计算产品成本。又由于副产品价值较低，在产品成本中所占比重较小。因此，在计算其成本时，可以采用简便方法：一是按照副产品的售价减去销售税金和销售利润以后的余额计价；二是按照企业制定的副产品计划（或定额）成本计价。采用简便方法计算确定的副产品成本，为了简化计算，通常可以从主副产品总成本中的直接材料项目中扣除，以求得主产品的总成本。

（1）副产品成本按照售价减去销售税金和销售利润后的余额计价。

① 分离后可以直接出售的副产品成本计算方法。副产品与主产品分离后，如果不需要进行任何加工，直接出售时，应按照副产品的售价减去销售税金和销售利润后的余额计价，作为副产品成本从主副产品总成本中扣除。

【例 9-12】顺昌企业在生产丙产品（主要产品）的同时，附带生产 A 产品（副产品）。本月生产的 2 500 千克丙产品已经全部完工，没有月末在产品，丙产品生产成本明细账归集的生产费用合计为 650 000 元，其中：直接材料为 320 000 元，直接人工为 180 000 元，制造费用为 150 000 元。本月附带生产 A 产品 150 千克，每千克售价 50 元，销售环节应交税每千克 4 元，同类产品正常销售利润率为 10%。A 产品成本从直接材料项目中扣除。根据上述资料，A 产品和丙产品成本可以计算如下。

A 产品单位成本 = 50 - 4 - 50 × 10% = 41（元）
A 产品总成本 = 41 × 150 = 6 150（元）
丙产品总成本 = 650 000 - 6 150 = 643 850（元）
丙产品单位成本 = 643 850 ÷ 2 500 = 257.54（元）

上述成本计算结果在丙产品成本明细账（产品成本计算单）中登记，如表 9-19 所示。

表 9-19 产品成本计算单

产品类别：丙产品　　　　　　　××××年××月　　　　　　　产量：2 500 千克
　　　　　　　　　　　　　　　　　　　　　　　　　　　　　　单位：元

摘　　要	直接材料	直接人工	制造费用	合计
生产费用合计	320 000	180 000	150 000	650 000
结转 A 产品成本	6 150			
丙产品总成本	313 850	180 000	150 000	643 850
丙产品单位成本	125.54	72	60	257.54

根据成本计算结果，编制结转完工入库丙产品和 A 产品成本的会计分录如下。

借：库存商品——丙产品　　　　　　　　　643 850
　　　　　　——A 产品　　　　　　　　　　6 150
　贷：基本生产成本——丙产品　　　　　　650 000

② 分离后需进一步加工才能出售的副产品成本计算方法。副产品与主产品分离以后如果需要进一步加工后才能出售时，应按照售价减去销售税金和销售利润计算副产品分离前的成本，然后加上副产品分离后进一步加工的可归属成本，从主副产品总成本中扣除。

【例 9-13】 假设例 9-12 中 A 副产品在与主要产品分离后，只能作为乙产品的原料，即尚需进一步加工为乙产品才能出售。根据有关生产费用记录，在对副产品加工过程中，发生材料费用 100 元，直接人工费用 500 元，应负担的制造费用 200 元。将副产品进一步加工后，生产的乙产品本月实际产量 80 千克，每千克售价为 105 元，每千克应交税金为 4.5 元，同类产品正常销售利润为 10%。根据上述资料，乙产品和丙产品成本可以计算如下。

乙产品单位成本 = 105 - 4.5 - 105 × 10% = 90（元）
乙产品总成本 = 80 × 90 = 7 200（元）
副产品总成本 = 7 200 -（100 + 500 + 200）= 6 400（元）
丙产品总成本 = 650 000 - 6 400 = 643 600（元）

上述成本计算结果在丙、乙两种产品成本计算单中的登记如表 9-20 和表 9-21 所示。

表 9-20 产品成本计算单

产品类别：丙产品　　　　　　　××××年××月

产品：2500 千克
单位：元

摘　要	直接材料	直接人工	制造费用	合计
生产费用合计	320 000	180 000	150 000	650 000
结转 A 产品成本	6 400			
丙产品总成本	313 600	180 000	150 000	643 600
丙产品单位成本	125.44	72	60	257.44

表 9-21 产品成本计算单

产品类别：乙产品　　　　　　　××××年××月

产品：80 千克
单位：元

摘　要	直接材料	直接人工	制造费用	合计
结转原料费用	6 400			
进一步加工费用	100	500	200	800
生产费用合计	6 500	500	200	7 200
乙产品总成本	6 500	500	200	7 200
乙产品单位成本	81.25	6.25	2.5	90

根据成本计算结果，编制结转完工入库产品成本的会计分录如下。

借：库存商品——丙产品　　　　　　　　643 600
　　　　　　——乙产品　　　　　　　　7 200
　贷：基本生产成本——丙产品　　　　　643 600
　　　　　　　　——乙产品　　　　　　7 200

（2）按照副产品计划单位成本计价。

为了简化成本计算工作，副产品也可以按照计划单位成本计价，直接从主副产品总成本中扣除。采用计划单位计价时，如果副产品进一步加工处理所需的时间不长，并且是在同一车间内进行，为了简化核算，副产品加工所发生的费用，也可以全部归集在主产品生产成本明细账中。

【例 9-14】 假设例 9-13 中丙产品生产过程中产生副产品，由本车间进一步加工为乙产品后再出售。由于乙产品加工处理时间不长，加工费用不大，不单独设置生产成本明细账，全部费用在丙产品成本计算单中归集。乙产品成本按计划单位成本计价，从丙产品成本中扣除。本月附带生产的乙产品为 80 千克，计划单位成本为 88 元，其中：直接材料 75 元，直接人工 8.5 元，制造费用 4.5 元。根据上述资料，乙产品和丙产品成本可以计算如下。

乙产品计划总成本＝80×88＝7 040（元）
其中：直接材料＝80×75＝6 000（元）
直接人工＝80×8.5＝680（元）
制造费用＝80×4.5＝360（元）
丙产品总成本＝（650 000＋800）－7040＝643 760（元）

上述成本计算结果在丙产品成本计算单中的登记如表9-22所示。

表9-22 产品成本计算单

产品类别：丙产品　　　　　××××年××月　　　　　产品：2500千克
　　　　　　　　　　　　　　　　　　　　　　　　　　单位：元

摘　　要	直接材料	直接人工	制造费用	合计
生产费用合计	320 100	180 500	150 200	650 800
结转乙产品成本	6 000	680	360	7 040
丙产品总成本	314 100	179 820	149 840	643 760
丙产品单位成本	125.64	71.928	59.936	257.504

9.3.3 等级品的成本计算

1. 等级品的含义

等级品是指使用同种原材料，经过相同加工过程生产出来的品种相同、但质量有所差别的产品，如纺织品、陶瓷器皿的生产常有等级品的产生。等级品与联产品、副产品相同之处在于：它们都是使用同种原材料，经过同一生产过程而产生的；它们的不同之处在于：联产品、副产品之间性质、用途不同，属于不同种产品，而等级品是性质、用途相同的同种产品。在每种联产品、副产品中，其质量比较一致，因而销售单价相同，而各等级品质量存在差异，从而销售单价相应分为不同等级。

等级品与非合格品是两个不同的概念。等级品质量上的差异一般是在允许的设计范围之内，这些差异一般不影响产品的使用寿命；非合格品是指等级品以下的产品，其质量标准达不到设计的要求，属于废品范围。

2. 等级品的计算方法

等级品应视造成其质量差别的原因确定成本计算方法。如果是由于工人操作不当、技术不熟练等原因造成的，可以采用实物量分配法（又称平均分配法）；如果是由于所用原材料的质量或受目前技术水平限制等客观原因造成的，可以采用系数分配法。

（1）实物量分配法：不论产品等级高低，一律按产量平均分摊生产成本的方法。

【例9-15】顺昌企业生产丙产品4 500个，其中：一级品3 000个；二级品1 000个；

三级品 500 个。产品制造成本总额为 45 000 元,按实物量分配法计算各等级品成本,其成本计算结果如表 9-23 所示。

表 9-23 等级品成本计算单

单位:元

产品等级	产量	各等级产品应负担成本	单位成本
一级品	3 000	30 000	10
二级品	1 000	10 000	10
三级品	500	5 000	10
合　计	4 500	45 000	—

(2)系数分配法:以等级品的某项指标(费用定额、售价、体积、重量等)为系数标准,选择某一等级品为系数 1,计算出其他等级品的系数,然后求出其总系数,最后按系数比例分配生产费用的方法。

【例 9-16】 顺昌企业生产丙产品 1 500 吨,其中:一级品 700 吨;二级品 300 吨;三级品 400 吨;四级品 100 吨。假定期初、期末在产品变动不大,可以不予计算,本月发生生产费用为 232 050 元,按系数分配法分配生产费用,二级品为标准产品,其成本计算结果如表 9-24 所示。

表 9-24 等级品成本计算单

单位:元

产品类别	产量(吨)	材料费用定额	系数	总系数	分配率	总成本	单位成本
一级品	700	35	1.75	1 225	105	128 625	183.75
二级品	300	20	1	300	105	31 500	105
三级品	400	28	1.4	560	105	58 800	147
四级品	100	25	1.25	125	105	13 125	131.25
合　计	1 500	—	—	2 210	105	232 050	—

复习思考题

一、简答题

1. 分类法的适用范围、特点及其成本计算程序各是什么?
2. 说明系数分配法的计算步骤。

3．定额变动差异与定额差异的区别是什么？
4．定额法的优缺点及适用范围是什么？
5．什么是联产品、副产品和等级品？并简单说明其联系和区别。
6．什么叫联合成本？它有哪几种分配方法？说明各自的含义。

二、单项选择题

1．下列各项中，属于分类法优点的是（   ）
  A．加强成本控制　　　　　　　　　B．能够提高成本计算的正确性
  C．能够简化产品成本的计算工作　　D．能分品种掌握产品成本水平
2．产品成本计算的分类法适用于（   ）
  A．品种、规格繁多的产品
  B．可按一定标准分类的产品
  C．大量大批生产的产品
  D．品种、规格繁多并可按一定标准分类的产品
3．定额法的目的是（   ）。
  A．加强成本的定额管理与控制　　　B．简化计算工作
  C．计算产品的定额成本　　　　　　D．计算产品的实际成本
4．定额法的缺点是（   ）。
  A．只适用于大批大量生产　　　　　B．核算工作量较大
  C．不便于成本分析、考核　　　　　D．只适用连续式生产
5．某企业产品品种、规格繁多，但产品结构、所消耗原材料和生产工艺基本相同，所以采用（   ）计算产品成本较为适宜。
  A．品种法　　　B．分步法　　　C．分类法　　　D．分批法
6．按照系数比例分配同类产品中各种产品成本的方法（   ）。
  A．是一种简化的分类法
  B．是一种分配间接费用的方法
  C．是一种分配直接费用的方法
  D．是一种完工产品和月末在产品之间分配费用的方法
7．联产品的成本计算（   ）。
  A．必须采用分类法　　　　　　　　B．必须采用分批法
  C．可以采用分类法　　　　　　　　D．可以采用分批法
8．原材料脱离定额差异是（   ）。
  A．数量差异　　　　　　　　　　　B．一种定额变动差异
  C．价格差异　　　　　　　　　　　D．原材料成本差异

三、多项选择题

1. 产品成本计算的分类法是（　　）。
   A. 按产品类别设置生产成本明细账
   B. 按产品品种设置生产成本明细账
   C. 按产品类别归集生产费用，计算产品成本
   D. 同类产品内各种产品的间接费用采用一定的分配方法分配确定
   E. 同类产品内各种产品的各项费用采用一定的分配方法分配确定

2. 在品种规格繁多且可按一定标准划分为若干类别的企业或车间中，能够应用分类法计算成本的产品生产类型由（　　）。
   A. 大量大批单步骤生产　　　B. 大量大批多步骤生产
   C. 单件小批单步骤生产　　　D. 单件小批多步骤生产
   E. 以上均适用

3. 分类法的特点是（　　）。
   A. 按照产品类别归集费用、计算成本
   B. 同一类产品内不同品种产品的成本采用一定的分配方法分配确定
   C. 同一类产品内不同品种的成本应按实际成本计算
   D. 适应特定的生产组织形式

4. 定额法的应用条件是（　　）。
   A. 任何企业
   B. 大量大批生产的企业
   C. 定额管理工作的基础较好的企业
   D. 产品生产已经定型，各项消耗定额较准确、稳定的企业

5. 分类法下，采用系数法计算各种产品成本时，被选作标准产品的产品应具备的条件是（　　）。
   A. 产量较大　　　　　　　B. 产量较小
   C. 成本较低　　　　　　　D. 生产比较稳定
   E. 规格折中

6. 定额法的主要优点是（　　）。
   A. 有利于加强成本控制，便于成本分析
   B. 有利于提高成本的定额管理和计划管理水平
   C. 能够合理、简便的分配完工产品和月末在产品的费用
   D. 较其他成本计算方法工作量减小

四、判断题

1. 产品成本计算的分类法是指以产品的批别作为成本计算对象归集生产费用，计算产

品成本的一种成本计算方法。（　　）

2．如果副产品与主产品分离以后，还要进行加工，则应根据副产品加工生产的特点和管理要求，采用适当的方法单独计算副产品成本。（　　）

3．按系数分配费用，实际上是按以产量加权的总系数分配费用。（　　）

4．定额法的优点在于较其他成本计算方法的核算工作量小。（　　）

5．定额法是一种单纯计算产品成本的计算方法。（　　）

6．采用系数法计算类内各产品成本时，必须在同类产品中选择一种产品为标准产品，其标准产品的系数固定为"1"。（　　）

五、实训题

1．顺意企业采用分类法计算产品成本，乙类产品包括01号、02号、03号产品，成本分配的方法是：原材料费用按系数比例分配，01号、02号和03号产品的系数分别是1、1.2、1.5；其他成本项目按定额工时比例分配，01号、02号和03号产品的工时定额分别是2小时、3小时、4小时，产量分别为1000件、2000件、3000件。发生的直接材料费用为15 800元，直接人工费用为32 000元，制造费用为24 000元。

要求：在下表中完成01号、02号、03号三种产品的成本计算。

乙类产品成本计算单

金额单位：元

产品名称	产量	材料费用系数	材料总系数	工时定额	定额工时	直接材料	直接人工	制造费用	成本合计
分配率									
01号									
02号									
03号									
合计									

2．顺意企业生产丙产品，采用定额法进行成本计算。丙产品共消耗01号和02号两种材料，单位产品材料消耗定额为：01号材料40千克，02号材料12千克。01号材料计划单价14元，02号材料计划单价10元；单位产品工时定额为15小时，计划小时工资为2.5元。计划小时费用为1.8元。

要求：根据上述资料，计算丙产品定额成本，并将结果填到下面的定额成本计算表中。

第9章 产品成本计算的辅助方法

定额成本计算表

产品名称：丙产品

成本项目	数量（千克）	计划单价（元）	金额（元）
直接材料			
其中：01号			
02号			
直接人工			
制造费用			
定额成本合计			

3. 顺意企业生产丙产品，采用定额法进行成本计算。本年4月份投产丙产品500件，单位产品材料消耗定额为8千克，材料的计划单价为4元。超额领料单上登记的数量为50千克，材料成本差异率为－1%。假设月初在产品和月末在产品均为零。

要求：计算本月丙产品材料的定额成本、脱离定额差异和材料的实际成本。

4. 顺意企业用某种原材料经过同一生产过程同时生产出乙、丙两种联产品。2007年4月共生产乙产品4 000千克，丙产品2 000千克，无期初、期末在产品。该月生产发生的联合成本分别为：原材料为60 000元，直接人工成本为21 600元，制造费用为38 400元。乙产品每千克的售价为500元，丙产品每千克的售价为600元，假设全部产品均已售出。

要求：根据以上资料分别用系数分配法、实物量分配法、相对销售收入分配法计算乙、丙产品的成本，将结果分别填制在以下3个表中（注：以售价为标准确定系数，选择乙产品为标准产品）。

联产品成本计算表（系数分配法）

××××年××月　　　　　　　　　　　　　　金额单位：元

产品名称	产量（千克）	系数	标准产量（千克）	分配比例（%）	应负担的成本			
					直接材料	直接人工	制造费用	合计
乙								
丙								
合计								

联产品成本计算表（实物量分配法）

××××年××月　　　　　　　　　　　　　　金额单位：元

产品名称	产量（千克）	分配比例（%）	应负担的成本			
			直接材料	直接人工	制造费用	合计
乙						
丙						
合计						

联产品成本计算表（相对销售收入分配法）

×××× 年 ×× 月　　　　　　　　　　　　　　　　金额单位：元

产品名称	产量（千克）	销售单价	销售价值	分配比例（%）	应负担的成本			
					直接材料	直接人工	制造费用	合计
乙								
丙								
合计								

第 10 章 成本报表和成本分析

【学习目标】
通过本章的学习，了解成本报表的概念、种类、特点；了解成本分析的意义与作用；掌握成本报表的结构与编制方法，并能灵活运用各种方法对成本报表进行分析。

【本章重点】
成本报表的编制与分析。

【本章难点】
成本计划完成情况的因素分析。

10.1 成本报表概述

1. 成本报表的概念

成本报表是指根据企业产品成本和期间费用的核算资料以及其他有关资料编制的，用来反映企业一定时期内产品成本和期间费用水平及其构成情况的报告文件。通过编制和分析成本报表，可以考核企业成本计划和费用预算的执行情况，为正确进行成本决策提供资料。编制成本报表，是成本会计工作的重要内容。

2. 成本报表的特点

成本报表是为企业内部管理服务的内部会计报表，相对于企业对外报送的会计报表而言，成本报表在编报时间、编报格式与编报内容上，具有如下特点。

（1）成本报表是为企业内部经营管理的需要而编制的。激烈的商业竞争，使企业对成本和期间费用的水平及其构成情况，都需要采取保密的态度。成本报表主要为企业内部经营管理服务，满足企业内部各部门、车间对成本信息的需求。正确编制成本报表，对考核企业成本计划的执行情况，分析成本管理工作中的成绩和问题，挖掘降低成本、节约费用的潜力，及时做出成本决策等方面，有着其他管理工作不可替代的作用。

（2）报表内容和格式更具有灵活性。成本报表作为对内报表，其内容和格式由企业自行设计。企业应根据管理的要求，对某一方面问题或从某一侧面进行重点反映，对于不同内容可以有不同的格式，指标的多少由企业自行决定。这是成本报表区别于对外的财务会计报表的又一特点。

（3）成本报表作为对内报表更注重时效。对外报表一般都是定期编制和报送的，而作为对内报表的成本报表，除了为满足定期考核、分析成本计划的完成情况，定期编报一些报表外，为了及时反映和反馈成本信息，揭示成本工作中存在的问题，还可采用日报、周报或旬报的形式，定期或不定期地向有关部门和人员编报成本报表，尽可能使报表提供的信息与报表反映的内容在时间上保持一致，以发挥成本会计及时指导生产的作用。

3. 成本报表的种类

成本报表作为企业内部的报表，其格式、编报时间、报送对象等，都由企业根据自身的特点和企业管理的具体要求而定。不仅企业之间各不相同，就是同一企业在不同时期也可能设置不同的内部成本报表。一般情况下，成本报表具有种类多、编报迅速、涉及面广、与企业生产工艺过程联系紧密等特点。按照成本报表反映的经济内容，一般将成本报表划分为以下三类。

（1）反映产品成本情况的报表，主要有：
① 商品产品成本表；
② 主要产品单位成本表。

以上报表一般按月编报。

（2）反映费用情况的报表，主要有：
① 制造费用明细表；
② 各种期间费用明细表。

以上报表一般按年编报。

（3）其他成本报表。它是企业根据自身的生产特点和管理要求编制的除上述成本报表以外的成本报表，主要有：
① 生产成本及销售成本表；
② 成本率变动情况表；
③ 废料销售情况表；
④ 成本及产量情况表；
⑤ 材料成本考核表；
⑥ 人工成本考核表；
⑦ 责任成本报告；
⑧ 质量成本表。

以上报表根据实际需要决定编报时间和范围。

4. 成本报表的意义

（1）反映企业报告期内产品成本水平。产品成本是反映企业生产技术经营成果的一项综合性指标，企业在一定时期内的物质消耗、劳动效率、工艺水平、生产经营管理水平，都会直接或间接地在产品成本中综合地体现出来。通过编制成本报表能够及时地发现企业在生产、技术、质量、管理等方面取得的成绩和存在的问题，不断总结经验，提高企业经济效益。

（2）反映企业成本计划的完成情况。成本报表中所反映的各项产品成本指标，对掌握企业一定时期的成本水平，分析和考核产品成本计划完成情况及加强成本管理具有重要作用。

（3）为制订成本计划提供依据。计划年度的成本计划是在报告年度产品成本实际水平的基础上，结合报告年度成本计划执行情况，考虑计划年度中可能出现的有利因素和不利因素而制定的，所以本期报表所提供的资料，是制订下期成本计划的重要参考依据。各管理部门还可以根据成本报表的资料对未来时期的成本进行预测，为企业制定正确的经营决策及时提供相关而有用的数据。

（4）为企业的成本决策提供信息。对成本报表进行分析，可以发现成本管理工作中存在的问题，揭示成本差异对产品成本升降的影响程度，查明原因和责任，以便采取有针对性的措施，促使成本水平的不断降低，为企业挖掘降低成本的潜力指明方向。

10.2 成本报表的编制

10.2.1 成本报表的编制概述

1. 成本报表的设置要求

成本报表一般根据企业的生产特点与管理需要自行设置，并可随着情况的变化对报表的种类、格式进行调整。在设置成本报表时应重点考虑以下几个方面。

（1）报表的专题性。专题性是指成本报表的设置要反映成本管理的某一方面需要，突出管理中的重点问题，要对成本形成影响大、费用发生集中的部门设置报表，使成本报表的编制能取得最好的效果。

（2）报表指标内容的实用性。成本报表指标的设置以适应企业内部管理的需要为基础。成本指标既可按完全成本反映，也可以按变动成本反映，还可以考虑将成本指标与生产工艺规程及各项消耗定额对照，以便从最原始的资料入手，分析成本升降的原因，挖掘降低成本的潜力。

（3）报表格式的针对性。成本报表格式的设计要能针对某一具体业务的特点及其存在的问题，重点突出，简明扼要。

2. 成本报表的编制要求

为了充分发挥成本报表在企业管理中的积极作用，企业应按照一定的要求正确编制各种成本报表。

（1）数字准确。它是指报表中的各项数据必须真实可靠，不能任意估计，更不允许弄虚作假、篡改数字。因此，企业在编制报表前，应将所有的经济业务登记入账，并核对各种账簿之间的记录，做到账账相符；清查财产、物资，做到账实相符。然后，再依据有关账簿的记录编制报表。报表编制完毕后，还应检查各个报表中相关指标的数字是否一致。

（2）内容完整。它是指主要报表种类应齐全，应填列的报表指标和文字说明必须全面，表内项目和表外补充资料，不论根据账簿资料直接填列，还是分析计算填列，都应当完整无缺，不得任意取舍。注意保持各成本报表计算口径一致，计算方法如有变动，应在附注中说明。对定期报送的主要成本报表，还应有分析、说明生产成本和费用升降情况、原因、措施的文字材料。

（3）编报及时。它是指成本报表有些定期编制，有些不定期编制，无论是定期还是不定期编制，都要求及时编制，及时反馈。只有这样，才能及时地对企业成本完成情况进行检查和分析，从中发现问题，及时采取措施加以解决，以充分发挥成本报表的应有作用。要做到这一点，要求企业不仅要做好日常成本核算工作，还要注意整理、收集有关的历史成本资料、同行业成本资料、统计资料以及成本计划资料、费用预算资料等。

10.2.2 商品产品成本报表的编制

商品产品成本报表是反映企业在报告期内生产的全部商品产品（包括可比产品和不可比产品）的总成本以及各种主要商品产品的单位成本和总成本的报表。

根据商品产品成本报表提供的资料，可以考核全部商品产品和主要商品产品成本计划的执行结果，分析各种可比产品成本降低任务的完成情况。

1. 商品产品成本报表的内容和格式

商品产品成本报表分为基本部分和补充资料两部分内容。基本部分中将全部商品产品分为可比产品和不可比产品，并分别列示各种产品的单位成本、本月总成本、本月累计总成本；补充资料部分主要列示可比产品成本降低额和可比产品成本降低率两项指标。

（1）可比产品是指以前年度正式生产过，具有较完整的成本资料的产品。本表中对可比产品的单位成本、本月总成本和本年累计总成本的报告，分别列出上年实际数、本年计划数、本月实际数和本年累计实际平均数等具体指标，以便于分析可比产品成本降低任务的完成情况。

（2）不可比产品是指以前年度没有正式生产过，因而也没有完整的成本资料的产品。对于去年试制成功，今年正式投产的产品，就可作为不可比产品。本表中对于不可比产品的单位成本、本月总成本和本年累计总成本的报表以及全部商品产品总成本的报告，只列示本年计划数、本月实际数和本年累计实际平均数，以利于分析不可比产品、全部商品产品的成本计划执行情况。

商品产品成本报表的格式如表 10-1 所示。

表 10-1　商品产品成本报表

编制单位：　　　　　　　　　　　　　××××年××月　　　　　　　　　　　　　单位：元

产品名称	计量单位	实际产量		单位成本				本月总成本			本年累计总成本		本年实际
		本月	本年累计	上年实际平均	本年计划	本年实际	本年累计实际平均	按上年实际平均单位成本计算	按本年计划单位成本计算	本月实际	按上年实际平均单位成本计算	按本年计划单位成本计算	
		(1)	(2)	(3)	(4)	(5)=(9)/(1)	(6)=(12)/(2)	(7)=(1)×(3)	(8)=(1)×(4)	(9)	(10)=(2)×(3)	(11)=(2)×(4)	(12)
可比产品合计	台	—	—	—	—	—	—	38 300	32 200	35 300	421 300	354 200	370 700
其中：丙	台	100	1 100	183	162	173	167	18 300	16 200	17 300	201 300	178 200	183 700
乙		200	2 200	100	80	90	90	20 000	16 000	18 000	220 000	176 000	187 000
不可比产品合计		—	—	—	—	—	—	—	32 400	31 800	—	378 000	374 500
其中：甲		300	3 500	—	108	106	107	—	32 400	31 800	—	378 000	374 500
全部商品产品制造成本		—	—	—	—	—	—	—	64 600	67 100	—	732 200	745 200

补充资料（本年累计实际数）
1. 可比产品成本降低额为 50 600 元
2. 可比产品成本降低率 12%

2. 商品产品成本报表的编制方法

　　商品产品成本报表的编制依据主要是有关产品的"产品成本明细账"、年度成本计划、上年度本表有关项目等。各项目的填列方法具体说明如下。
　　（1）"产品名称"项目：应填列主要的"可比产品"与"不可比产品"的名称。
　　（2）"实际产量"项目：根据"产品成本明细账"的记录计算填列。
　　（3）"单位成本"各项目的填列如下。
　　①"上年实际平均单位成本"项目：根据上年度本表所列各种可比产品的全年累计实际平均单位成本填列。
　　②"本年计划单位成本"项目：根据年度成本计划的有关资料填列。
　　③"本月实际单位成本"项目：根据有关产品成本明细账中的资料，按下述公式计算填列。

$$某产品本月实际单位成本 = \frac{该产品本月实际总成本}{该产品本月实际产量}$$

　　④"本年累计实际平均单位成本"项目：根据有关成本明细账资料计算填列，按下述公式计算填列。

$$某产品本年累计实际平均单位成本 = \frac{该产品本年累计实际总成本}{该产品本年累计实际产量}$$

(4)"本月总成本"各项目的填列如下。

①"按上年实际平均单位成本计算"项目:本月实际产量与上年实际平均单位成本的乘积。

②"按本年计划单位成本计算"项目:本月实际产量与本年计划单位成本的乘积。

③"本月实际"项目:根据本月有关产品成本明细账的记录填列。

(5)"本年累计总成本"各项目的填列如下。

①"按上年实际平均单位成本计算"项目:本年累计实际产量与上年实际平均单位成本的乘积。

②"按本年计划单位成本计算"项目:本月累计实际产量与本年计划单位成本的乘积。

③"本年实际"项目:根据本月有关产品成本明细账的记录填列。

商品产品成本表补充资料部分有关项目的计算公式如下:

$$\text{可比产品成本降低额} = \text{可比产品按上年实际平均单位成本计算的本年累计总成本} - \text{可比产品本年实际累计总成本合计}$$

$$\text{可比产品成本降低率} = \frac{\text{可比产品成本降低额}}{\text{可比产品按上年实际平均单位成本计算的本年累计总成本合计}} \times 100\%$$

上述计算结果若为负数,表示可比产品成本的超支额和超支率。

可比产品成本降低率的"本年计划数",根据年度成本计划填列。

10.2.3 主要产品单位成本报表的编制

主要产品单位成本报表是指反映企业在报告期内生产的各种主要产品单位成本的构成情况和各种主要技术经济指标执行情况的报表,是对商品产品成本表中有关产品单位成本做进一步说明的报表。

根据主要产品单位成本报表,可以考核各种主要产品单位成本计划的执行情况;分析各成本项目和消耗定额的变化及其原因,分析成本构成的变化趋势;利用主要产品单位成本报表,还有助于生产同种产品的不同企业之间进行成本对比。

1. 主要产品单位成本报表的内容和格式

主要产品单位成本报表的主要内容由单位成本指标和主要技术经济指标等构成。单位成本指标是按成本项目列示历史先进水平、上年实际平均、本年计划、本月实际和本年累计实际平均的单位成本。主要技术经济指标应根据企业实际情况列示主要材料、动力、工时等的历史先进水平、上年实际平均、本年计划、本月实际和本年累计实际平均等的单位用量。

主要产品单位成本报表的格式如表 10-2 所示。

表 10-2 主要产品成本报表

编制单位：　　　　　　　　　　××××年××月　　　　　　　　　　单位：元

产品名称		丙产品	本月计划产量		150
规格		—	本月实际产量		130
计量单位		台	本年累计计划产量		1 100
销售单价			本年累计实际产量		1 000

成本项目	行次	历史先进水平××××年 (1)	上年实际平均 (2)	本年计划 (3)	本月实际 (4)	本年累计实际平均 (5)
直接材料	1	78	95	90	92	91
直接人工	2	44	50	40	45	43
制造费用	3	31	38	32	36	33
合计	4	153	183	162	173	167
主要技术经济指标	5	用量	用量	用量	用量	用量
普通钢材	6	56	66	60	64	61
工时	7	9	11	11	12	11.5

2. 主要产品成本报表的编制方法

主要产品单位成本报表的编制依据主要是有关产品的"产品成本明细账"资料、成本计划、历年有关成本资料、上年度本表有关资料及产品产量、材料和工时的消耗量等资料。主要产品单位成本表应按主要产品分别编制。表内各项目的填列方法说明如下。

（1）"本月计划产量"和"本年累计计划产量"项目：分别根据本月和本年产品产量计划填列。

（2）"本月实际产量"和"本年累计实际产量"项目：根据统计提供的产品产量资料或产品入库单填列。

（3）"成本项目"各项目：应按具体规定填列。

（4）"主要技术经济指标"项目：反映主要产品每一单位产品产量所消耗的主要原材料、动力、工时等的数量。

（5）"历史先进水平"栏各项目：反映本企业历史上该种产品成本最低年度的实际平均单位成本和实际单位用量，根据有关年份成本资料填列。

（6）"上年实际平均"栏各项目：反映上年实际平均单位成本和单位用量，根据上年度本表的"本年累计实际平均"单位成本和单位用量的资料填列。

（7）"本年计划"栏各项目：反映本年计划单位成本和单位用量，根据年度计划资料填列。

（8）"本月实际"栏各项目：反映本月实际单位成本和单位用量，根据本月产量成本明细账等有关资料填列。

（9）"本年累计实际平均"栏各项目：反映本年年初至本月月末止该种产品的平均实际单位成本和单位用量，根据年初至本月月末止的已完工产品成本明细账等有关资料，采用加权平均计算后填列，有关计算公式如下：

$$某产品的实际平均单位成本 = \frac{该产品累计总成本}{该产品累计产量}$$

$$某产品的实际平均单位用量 = \frac{该产品累计总用量}{该产品累计产量}$$

对主要单位成本报表中的不可比产品，不填列"历史先进水平"、"上年实际平均"的单位成本和单位用量。本表中按成本项目反映的"上年实际平均"、"本年计划"、"本年累计实际平均"的单位成本合计，应与商品产品表中的该产品各单位成本金额分别相等。

10.2.4 制造费用明细报表的编制

制造费用明细报表是反映企业在报告期内发生的各种制造费用情况的报表。

根据制造费用明细表，可以了解报告期内制造费用的实际支出水平；可以分析考核制造费用计划的执行情况；可以评价制造费用的变化趋势，以便采取有效措施，加强对制造费用的控制和管理，从而降低产品生产成本。

1. 制造费用明细报表的内容和格式

制造费用明细报表的内容是根据制造费用项目内容，由各项目制造费用的"本年计划数"、"上年实际数"和"本年实际数"等资料组成。这样，可以将制造费用本年实际数分别与本年计划数和上年同期数进行对比，以便进行分析评价。制造费用的明细报表的格式如表10-3所示。

表10-3 制造费用明细报表

编制单位： ××××年 单位：元

项目	行次	本年计划数	上年实际数	本年实际数
工资	1	5 500	7 500	7 100
职工福利费	2	340	620	564
折旧费	3	3 000	2 900	2 900
修理费	4	6 500	3 500	6 700
租赁费	5	700	—	700
机物料消耗	6	13 500	13 500	15 100
低值易耗品	7	1 100	1 260	1 280
水电费	8	15 000	21 500	15 500
办公费	9	11 100	12 300	13 260
差旅费	10	2 500	3 100	3 900
运输费	11	5 500	5 500	5 700
保险费	12	2 300	2 100	2 500
劳动保护费	13	900	900	1 020
其他	14	500	700	300
合计	15	68 440	75 380	76 524

2. 制造费用明细报表的编制方法

(1)"本年计划数"栏各项目数字:根据本年制造费用预算填列。

(2)"上年实际数"栏各项目数字:根据上年度本表的"本年实际数"栏相应的数字填列。如果表内所列费用项目与上年度的费用项目在名称和内容上不一致的,应对上年度的各项数字按本年度表内项目的规定进行调整。

(3)"本年实际数"栏各项目数字:根据本年"制造费用明细账"中各费用项目累计数填列。

10.2.5 期间费用报表的编制

期间费用报表具体包括管理费用明细报表、财务费用明细报表和销售费用明细报表。它是反映企业在报告期内发生的各种期间费用情况的报表。

根据期间费用报表所提供的资料,可以了解报告期内企业管理费用、财务费用和销售费用的实际支出水平,据以考核各种期间费用计划(或预算)的执行情况,分析评价各种期间费用的构成情况和变化趋势,以便加强期间费用的控制和管理。

1. 期间费用报表的结构和内容和格式

期间费用报表的内容同制造费用明细报表基本相同。各种期间费用明细报表分别按规定的费用项目列示各种费用的"本年计划数"、"上年实际数"和"本年实际数"。管理费用明细报表、财务费用明细报表和销售费用明细报表的格式如表10-4、表10-5 和表10-6 所示。

表10-4 管理费用明细表

编制单位: ××××年 单位:元

项 目	行次	本年计划数	上年实际数	本年实际数
工资	1	39 500	42 500	40 000
职工福利费	2	5 100	5 520	5 270
差旅费	3	29 500	34 500	26 500
办公费	4	34 500	44 500	33 500
折旧费	5	2 500	2 500	2 500
修理费	6	1 500	1 250	1 550
机物料消耗	7	4 500	3 500	4 250
低值易耗品摊销	8	4 000	4 250	4 100
工会经费	9	2 000	360	310
职工教育经费	10	1 375	145	108
劳动保险费	11	1 800	700	550
待业保险费	12	—	—	—
董事会费	13	3 500	4 000	3 650

（续表）

项目	行次	本年计划数	上年实际数	本年实际数
咨询费	14	2 000	2 500	1 550
审计费	15	4 500	8 500	6 500
诉讼费	16	3 625	9 500	4 500
排污费	17	—	—	—
绿化费	18	4 500	6 500	7 850
税金	19	34 500	35 500	34 000
土地使用费	20	2 500	2 500	2 500
技术转让费	21	86 500	89 500	72 000
技术开发费	22	73 500	—	65 000
无形资产摊销	23	5 500	5 000	5 500
开办费摊销	24	—	—	—
业务招待费	25	19 500	21 500	17 000
坏账损失	26	1 000	500	1 500
存货盘亏、毁损	27	1 500	400	1 050
其他	28	9 500	16 500	8 000
合计	29	378 400	342 125	349 138

表 10-5 财务费用明细表

编制单位：　　　　　　　　××××年　　　　　　　　单位：元

项目	行次	本年计划数	上年实际数	本年实际数
利息支出（减利息收入）	1	109 500	99 500	119 500
汇兑损失（减汇兑收益）	2	—	—	—
金融机构手续费	3	14 500	4 500	17 000
其他	4	—	—	—
合计	5	124 000	104 000	136 500

表 10-6 销售费用明细表

编制单位：　　　　　　　　××××年　　　　　　　　单位：元

项目	行次	本年计划数	上年实际数	本年实际数
工资	1	1 000	1 400	1 050
职工福利费	2	210	196	217
差旅费	3	1 500	2 000	1 800
办公费	4	2 500	2 900	2 350
折旧费	5	300	300	300
修理费	6	100	100	60
机物料消耗	7	400	400	345
低值易耗品摊销	8	50	50	55
运输费	9	8 000	6 500	8 500
装卸费	10	1 750	1 000	1 900
包装费	11	10 000	8 500	9 000

（续表）

项　　目	行次	本年计划数	上年实际数	本年实际数
保险费	12	22 000	19 500	22 000
委托代销手续费	13	1 500	1 000	1 650
广告费	14	49 500	24 500	49 500
展览费	15	2 500	—	3 000
租赁费	16	—	—	—
销售服务费	17	4 000	1 000	3 000
其他	18	14 500	19 500	12 500
合计	19	119 810	88 346	117 227

2. 期间费用报表的编制方法

管理费用明细报表、财务费用明细报表和销售费用明细报表各项目的填列方法说明如下。

(1) "本年计划数"栏各项目数字：根据本年度各项费用预算填列。

(2) "上年实际数"栏各项目数字：根据上年度本表的"本年实际数"栏相应的数字填列。如果表内所列费用项目与上年度的费用项目在名称和内容上不一致的，应对上年度的各项数字按本年度表内项目的规定进行调整。

(3) "本年实际数"栏各项目数字：根据本年度"管理费用明细账"、"财务费用明细账"和"销售费用明细账"中各费用项目的累计数填列。

10.2.6　其他报表的编制

企业除了要按期编制商品产品成本报表、主要产品单位成本报表、制造费用明细报表和各种期间费用明细报表之外，根据成本管理对成本会计的具体要求，还要编报一些其他成本报表，以服务于企业内部成本控制的需要。

其他成本报表根据各企业具体需要编报，具有形式灵活、内容注重针对性、时间强调及时性、编报主体多样性等特点。在不同企业反映相同内容的其他成本报表，可能具有不同的表格设计。现仅介绍几种常用的其他成本报表的编制格式。

(1) 人工成本考核报表。它主要用来考核人工成本水平，采用的报表形式可以由班组或车间逐级编报，可以报告工时完成情况，也可以报告计件工作量完成情况等。人工成本考核报表的编制格式如表10-7所示。

表10-7　人工成本考核报表

××××年××月

职工姓名	实际人工成本			定额人工成本			差异		
	实际工时	实际小时工资	实际人工成本	定额工时	定额小时工资	定额人工成本	工时差异	工资率差异	人工成本差异

（2）生产损失报表。为了分析各项生产损失的金额及其产生原因，有时需要有关车间、部门编报"生产损失报表"。该表可以根据"停工损失"、"废品损失"等账户记录或其他原始凭证编制，其编制格式如表 10-8 所示。

表 10-8 生产损失报表

××××年××月

项目	原因	数量	工时	修复费用				报废净损失					备注
				材料	人工	制造费用	小计	生产成本				回收残料	净损失	
								料费	工费	制造费	小计			
废品损失	可修复													
	不可修复													
	合计													
停工损失		工资福利费		办公费		折旧费		水电费		其他		合计		

10.3 成本分析

10.3.1 成本分析概述

1. 成本分析的概念

成本分析是指根据成本核算资料和成本计划资料及其他有关资料，运用一系列专门方法，对成本水平及其构成情况进行分析和评价，揭示企业费用预算和成本计划的完成情况，认识和掌握降低成本费用的规律，查明影响成本升降的各因素及其变动的原因，挖掘降低成本的潜力，提高企业成本效益的一种管理活动。成本分析是成本核算工作的继续，它贯穿于成本管理工作全过程，包括事前分析、事中分析和事后分析。在实际工作中，经常使用的是成本报表的分析。

2. 成本分析的任务

成本分析是企业成本管理的重要组成部分，其任务主要有以下几个方面。

（1）揭示成本差异原因，掌握成本变动规律。成本是一个综合性比较强的指标，在计划执行过程中会受到多方面因素的影响，有技术因素和经济因素、宏观因素和微观因素、人的因素和物的因素、客观因素和主观因素等。企业必须进行有效的成本分析，应用科学的手段与方法，从指标、数据入手，找出差距，揭露矛盾，查明和测定各种积极因素和消极因素及其对经济指标的影响程度，并分清主观原因和客观原因，从而逐步认识和掌握成本变动的特性和规律，以便采取相应措施，促进成本计划的实现，不断提高企业经营管理水平。

（2）合理评价成本计划完成情况，正确考核成本责任单位的工作业绩。成本分析应在成本核算的基础上，通过系统、全面地分析成本计划完成或没有完成的原因，对成本计划本身及其执行情况进行合理的评价，总结本期实施成本计划的经验教训，以便今后更好地完成计划任务，并为下期成本计划的编制提供重要依据。同时，通过分析还要有根据地评价成本责任单位的成绩或不足，并分析相应的原因。这样，可以正确考核成本责任单位工作业绩，为落实奖惩制度提供可靠依据，从而调动各责任单位和职工提高成本效益的积极性和主动性。

（3）挖掘降低成本的潜力，不断提高企业经济效益。成本分析的任务是为了挖掘降低成本的潜力，寻找降低成本的途径和方法，促使企业以较少的劳动消耗生产出更多更好的使用价值，实现更快的价值增值。因此，成本分析的核心就是围绕着提高经济效益不断挖掘降低成本的潜力，积极推广先进经验，充分认识未被利用的劳动和物资消耗，寻找利用不完善的部分和原因，发现进一步提高利用效率的可能性，以便从各方面揭露先进和落后之间的矛盾，找出差距，扬长避短，制订措施，使企业经济效益不断提高。

3. 成本分析的原则

（1）全面分析和重点分析相结合。
（2）经济分析与技术分析相结合。
（3）成本分析与责任分析相结合。
（4）专业分析与群众分析相结合。
（5）数据资料分析与调查研究相结合。
（6）事后分析与事前、事中分析相结合。

10.3.2 成本分析的方法

成本分析的方法多种多样，具体选用哪种方法，取决于企业成本分析的目的、费用和成本形成的特点、成本分析所依据的资料等。常用的方法有比较分析法、比率分析法和因素分析法等。

1. 比较分析法

比较分析法是指通过对不同时间或不同情况下的成本指标数据的对比，揭示客观存在的差异，分析产生差异的原因，以便研究解决问题的途径和方法，提高成本管理的水平的一种方法。在成本分析中运用比较分析法主要有以下几种比较方式。

（1）分析期实际数据与计划数据相比较。它是基本的比较方法。这种方法可以找出分析期实际成本或费用，与计划成本或费用的差异，检查分析成本计划的完成情况，可为进一步分析指明方向。

（2）分析期实际数据与前期实际数据相比较。将分析期实际成本、费用与前期（上月、上季、上年、上年同期等）实际成本费用进行比较，可以反映成本费用变动的趋势。在有关成本、费用的计划资料不全或质量不高时，这种比较尤为重要。在成本分析中，分析期实际数据除了与上月、上季、上年、上年同期等实际成本、费用进行比较以外，还应当与本企业历史先进水平的成本、费用指标比较。历史先进水平年份的成本或费用资料，也是一种前期实际数据。

（3）分析期实际数据与本行业实际平均数据和本行业先进企业实际数据相比较。将分析期实际数据与计划数据和前期实际数据进行对比，可以考察企业成本、费用计划的完成程度和成本、费用水平的变动趋势，找出成本管理工作中的成绩和问题。但是，这种企业内部的纵向比较还不能充分说明企业成本各类工作的成绩和成本、费用的水平，只有将企业实际数据与行业实际平均数据和同行业先进企业的实际数据进行横向对比，才能找出本企业的差距，才能确定企业成本管理水平在同行业同类企业中的位置。因为企业对于成本数据通常是保密的，所以成本数据在企业之间的这种横向比较，只有在行业内部各企业之间达成了某种协议，同行业同类企业之间有成本数据交换的情况下才有可能。至于企业内部各部门之间的成本数据，则应当是公开的，这种企业内部之间的横向比较也应当是经常进行的。

2. 比率分析法

比率分析法是指通过计算和对比经济指标的比率，进行数量分析的一种方法。在成本分析中，常用的比率分析法有相关比率分析法、构成比率分析法和趋势比率分析法等。

（1）相关比率分析法。它是指将两个性质不同但又相关的指标进行对比求出比率进行分析，以便从经济活动的客观联系中，更深入地认识企业的生产经营状况，如成本利润率、产值成本率、销售成本率等。这些指标的计算公式如下：

$$成本利润率 = 产品销售利润 \div 产品成本 \times 100\%$$

$$产值成本率 = 产品成本 \div 产品产值 \times 100\%$$

$$销售成本率 = 产品成本 \div 产品销售收入 \times 100\%$$

（2）构成比率分析法。构成比率亦称结构比率，是指局部在总体中的比重，或是部分与全部的比率。

（3）趋势比率分析法。它是指将不同时期同类指标的数值进行对比，用以反映分析对象的增减速度和发展趋势，从中发现企业在生产经营方面的成绩或不足。

3. 因素分析法

因素分析法是指根据分析指标与其影响因素之间的数量关系，按照一定的程序和方法，从数值上确定各因素对分析指标差异影响程度的一种技术分析方法。在几个相互联系的因素共同影响着某一指标的情况下，可通过因素分析法测算各因素对经济指标变动的影响程度。其具体方法主要有连环替代法和差额计算法。

(1) 连环替代法。这种方法是因素分析法的基本形式,其计算程序如下。

① 根据影响某项经济指标完成情况的因素,按其依存关系将经济指标分解为基数(计划数或上期数等)和实际数两个指标体系。

② 以基数指标体系为计算的基础,用实际指标体系中每项因素的实际数逐步顺序地替换其基数;每次替换后,实际数就被保留下来,有几个因素就替换几次;每次替换后计算出由于该因素变动所得的新结果。

③ 将每次替换所算出的结果,与这一因素被替换前的结果进行比较,两者的差额,就是这一因素变化对经济指标差异的影响程度。

④ 将各个因素的影响数值相加,其代数和应同该经济指标的实际数与基数之间的总差异数相符。

假设某一经济指标 N 是由相互联系的 A、B、C 三个因素组成,计划指标、实际指标和实际脱离计划的差异数的公式如下。

计划指标:$N_0 = A_0 \times B_0 \times C_0$

实际指标:$N_1 = A_1 \times B_1 \times C_1$

差异数:$D = N_1 - N_0$

根据连环替代分析法,测定各个因素的变动对指标 N 的影响程度时计算顺序如下。

计划指标:$N_0 = A_0 \times B_0 \times C_0$ (1)

第一次替代:$N_2 = A_1 \times B_0 \times C_0$ (2)

第二次替代:$N_3 = A_1 \times B_1 \times C_0$ (3)

第三次替代:$N_1 = A_1 \times B_1 \times C_1$ (4)

据此测定的结果如下。

A 因素变动的影响 =(2)-(1)= $N_2 - N_0$

B 因素变动的影响 =(3)-(2)= $N_3 - N_2$

C 因素变动的影响 =(4)-(3)= $N_1 - N_3$

综合各因素变动的影响程度:

$(N_2 - N_0) + (N_3 - N_2) + (N_1 - N_3) = N_1 - N_0 = D$

【例 10-1】顺昌企业原材料费用相关资料如表 10-9 所示。材料费用的实际数和计划数存在差异,运用连环替代法,分析各因素变化对其差异的影响程度。

表 10-9 材料费用分析资料表

项 目	计 划 数	实 际 数
产品产量(件)	105	125
单位产品材料消耗量(千克)	5	3
材料单价(元)	4	6
材料费用总额(元)	2 100	2 250

根据表中资料，材料费用的实际数超过计划数150元，形成差异的因素有产品产量、单位产品材料消耗量、材料单价，各因素变化对差异的影响程度计算如下：

计划指标＝105×5×4＝2 100（元） (1)
第一次替代＝125×5×4＝2 500（元） (2)
第二次替代＝125×3×4＝1 500（元） (3)
第三次替代＝125×3×6＝2 250（元） (4)

据此测定的结果：
产量增加产生的影响＝（2）－（1）＝2 500－2 100＝400（元）
材料单耗降低产生的影响＝（3）－（2）＝1 500－2 500＝－1 000（元）
材料价格上升产生的影响＝（4）－（3）＝2 250－1 500＝750（元）

（2）差额计算法。差额计算法是连环替代法的一种简化形式，是利用各个因素的实际数与基数之间的差额，直接计算各个因素变化对经济指标差异的影响程度。应用该方法与应用连环替代法的要求相同，只是计算程序简化一些。因此，在实际工作中应用比较广泛。其计算程序如下。

① 确定各因素的实际数与基数的差额。
② 用各因素的差额，乘以计算公式中该因素前面的各因素的实际数，以及列在该因素后面的其余因素的基数，就可求得各因素的影响值。
③ 将各个因素的影响值相加，其代数和应同该项经济指标的实际数与基数的差相符。

【例10-2】 根据表10-13的资料，运用差额分析法，分析各因素变化对其差异的影响程度。

各因素变化对差异的影响程度计算如下：
产量增加产生的影响＝（125－105）×5×4＝400（元）
材料单耗降低产生的影响＝125×（3－5）×4＝－1 000（元）
材料价格上升产生的影响＝125×3×（6－4）＝750（元）

10.3.3 产品成本报表分析

产品成本报表分析主要包括全部产品成本计划完成情况分析、可比产品成本降低情况分析、产品单位成本分析等。

1. 全部产品成本计划完成情况分析

企业的全部产品包括可比产品和不可比产品。因为包括不可比产品，企业就不可能有全部产品的上年实际成本资料。所以，对全部产品的成本分析，主要是分析成本计划的完成情况，确定本期全部产品的实际成本与计划成本相比较的差异额和差异率，并分析原因，以了解企业完成成本计划的一般情况，为进一步分析指明方向。对全部产品成本计划情况分析，可按成本项目、产品品种分别进行。

（1）按成本项目进行成本计划完成情况的分析。这种分析方法是将全部产品总成本按成本项目逐一汇总，并与按实际产量调整后的计划总成本对比，确定每个成本项目的降低额和降低率，分析总成本变动的原因。

【例 10-3】 顺昌企业按成本项目反映的产品成本表，以及有关成本核算资料按成本项目进行全部产品成本分析计算如表 10-10 所示。

表 10-10 产品成本分析表（按成本项目）

编制单位：顺昌企业　　　　　　　　××××年××月　　　　　　　　单位：元

成本项目	本年实际产量总成本		实际比计划的差异		各项差异对总成本影响的百分比（%）
	计划总成本	实际总成本	升降额	升降率（%）	
	（1）	（2）	（3）=（2）-（1）	（4）=（3）/（1）	（5）=（3）/∑（1）
直接材料	144 000	154 000	+10 000	+6.94	+2.97
直接人工	109 000	104 000	-5 000	-4.59	-1.48
制造费用	84 000	83 000	-1 000	-1.19	-0.30
产品总成本	337 000	341 000	+4 000	+1.16	+1.16

以上分析表明：顺昌企业全部产品的实际制造成本超支为 1.16%，主要是由于直接材料超支 10 000 元，比计划增加 6.94%造成的，而直接人工和制造费用则比计划成本有所降低，形成成本的有利差异。对直接材料的超支，企业应做进一步的分析，了解变动因素是由主观因素还是客观因素所致，并采取相应的措施。

（2）按产品品种进行成本计划完成情况分析。这种分析方法所依据的资料是全部产品成本表和按产品品种编制的全部产品成本计划。通过编制产品成本分析表，计算确定可比产品、不可比产品和全部产品成本的降低额和降低率。其计算公式如下：

$$成本降低额 = 实际总成本 - 计划成本$$
$$= \sum[实际产量 \times (实际单位成本 - 计划单位成本)]$$

$$成本降低率 = \frac{成本降低额}{\sum(实际产量 \times 计划单位成本)} \times 100\%$$

计算结果表明，负数表示成本节约，正数表示成本增加。

【例 10-4】 顺昌企业生产 01#、02#、03#三种产品，其中 01#、02#为可比产品，03#为不可比产品，2007 年 12 月产品成本表以及对全部产品成本的分析计算，如表 10-11 所示。

表 10-11 产品成本分析表（按产品品种）

编制单位：顺昌企业　　　　　　　　2007 年 12 月　　　　　　　　　　　　单位：元

产品名称	实际产量		实际比计划的差异		各产品的成本差异对总成本影响的百分比（%）
	计划总成本	实际总成本	升降额	升降率（%）	
	（1）	（2）	（3）＝（2）－（1）	（4）＝（3）/（1）	（5）＝（3）/∑（1）
可比产品合计	234 500	233 817	－683	－0.38	－0.21
其中：01#	115 000	120 850	＋5 850	＋5.09	＋1.78
02#	119 500	112 967	－6 533	－5.47	－1.99
不可比产品合计	94 500	99 050	＋4 550	＋4.81	＋1.38
03#	94 500	99 050	＋4 550	＋4.81	＋1.38
全部产品	329 000	332 867	＋3 867	＋1.18	＋1.18

以上分析表明：顺昌企业全部产品成本计划尚未完成，但从产品品种上看，成本计划完成情况不平衡。其中，可比产品中 01# 产品实际成本比计划增加了 5 850 元，成本超支率为 5.09%；02# 产品实际成本比计划降低了 6 533 元，成本降低率为 5.47%。01# 和 02# 产品构成了可比产品成本降低额 683 元，成本降低率为 0.38%。而 03# 不可比产品实际成本比计划增加了 4 550 元，成本超支率为 4.81%。

企业需要进一步对超支较高的 01# 和 03# 产品进行分析，究其原因，可能是成本计划制定的不合实际；或是实际生产过程遇到特殊情况；或是人为因素将属于可比产品的成本费用挤进不可比产品成本，以达到完成可比产品成本降低任务的目的。

2. 可比产品成本降低情况分析

企业在正确划分可比产品和不可比产品的基础上，还需要进一步分析可比产品成本降低计划的完成情况。

（1）可比产品成本降低计划完成情况分析

对可比产品成本降低计划完成情况的分析主要涉及可比产品成本降低额和降低率、实际成本的降低额和降低率。通过计算，评定企业可比产品成本降低任务的完成情况，确定各因素的影响程度。其计算公式如下：

$$\text{可比产品成本计划降低额} = \sum \left[\text{计划产量} \times （\text{上年实际单位成本} - \text{本年计划单位成本}） \right]$$

$$\text{可比产品成本降低率} = \frac{\text{可比产品成本计划降低额}}{\sum （\text{计划产量} \times \text{上年实际单位成本}）} \times 100\%$$

$$\text{可比产品成本实际降低额} = \sum \left[\text{实际产量} \times （\text{上年实际单位成本} - \text{本年实际单位成本}） \right]$$

$$\text{可比产品成本实际降低率} = \frac{\text{可比产品成本实际降低额}}{\sum(\text{实际产量} \times \text{上年实际单位成本})} \times 100\%$$

【例 10-5】 顺昌企业生产 01#、02# 两种产品，有关成本资料如表 10-12 和表 10-13 所示。

表 10-12 可比产品计划成本资料

编制单位：顺昌企业　　　　　　　××××年××月　　　　　　　单位：元

可比产品名称	计划产量（台）	单位成本		总成本		成本计划降低指标	
		上年实际	本年计划	按上年实际单位成本计算	按本年计划单位成本计算	降低额	降低率（%）
01#	2100	30	28	63 000	58 800	4 200	6.67
02#	2600	20	19	52 000	49 400	2 600	5.00
合计	—	—	—	115 000	108 200	6 800	5.91

表 10-13 可比产品实际成本资料

编制单位：顺昌企业　　　　　　　××××年××月　　　　　　　单位：元

可比产品名称	实际产量（台）	单位成本		总成本		成本实际降低指标	
		上年实际	本年实际	按上年实际单位成本计算	按本年实际单位成本计算	降低额	降低率（%）
01#	2300	30	31	69 000	71 300	−2 300	−3.33
02#	2800	20	16	56 000	44 800	11 200	2
合计	—	—	—	125 000	116 100	8 900	7.12

以上分析表明：顺昌企业可比产品的生产成本计划降低额为 6 800 元，实际降低额为 8 900 元，成本计划降低率为 5.91%，成本实际降低率为 7.12%，成本降低额与成本降低率两项指标都超额完成了任务。但是，各产品情况还不平衡，01# 产品没有完成降低成本要求，其中的原因需作进一步的分析。

（2）可比产品成本降低计划完成情况因素分析

影响可比产品成本的因素主要有 3 种，即产量因素、品种结构因素和单位成本因素。通过对这 3 种因素逐一替换计算，能够解剖分析可比产品成本降低的原因。

① 产量变动因素的影响。成本计划降低额是根据各种产品的计划量制定的。实际产量发生变动，必然会影响到产品成本降低额。当产品的品种结构和单位成本不变时，单纯的产量变动只影响产品成本的降低额，而不影响产品成本的降低率。其计算公式如下：

$$\begin{matrix}\text{产量变动对成本}\\ \text{降低额的影响}\end{matrix} = \sum[(\text{实际产量}-\text{计划产量})\times\text{上年实际单位成本}]\times\text{计划成本降低率}$$

【例 10-6】 资料同例 10-5，01#和 02#产品因产量变动对成本降低额的影响数额为：

$$[(2\,300-2\,100)\times 30+(2\,800-2\,600)\times 20]\times 5.91\%=591（元）$$

② 产品品种结构变动因素的影响。全部可比产品成本降低率实质上是在各种产品的个别成本降低率的基础上计算出来的。由于各种产品的成本降低程度的不同，当产品品种结构发生变化时，成本降低额、成本降低率也会随之发生变化。一般情况下，产品成本降低率高的产品在全部可比产品产量中所占的比例比计划提高，就会影响到全部可比产品成本降低率的提高，成本降低额也会随之增加；反之，产品成本降低率、降低额就会降低和减少。其计算公式如下：

$$\begin{matrix}\text{产品品种结构变动对}\\ \text{成本降低额的影响}\end{matrix} = \sum\left(\begin{matrix}\text{实际}\\ \text{产量}\end{matrix}\times\begin{matrix}\text{上年实际}\\ \text{单位成本}\end{matrix}\right) - \sum\left(\begin{matrix}\text{实际}\\ \text{产量}\end{matrix}\times\begin{matrix}\text{本年计划}\\ \text{单位成本}\end{matrix}\right)$$

$$-\sum\left(\begin{matrix}\text{实际}\\ \text{产量}\end{matrix}\times\begin{matrix}\text{上年实际}\\ \text{单位成本}\end{matrix}\right)\times\begin{matrix}\text{计划成本}\\ \text{降低率}\end{matrix}$$

【例 10-7】 资料同例 10-5，01#和 02#产品因产品品种结构变动对成本降低额的影响数额为：

$$(2\,300\times 30+2\,800\times 20)-(2\,300\times 28+2\,800\times 19)-(2\,300\times 30+2\,800\times 20)\times 5.91\%=12.5（元）$$

01#和 02#产品因产品品种结构变动对成本降低率的影响数额为：

$$12.5\div(2\,300\times 30+2\,800\times 20)\times 100\% = 0.01\%$$

③ 单位成本变动因素的影响。可比产品计划成本降低额和实际成本降低额都以上年成本为计算基础的。因此，可比产品成本降低任务的完成程度，实际上是各种产品单位成本发生变化的结果。产品实际单位成本比计划单位成本升高或降低，都会引起成本的降低额和降低率的变动。其计算公式如下：

$$\begin{matrix}\text{单位成本变动对}\\ \text{成本降低额的影响}\end{matrix} = \sum[\text{实际产量}\times(\text{计划单位成本}-\text{实际单位成本})]$$

$$\text{单位成本变动对成本降低率的影响} = \frac{\text{单位成本变动对成本降低额的影响金额}}{\sum(\text{实际产量}\times\text{上年实际单位成本})}\times 100\%$$

【例 10-8】 资料同例 10-5，01#和 02#产品因单位成本变动对产品成本降低额的影响数额为：

$$2\,300\times(28-31)+2\,800\times(19-16)=1\,500（元）$$

01#和 02#产品因单位成本变动对成本降低率的影响数额为：

$$1\,500\div(2\,300\times 30+2\,800\times 20)\times 100\%=1.2\%$$

3. 产品单位成本分析

一般来说，工业企业生产产品的种类都比较多，如果对全部产品的单位成本都不加选择的进行同样的详细深入的分析，会浪费大量的人力、物力，而且也会使分析缺乏重点。因此，产品单位成本分析应抓住关键，把握重点，着重对一些企业经常生产、在全部产品中所占比重较大、能代表企业生产经营基本面貌的主要产品或成本发生异常变动的产品进行分析。

单位产品成本分析主要是指对主要产品成本的一般分析和产品主要成本项目的分析。

（1）主要产品单位成本的一般分析。它是指将分析对象的各成本项目的实际数与计划数进行对比，确定差异额和差异率以及各成本项目变动对产品单位成本计划的影响程度，查明造成产品单位成本升降的原因。

【例10-9】 顺昌企业的丙产品是该企业的主要产品之一，且本年度成本超支，现按成本项目列示如表10-14所示。

表10-14 产品单位成本计划完成情况分析表

产品：丙产品　　　　　　　　　2007年12月　　　　　　　　　　单位：元

成本项目	单位成本			与上年实际比		与本年计划比	
	上年实际	本年计划	本年实际	成本降低额	成本降低率（%）	成本降低额	成本降低率（%）
直接材料	21	20	19	+2	+9.52	+1	+5
直接人工	16	14	18	−2	−12.5	−4	−28.57
制造费用	7	8	7.5	−0.5	−7.14	+0.5	+6.25
合计	45	42	44.5	−0.5	−1.11	−2.5	−5.95

以上分析表明：丙产品本年实际成本比计划超支了2.5元，主要是直接人工费用超支了4元，影响了单位成本降低任务的完成，因此还应对直接人工费用作进一步的分析。

（2）产品主要成本项目分析。此项分析可对每个成本项目逐一进行分析，也可有选择地对某些成本项目进行重点分析。

① 直接材料项目分析。生产一种产品往往要消耗多种原材料，直接材料项目分析应根据耗用的各种原材料进行，分析单位产品各种材料的消耗量和相应的材料单价两个因素。其计算公式如下：

单位产品直接材料费用 = $\sum$（直接材料消耗量 × 材料单价）

单位产品直接材料差异额 = 单位产品直接材料实际费用 − 单位产品直接材料计划费用

= 单位产品直接材料消耗量变动的影响 + 单位产品直接材料单价变动的影响

$$单位产品直接材料消耗数量变动的影响 = \sum(实际材料单耗 - 计划材料单耗) \times 计划材料单价$$

$$单位产品直接材料单价变动影响 = \sum(实际材料单价 - 计划材料单价) \times 实际材料单耗$$

【例 10-10】 顺昌企业丙产品单位成本直接材料项目有关资料如表 10-15 所示。

表 10-15 丙产品单位成本直接材料资料

编制单位：顺昌企业　　　　　　　××××年××月　　　　　　　　　单位：元

成本项目	计划金额			实际金额		
直接材料	20			19		
主要技术经济指标	计划			实际		
	数量（千克）	单价	金额	数量	单价	金额
A 材料	1	8	8	1	10	10
B 材料	4	3	12	3	3	9

根据表 10-15 中的资料，计算分析丙产品单位成本直接材料项目变动如下。

直接材料差异额＝19－20＝－1（元）

材料消耗量变动影响数额＝（1－1）×8＋（3－4）×3＝－3（元）

材料单价变动影响数额＝（10－8）×1＋（3－3）×3＝2（元）

丙产品单位产品成本中直接材料节约了 1 元，其构成因素为：B 材料耗用量减少，节约了 3 元；A 材料价格提高，超支了 2 元。

在实际工作中，影响材料消耗量变动的因素主要有：材料质量的变化、产品设计的变化、下料和生产工艺方法的改变、材料利用程度的改变、废品数量的变化、生产工人技术水平和操作能力的高低及机器设备性能的好坏。

影响材料单价变动的因素主要有：材料买价的变动、材料运费的变动、运输途中合理损耗的变化、材料整理加工费及检验费的变化等。

② 直接人工项目分析。单位产品直接人工费用的变动，主要受劳动生产率和工资水平两个因素的影响。其计算公式如下：

单位产品直接人工费用 ＝ 单位产品工时消耗量 × 小时工资率

单位产品直接人工差异 ＝ 单位产品直接人工实际费用 － 单位产品直接人工计划费用

　　　　　　　　　　＝ 单位产品人工效率差异 ＋ 小时工资率差异

其中，单位产品工时消耗量的多少体现劳动生产率（人工效率）的高低。劳动生产率越高，单位产品消耗的工时越少，工资费用就能降低；反之，就会超支。影响劳动生产率变动的因素主要有：生产技术工艺、劳动组织、生产工人的熟练程度、材料质量等。小时工资率体现平均工资水平的高低，它取决于生产工人工资总额和生产工时数。生产工人工资水平提高，就会使直接人工增加。

【例 10-11】 顺昌企业丙产品单位成本直接人工项目有关资料如表 10-16 所示。

表 10-16 丙产品单位成本人工项目资料

编制单位：顺昌企业　　　　　　　××××年××月　　　　　　　单位：元

成本项目	计划金额			实际金额		
直接人工	14			18		
主要技术经济指标	计划			实际		
	数量（千克）	单价	金额	数量	单价	金额
人工费用	4	3.5	14	4.5	4	18

根据表 10-16 中的资料，计算分析丙产品单位成本直接人工项目变动如下。

直接人工差异额 = 18 − 14 = 4（元）

人工效率差异 = （4.5 − 4）× 3.5 = 1.75（元）

小时工资率差异 = （4 − 3.5）× 4.5 = 2.25（元）

丙产品单位产品成本直接人工超支了 4 元，其构成因素为：人工效率降低超支了 1.75 元；小时工资率提高超支了 2.25 元。

③ 制造费用项目分析。单位产品制造费用的变动主要受单位产品工时消耗量和每小时制造费用分配率的影响。其计算公式如下。

单位产品制造费用 = 单位产品耗用工时数 × 每小时制造费用分配率

单位产品制造费用差异额 = 单位产品实际制造费用 − 单位产品计划制造费用

或：

单位产品制造费用差异额 = 工时消耗量变动差异 + 小时制造费用分配率变动差异

工时消耗量变动的影响 = （实际单位工时消耗量 − 计划单位工时消耗量）× 计划小时制造费用分配率

小时制造费用分配率变动的影响 = （实际小时制造费用分配率 − 计划小时制造费用分配率）× 实际单位工时消耗量

【例 10-12】 顺昌企业丙产品单位成本制造费用项目有关资料如表 10-17 所示。

表 10-17　丙产品单位成本制造费用资料

编制单位：顺昌企业　　　　　　××××年××月　　　　　　　　　单位：元

成本项目	计划金额			实际金额		
制造费用	8			7		
主要技术经济指标	计划			实际		
	数量（千克）	单价	金额	数量	单价	金额
制造费用	4	2	8	2.8	2.5	7

根据表 10-17 中的资料，计算分析丙产品单位成本制造费用项目变动如下。

制造费用差异额＝7－8＝－1（元）

工时消耗量变动影响数额＝（2.8－4）×2＝－2.4（元）

小时制造费用分配率变动的影响数额＝（2.5－2）×2.8＝1.4（元）

丙产品单位产品成本制造费用节约了 1 元，其构成因素为：工时消耗减少，节约了 2.4 元；小时制造费用分配率增加，超支了 1.4 元。

通过以上分析计算出来的数据，有关部门和管理人员应作进一步的调查和分析，巩固有利差异，加强对不利差异的控制。

复习思考题

一、简答题

1. 什么是成本报表？如何对成本报表进行分类？
2. 成本报表的特点有哪些？
3. 什么是成本分析？
4. 成本分析的原则是什么？
5. 成本分析的方法一般包括哪几种？

二、单项选择题

1. 成本报表属于（　　）。
   A. 对外报表　　　　　　　　　　B. 内部报表
   C. 既是对内报表，又是对外报表　　D. 对内还是对外，由企业决定
2. 下列报表中，不包括在成本报表中的有（　　）。
   A. 商品产品成本表　　　　　　　B. 制造费用明细表

C. 期间费用明细表 D. 资产负债表
3. 成本报表的种类、格式和内容等，由（　　）。
   A. 政府有关部门规定 B. 国家制定的有关会计规章规定
   C. 银行等债权人规定 D. 企业自行决定
4. 可比产品成本降低额与降低率之间的关系是（　　）。
   A. 成反比 B. 成正比
   C. 同方向变动 D. 无直接关系
5. 因素分析法各因素的排列顺序一般是（　　）。
   A. 数量指标在前，质量指标在后的原则
   B. 质量指标在前，数量指标在后的原则
   C. 数量指标在前，也可以在后
   D. 质量指标在前，也可以在后

三、多项选择题

1. 制造企业成本报表一般包括（　　）。
   A. 商品产品成本报表 B. 主要产品单位成本表
   C. 制造费用明细表 D. 各种期间费用明细表
2. 对成本报表进行分析的方法一般有（　　）。
   A. 比较分析法 B. 比率分析法
   C. 因素分析法 D. 趋势分析法
3. 与对外财务会计报告比较，成本报表的特点有（　　）
   A. 为企业内部经营管理的需要而编制
   B. 报表种类和格式、内容的统一性
   C. 报表种类和格式、内容可由企业自行决定
   D. 按照国家统一规定的要求编制
4. 主要产品单位成本报表应当反映该主要产品的（　　）。
   A. 历史先进水平单位成本 B. 上年实际平均单位成本
   C. 本年计划单位成本 D. 本年实际平均单位成本
5. 比较分析法中的比较方式主要有（　　）。
   A. 本期实际数据与本期计划数据比较
   B. 本期实际数据与前期实际数据比较
   C. 本期实际数据与前期计划数据比较
   D. 本期实际数据与本行业实际平均数据或本行业先进企业实际数据比较
6. 在生产多品种情况下，影响可比产品成本降低额变动的因素有（　　）。
   A. 产品产量 B. 产品单位成本

C．产品价格　　　　　　　　　D．产品品种结构
7．影响产品单位成本中直接人工费用变动的因素有（　　）。
A．产品生产工人的数量
B．产品生产工人工资总额
C．产品生产工人劳动生产率（单位产品工时消耗）
D．产品生产工人平均工资（小时工资率）

四、判断题

1．编制成本报表的目的是为了满足企业内部管理的需要。（　　）
2．成本报表的格式、内容、种类都要符合国家和有关部门的统一规定。（　　）
3．制造费用明细表只汇总企业基本生产单位的制造费用，不包括辅助生产单位的制造费用。（　　）
4．在固定成本总额不变的情况下，增加产品产量，可以降低单位产品成本中的固定成本。（　　）
5．企业可以根据本身实际生产情况和成本管理要求，编制各种有利于成本控制和考核的成本报表。（　　）
6．产品产量的变动，会导致成本降低额同比例、同方向增减，而不会影响成本降低率。（　　）
7．不同企业的成本报表可以存在差异。（　　）

五、实训题

1．顺意企业原材料费用相关资料如表10-18所示，材料费用的实际数和计划数存在差异。

要求：运用连环替代法，分析各因素变化对其差异的影响程度。

表10-18　材料费用分析资料表

项　目	计　划　数	实　际　数
产品产量（件）	100	115
单位产品材料消耗量（千克）	5	3
材料单价（元）	4	6
材料费用总额（元）	2 000	2 070

2．根据表10-18的资料，运用差额分析法，分析各因素变化对其差异的影响程度。
3．顺意企业按成本项目反映的产品成本如表10-19所示，依据有关成本核算资料按成本项目进行全部产品成本分析计算。

要求：将计算结果填写在表10-19中，并进行相应的分析。

表10-19 产品成本分析表（按成本项目）

编制单位：顺意企业　　　　　　××××年××月　　　　　　　　　　　　单位：元

成本项目	本年实际产量总成本		实际比计划的差异		各项差异对总成本影响的百分比（%）
	计划总成本	实际总成本	升降额	升降率（%）	
	（1）	（2）	（3）=（2）−（1）	（4）=（3）/（1）	（5）=（3）/∑（1）
直接材料	145 000	155 000			
直接人工	110 000	105 000			
制造费用	85 000	84 000			
产品总成本	340 000	344 000			

4．顺意企业丙产品单位成本有关资料如表10-20所示。

要求：根据表10-20中的资料，对丙产品进行单位成本项目分析。

表10-20 丙产品单位成本资料

编制单位：顺意企业　　　　　　××××年××月　　　　　　　　　　　　单位：元

成本项目	计　划　金　额			实　际　金　额		
直接材料	23			22		
直接人工	16			19		
制造费用	10			9		
合计	49			50		
主要技术经济指标	计　划			实　际		
	数量（千克）	单价	金额	数量	单价	金额
A材料	1	8	8	1	10	10
B材料	5	3	15	4	3	12
人工费用	4	4	16	4.75	4	19
制造费用	4	2.5	10	4.5	2.0	9

第 11 章　其他行业的成本核算

【学习目标】
通过本章学习，了解有关行业成本核算的异同点；掌握商品流通企业商品销售成本的计算方法，特别是库存商品采用售价金额核算法下已销商品进销差价的计算方法；掌握交通运输企业成本计算对象、成本项目构成、成本费用发生的归集方法和应设置的账户。

【本章重点】
商品流通企业、交通运输企业的特点；商品流通企业成本核算。

【本章难点】
商品流通企业库存商品采用售价金额核算法下已销商品进销差价计算。

11.1　商品流通企业的成本核算

11.1.1　商品流通企业概述

商品流通企业即商业企业，是指以从事商品流通为主营业务的企业，是商品流通中交换关系的主体。这些企业主要通过低价购进商品、高价出售商品的方式实现商品进销差价，以进销差价弥补企业的各项费用及税金，从而获得利润，并将生产者生产的商品产品，从生产领域转移到消费领域，最终实现商品的价值。在我国，商品流通企业主要包括商业、粮食、物资供销、供销合作社、对外贸易、医药商业等企业。

商品流通企业通过商品购进、销售、调拨、存储（包括运输）等经营业务组织商品流转。其中，购进和销售业务是完成商品流通企业基本任务的关键性活动，调拨、存储等经营活动都是紧紧围绕着商品购销活动展开的。

按照商品流通企业在社会再生产过程中的作用，商品流通企业可分为批发企业和零售企业两类。批发企业以从事批发业务为主，使商品从生产领域进入流通领域，在流通领域中继续流转或进入生产性消费领域。零售企业以从事零售业务为主，使商品从生产领域或流通领域进入非生产性消费领域。此外，有的商品流通企业既从事批发业务也从事零售业务，称之为批零兼营企业。

与工业企业等其他行业企业的经营活动相比较，商品流通企业的经营活动主要有以下 3 个特点。

(1) 经营活动的主要内容是商品购销活动。
(2) 商品资产在企业全部资产中占有较大比例,是企业资产管理的重点。
(3) 企业资金运动的基本轨道是"货币—商品—货币",主要形式是货币与商品的相互转换。

11.1.2 商品流通企业的成本

商品流通企业的成本主要包括商品成本和其他业务成本。商品成本又分为商品采购成本、商品加工成本、商品销售成本和其他业务成本。

1. 商品采购成本

商品采购成本是因采购商品而发生的有关支出,即采购商品的实际成本。根据我国《企业会计准则第1号——存货》的规定,商品作为存货的重要组成部分,应按成本进行初始计量,其采购成本包括购买价款、相关税费、运输费、装卸费、保险费以及其他可归属于存货采购成本的费用。具体来说,确定商品采购成本的方法,以企业采购商品的来源不同而有所区别。

(1) 国内购进的商品,其采购成本包括进货原价以及购进商品所发生的进货费用。

(2) 企业进口的商品,其采购成本是指进口商品在到达目的港口以前发生的各种支出、进口税金及商品到达我国口岸以后发生的费用。到达目的港口以前发生的各种支出,包括商品进价、进口税金及代理进口费用。其中,进价是指进口商品按对外承付货款日的外汇基准价结算的到岸价;如果进口合同不是到岸价,在商品到达目的港口以前由企业以外汇支付的运费、保险金、佣金等,也计入进价内。进口税金是指商品报关时应缴纳的税金,包括进口关税、消费税以及应计入商品成本的增值税等。代理进口费是指企业委托其他单位代理进口支付给委托单位的代理进口费用。另外,企业购进商品发生的购货折扣、购货退回及购进商品经确认的索赔收入,应冲减商品成本;发生的能直接认定的进口佣金也应冲减商品进价,不易按商品认定的,可冲减经营费用。

(3) 企业收购的农副产品,其采购成本包括购进商品的原始进价和购进环节缴纳的税金。按照增值税暂行条例的有关规定一般纳税人向农业生产者购买的免税农业产品,或者向小规纳税人购买的农业产品,准予按照买价和13%的扣除率计算进项税额。入库后再挑选整理而发生的农副产品等级和数量的变化,不改变挑选前的总成本。这是因为入库后挑选整理是为了提高农副产品质量,便于按质论价,不创造价值,既不同于加工,也不同于入库前挑选整理。入库后的挑选整理费用属于仓储费用性质。

2. 商品加工成本

商品加工成本是指企业将原材料、商品进行加工制成商品的全部支出。委托加工商品的成本包括耗用的原材料或半成品成本、支付的加工费用、运输费、装卸费、保险费、缴纳的加工税金。自营加工的商品成本，按制造过程中的各项实际净支出确定。就自营加工的商品成本而言，其加工成本包括直接人工及按一定方法分配的制造费用。这里所指的制造费用，是指企业为加工商品而发生的各项间接费用。企业可根据制造费用的性质，比照生产企业的做法，合理选择制造费用分配方法。如果在同一加工过程中，同时加工两种或两种以上的商品，并且每种商品的加工成本不能直接区分的，其加工成本应当按照合理的方法在各种加工商品之间进行分配。

3. 商品销售成本

商品销售成本是指已销产品的采购成本扣除其已计提的商品跌价准备后的余额。企业可以选择先进先出法、加权平均法或个别计价法确定销售商品的采购成本。但按规定计提商品跌价准备时，计提的商品跌价准备不直接计入商品销售成本，而是作为管理费用列支。

4. 其他业务成本

其他业务成本是指除了商品销售以外的其他销售或提供其他劳务等发生的直接人工、直接材料、其他直接费用和税金及附加。

关于商品采购成本、商品加工成本以及其他业务成本的会计处理已在《财务会计学》中讲述。为了集中说明商品流通企业商品成本核算的特点，这里仅就商品销售成本的核算方法进行说明。

11.1.3 商品销售成本核算

1. 库存商品的核算方法概述

库存商品的核算方法包括数量金额核算法和金额核算法两大类。数量金额核算法同时以实物和价值指标核算库存商品的增减变动及结存情况。金额核算法仅以价值指标核算库存商品的增减变动及结算情况。价值指标分为实际成本和售价，所以每类方法又分为两种具体方法。但无论采用什么价值指标，商品的计价基础都是采购商品的实际成本。

（1）数量实际成本核算法。这种方法以实物指标和商品实际成本核算库存商品。库存商品总账及其明细账按商品实际成本记录，而且库存商品明细账按商品的编号、品名、规格分户，记载商品增减变动及结存数量和金额。这种方法主要适应于批发企业。

（2）数量售价金额核算法。这种方法以实物指标和商品售价核算库存商品。库存商品总账及其明细账按商品售价（含增值税，下同）记录，其账户设置与数量实际成本核算法基本相同。库存商品按售价记录的同时，为了反映该商品的实际成本，应将售价高于商品实际成本的差额，单独设置"商品进销差价"调整账户。这种方法主要适应于基层批发企业和贵重的零售商品。

（3）售价金额核算法。这种方法以商品售价（含增值税，下同）核算库存商品，库存商品按商品柜组进行明细核算。为了反映商品实际成本，应将售价高于商品实际成本的差额，单独设置"商品进销差价"调整账户。这种方法主要适应于零售企业经营的日用工业品等。

（4）实际成本核算法。这种方法以商品实际成本核算库存商品，库存商品按柜组进行明细核算，不记商品数量。商品销售后不结转销售成本，月末通过实地盘点倒挤销售成本，这种方法只适用于零售企业的鲜活商品。

2. 库存商品采用进价核算企业销售成本的核算

商品销售成本核算包括两个基本方面：一是成本计算；二是会计账务处理，其中主要的是成本计算。关于成本计算又有两个基本问题：一是已销商品进货单价的确认；二是成本计算顺序。实行进价核算的商品流通企业，库存商品是按进价记账的，因而从理论上来讲可以直接用销售数量乘以原进货单价确认商品销售成本。但在实践中由于各批次的商品进货单价并不完全相同，从而决定了商品销售成本计算的关键在于进货单价的确认。进货单价的确认方法不同，决定了商品销售成本计算方法的不同。根据现行会计制度，商品销售成本的计算方法主要有加权平均法、个别计价法、先进先出法和毛利率计算法，加权平均法、个别计价法、先进先出法的计算原理和方法与财务会计中原材料存货核算采用的上述方法相同，故不再重述。这里仅简单介绍毛利率计算法。

毛利率计算法是以上季度全部商品或大类商品实际毛利率或本季度计划毛利率为根据计算毛利，再计算商品销售成本的计算方法。计算公式如下：

本期商品销售毛利 ＝ 本期商品销售收入 × 上季实际或本期计划毛利率
本期商品销售成本 ＝ 本期商品销售收入 － 本期商品销售毛利
也可以直接采用下列公式直接计算：
本期商品销售成本 ＝ 本期商品销售收入 ×（1－上季实际或本期计划毛利率）

【例 11-1】 某商品流通企业上季度末商品实际销售毛利率为 20%，本季度 4 月份销售商品 200 万元，5 月份销售商品 250 万元，则：

4 月份销售商品成本＝200×（1－20%）＝160（万元）
5 月份销售商品成本＝250×（1－20%）＝200（万元）

这种方法计算简便，但由于各季度的商品结构不完全相同，其毛利率也不完全相同，因而按上季度毛利率计算本期商品销售成本造成计算的结果不够准确，所以，只能在每个季度的前两个月采用该方法，最后一个月采用前述的加权平均计算方法或用个别计价法进行调整。

【例 11-2】 仍以例 11-1 为例，假定 6 月份销售成本按加权平均法计算，该企业商品有

A、B 两种，季初结存商品金额为 26 万元，本季购进总额为 374 万元，6 月末结存 A 商品数量为 200 件，加权平均单价为 1 000 元，结存 B 商品为 100 件，加权平均单价为 2 500 元。则 6 月份销售成本的计算如下。

A 商品结存金额＝200×1 000＝20（万元）

B 商品结存金额＝100×2 500＝25（万元）

6 月份商品销售成本＝26+374－20－25＝355（万元）

毛利率计算法主要适用于经营品种较多，月度计算销售成本有困难的企业。

3. 库存商品采用售价核算企业销售成本的核算

实行售价核算的商品，库存商品按售价记账，平时商品销售成本也按售价结转，这样商品销售成本中就包含了已经实现的商品进销差价即销售毛利。月末为了正确计算已销商品实际成本，就必须采用一定方法计算已实现的商品进销差价金额，并将其从成本中结转出来。所以，库存商品采用售价核算企业销售成本，实际上就是计算结转已销商品进销差价。商品销售实际成本、商品销售收入和已销商品实现的进销差价的关系可用以下公式表示：

商品销售实际成本 ＝ 商品销售收入 － 已销商品实现的进销差价

由于在售价核算下，平时商品销售成本是按售价反映，实际上就是商品销售收入，所以，上述公式可以改为：

商品销售实际成本 ＝ 商品销售售价成本 － 已销商品实现的进销差价

从以上公式可知，要求得商品实际销售成本，关键是计算已销商品实现的进销差价。

已销商品进销差价的计算方法目前主要有 3 种，即综合差价率计算法、分类（柜组）差价率计算法和盘存商品进销差价计算法。

（1）综合差价率计算法。综合差价率计算法是按企业全部商品的存销比例分摊商品进销差价的一种方法。计算公式如下：

综合差价率 ＝ 期末调整前的"商品进销差价"账户余额 ÷（"库存商品"账户期末余额 ＋ "委托代销商品"账户期末余额 ＋ "发出商品"账户期末余额 ＋ 本期"主营业务收入"账户贷方发生额）× 100%

本期已销商品应分摊的进销差价 ＝ 本期"主营业务收入"贷方发生额 × 综合差价率

【例 11-3】 某商品流通企业月末有关账户余额为："库存商品"250 万元，"委托代销商品"100 万元，调整前的"商品进销差价"220 万元，"主营业务收入" 贷方发生额 650 万元，则用综合差价率法计算如下：

综合差价率＝220÷（650+250+100）×100%＝22%

已销商品应分摊的进销差价＝650×22%＝143（万元）

根据计算结果作如下会计分录。

借：商品进销差价　　　　　　　　1 430 000

　　贷：主营业务成本　　　　　　　　1 430 000

综合差价率法计算简便，它一般适应于经营的商品各品种进销差价相差不大的企业。如果商品各品种进销差价相差较大，各种商品销售又不均匀的企业采用此方法，计算出的已销商品进销差价结果就不够准确。

（2）分类（柜组）差价率计算法。分类（柜组）差价率计算法是按照各大类（或柜组）商品的存销比例分摊各大类（或柜组）商品进销差价的一种方法。该方法的计算原理与综合差价率计算方法相同，只是将计算对象的范围缩小了。所以，在采用这种方法下，要求"主营业务收入"、"主营业务成本"、"库存商品"、"商品进销差价"账户必须按大类（或柜组）设置明细账进行明细核算。

【例 11-4】 某商品流通企业经营三大类商品，月末有关账户的明细账余额如表 11-1 所示。用分类（或柜组）差价率计算方法计算本月的已销商品进销差价，其计算结果如表 11-2 所示。

表 11-1　有关商品分类明细账资料

单位：元

类别	"商品进销差价"账户余额	"主营业务收入"账户余额	"库存商品"账户余额
A 类	60 360	184 600	117 200
B 类	110 096	536 000	250 400
C 类	46 062	295 000	216 800
合计	216 518	1 015 600	1 600 000

表 11-2　已销商品进销差价计算表

单位：元

类别	商品进销差价余额	按售价计算的全部商品金额			存销商品分摊的进销差价		
		商品销售收入	库存商品	存销商品总额	差价率	已销商品	库存商品
A 类商品	60 360	184 600	117 200	301 800	20%	36 920	23 440
B 类商品	110 096	536 000	250 400	786 400	14%	75 040	35 056
C 类商品	46 062	296 000	216 800	511 800	9%	26 550	19 512
合计	21 6518	1 015 600	584 400	1 600 000		138 510	78 008

分类（柜组）差价率计算法的计算结果比综合差价率计算法相对准确些，这是因为同一大类商品的进销差价比较接近。

（3）盘存商品进销差价计算法。盘存商品进销差价计算法是结合商品盘点工作进行的，即以盘存数量分别乘以商品的单位进价和单位售价，求出结存商品应保留的差价，然后再倒求已销商品进销差价的一种计算方法。计算公式如下：

期末库存商品进价总额 $= \sum$（期末各种商品数量×各种商品进货单价）

期末库存商品售价总额 ＝∑（期末各种商品数量×各种商品销售单价）
库存商品应保留差价 ＝ 期末库存商品售价总额－期末库存商品进价总额
已销商品进销差价 ＝ 月末商品进销差价账户余额－库存商品应保留差价

【例 11-5】 某流通企业年末有关账户资料："库存商品"账户余额 348 600 元，"商品进销差价"账户余额 65 800 元。根据各商品盘点数量乘以各自的单位进价求得商品的进价总额为 296 450 元。则已销商品进销差价计算方法如下：

年末库存商品应保留的进销差价＝348 600－296 450＝52 150（元）
已销商品进销差价＝65 800－52 150＝13 650（元）

这种方法比以上两种方法计算结果都准确，但它由于要结合盘点进行，同时又要计算每一种商品进价总额，因而计算工作量大，平时一般不便采用，一般只在年度终了核实调整商品进销差价时采用。

11.2 交通运输企业的成本核算

11.2.1 交通运输企业的成本核算概述

交通运输企业是运用交通工具使旅客或货物发生空间移动的生产经营单位。按照运输方式划分有铁路、公路、水路、航空、管道 5 种类型的运输企业。其生产经营活动与其他企业有较大的不同。

交通运输企业的成本核算特点如下。

（1）交通运输企业成本核算对象为运送旅客和货物的各种运输服务，主要分为客货运输业务、旅客运输业务、货物运输业务和装卸与堆存业务。其成本还可以按照运输工具的类型或单车、单船、航次、作业区等设置成本核算对象。

（2）交通运输企业的成本核算单位是旅客或货物的周转量。它既要考虑计算对象的位移距离的大小，还要考虑计算对象的数量，所以运输成本的计算单位一般采用复合单位，如吨公里、人公里等来计算单位成本。

（3）交通运输企业的运输生产过程和销售过程是统一的，其生产成本和销售成本也是统在一起的。

（4）交通运输企业的成本构成中，由于不创造实物产品，不消耗劳动对象，因而其成本支出中没有构成产品实体的原材料支出，占运输支出比重较大的是运输设备和工具的折旧费、修理费、燃料费等。

（5）交通运输企业的成本受自然地理环境、运输距离的长短、空驶运行等的影响较大。

交通运输企业一般设置"运输支出"科目来反映运输业务的成本；设置"装卸支出"科目来反映装卸业务的成本；设置"堆存业务"科目来反映因经营仓库堆场业务所发生的成本；

设置"港务管理支出"科目来反映海河港口企业所发生的各项港务管理支出；设置"营运间接费用"科目来反映营运过程中所发生的不能直接计入成本核算对象的各种间接费用；此外，还可根据实际情况设置"船舶固定费用"、"船舶维护费用"、"集装箱固定费用"等科目。

11.2.2 汽车运输企业的成本核算

汽车运输企业是在公路上以汽车作为交通工具运送旅客和货物的生产经营单位。汽车运输企业在我国的交通运输企业数目中所占的比重较大。

1. 汽车运输企业的成本核算特点

（1）汽车运输企业的成本核算对象是客车和货车的运输业务，即按客车运输和货车运输分别汇集核算成本。还可进一步核算各种车型成本，即以车型为成本核算对象。

（2）客车运输成本核算单位是：元／千人公里；货车运输成本核算单位是：元／千吨公里。如果客车附带捎运货物或货车临时载客，则应将客车附带捎运货物完成的周转量和货车临时载客完成的周转量，按一定的换算比率换算为各自的周转量，并据以核算单位成本。货物周转量和旅客周转量的换算比例为：1 吨公里＝10 人公里

（3）汽车运输企业按月、季、年作为成本核算期。

（4）汽车运输企业的成本项目分为车辆费用和营运间接费用。

① 车辆费用是指营运车辆从事运输生产所发生的各项费用。它包括司、助人员的工资及福利费、燃料、轮胎、修理费、折旧费、养路费、运输管理费、车辆保险费以及事故损失等。

② 间接营运费是指在营运过程中发生的不能直接计入成本核算对象的各种费用。它包括分公司以及站、队、场人员的工资及福利费、办公费、水电费、差旅费、劳动保护费和折旧费等。但它不包括企业管理部门的管理费用。

2. 汽车运输企业成本的归集与分配

汽车运输的总成本分为客车运输总成本、货车运输总成本和客货车运输综合总成本。

汽车运输总成本除以运输周转量即为汽车运输单位成本。汽车运输成本包括车辆费用和营运间接费用。

（1）车辆费用的归集与分配。汽车运输企业应按照不同的成本核算对象归集车辆费用。由于汽车运输企业一般以车别（客车、货车）或车型作为成本核算对象，因此凡属于直接费用性质的车辆费用应直接计入客车、货车的成本，凡是客车、货车共同发生的车辆费用应分配后分别记入客车和货车的运输成本中去。所归集的车辆费用计入"运输支出"科目，并按客车或货车设置车辆费用明细账。

（2）营运间接费用的归集与分配。交通运输企业应按车队、车场归结各车队、车场为

管理运输车辆和组织运输生产活动而发生的费用。由于这些费用不能直接计入客车、货车成本，因此，所发生的费用先归集计入"营运间接费用"科目。月终再按实际发生额，在客车、货车等各成本核算对象之间进行分配，一般可按客车、货车费用比例或营运车日进行分配，并记入"运输支出"科目。

汽车运输企业月末应编制汽车运输成本计算表，以反映总成本与单位成本情况。汽车运输成本计算表的格式如表 11-3 所示。

表 11-3 汽车运输成本计算表

××汽车运输公司　　　　　　××××年××月　　　　　　　　　金额：万元

项　目	行次	计划数（略）	本期实际数			本年累计数		
			合计	客车	货车	合计	客车	货车
一、车辆费用								
1. 工资								
2. 职工福利费								
……								
二、营运间接费用								
三、运输总成本								
四、周转量（千换算吨公里）								
五、单位成本（元/千换算吨公里）								

11.2.3　水上运输企业的成本核算

水上运输按船舶航行水域不同，可分为沿海运输、远洋运输和内河运输。沿海运输是海运企业的船舶在近海航线上航行，往来与国内沿海港口之间；远洋运输是指远洋运输企业的船舶在国际航线上航行，往来于国内外港口之间；内河运输是指运输企业的船舶航行于江河航线上，往来于江河港口之间。水上运输企业从事运送旅客和货物的运输业务。

1. 水上运输成本核算的特点

（1）水上运输企业以客货运输业务作为成本核算对象，为加强成本管理，还必须分别以航线、航次、船舶类型（客轮、货轮、油轮、拖轮等）和单船作为成本核算对象。单船成本是基础，据此可以进一步计算客运成本、货运成本、航线成本和船舶类型成本，而将单船成本按航次进一步分解就可得出航次成本。

内河运输企业由于航行运输时间较短，一般不以航次作为成本计算对象。

（2）水上运输企业可以按月、季、年作为成本核算期。

（3）沿海、远洋运输企业的成本核算单位是：客运成本以千人海里为核算单位；货运成本以千吨海里为核算单位；客货运输综合成本以千换算吨海里为核算单位。客货周转量的换算，以一个吨海里等于一个铺位人海里或三个座位人海里计算。

内河运输企业的成本核算单位是：客运成本以千人·公里为单位；货运成本：千吨公里为单位；客货运输综合成本以千换算吨公里。客货周转量的换算，以一个吨公里等于一个铺位人公里或三个座位人公里计算。

（4）水上运输企业的成本项目按沿海、远洋运输和内河运输分别确定。

① 沿海、远洋运输企业的成本项目包括航次运行费用、船舶固定费用、集装箱固定费用、船舶租费和营运间接费用等项目。

航次运行费用是指船舶在运输生产过程中发生的直接费用。它包括燃料费、港口费、货物费、中转费、垫隔材料、速遣费、客运费、事故损失以及其他费用等。

船舶固定费用是指为保持船舶适航状态所发生的费用。它包括工资、福利费、折旧费、修理费、保险费、物料、车船使用费、船舶非营运期间费用以及船舶业务费等。

集装箱固定费用是企业自有或租入的集装箱在营运过程中发生的固定费用。它包括集装箱的保管费、折旧费、租费、修理费、保险费、底盘车费以及其他费用等。

营运间接费用是指企业的船队为营运作业而发生的各项管理费用和业务费用。

② 内河运输企业的成本项目一般包括船舶航行费用、船舶维护费用、集装箱固定费用、船租费用和营运间接费用。

船舶航行费用是指运输船舶在航行中发生的直接费用，具体项目参见上述航次运行费用和船舶固定费用。

船舶维护费用是指内河运输企业在封冻、枯水等非通航期所发生的应由通航期成本负担的船舶维护费用。

2. 水上运输企业成本的归集与分配

（1）沿海运输企业成本的归集与分配

沿海运输企业所发生的航次运行费用、船舶固定费用、船舶租费、集装箱固定费用和营运间接费用构成了沿海运输企业的运输总成本，运输总成本除以周转量即为单位成本。

① 航次运行费用、船舶固定费用、船租费用的归集与分配。沿海运输企业所发生的这3项费用是在"运输支出"科目中进行核算的，并按各成本核算对象进行归集，即按客运、货运、单船和船舶类型进行归集。所发生的费用能直接分清客运和货运的，直接分别计入客运成本和货运成本，凡不能直接计入客运、货运的共同性费用，应采用一定的方法分配计入客运和货运成本。其分配方法有以下几种。

第一种：按客、货轮核定的客、货定额收入的比例分配。

第二种：按客、货轮核定的定额人天和载货定额吨天的比例分配，以一个铺位人天或三个座位人天等于一个吨天计算。

第三种：按客位和货运所占船舱容积的比例分配。

第四种：按客、货轮实际完成的客、货运换算周转量的比例分配。

② 集装箱固定费用和营运间接费用的归集与分配。沿海运输企业所发生的这两项费用是先通过"集装箱固定费用"和"营运间接费用"两科目进行归集，月末将所归集的集装箱固定费用和营运间接费用采用一定方法进行分配转入"运输支出"科目，并计入各成本计算对象。可按船舶数、船舶吨位、营运吨天数或船舶费用进行分配。

沿海运输企业月末应编制沿海运输成本计算表，以反映运输总成本和单位成本情况。沿海运输成本计算表的格式如表11-4所示。

表11-4 沿海运输成本计算表

×海运公司　　　　　　　　　××××年××月　　　　　　　　　金额：万元

项目	行次	计划数	本期实际数			本年累计数		
			合计	客车	货车	合计	客车	货车
一、航次运行费用								
1. 燃料费								
2. 港口费								
……								
二、船舶固定费用								
三、集装箱固定费用								
四、营运间接费用								
五、运输总成本								
六、运输周转量（千换算吨海里）								
七、运输单位成本								

（2）远洋运输企业成本的归集与分配

远洋运输企业也是以客、货运输业务作为成本计算对象的，但由于其自身业务的特点，通常按航次计算运输总成本，将航次的运输总成本除以周转量即为单位成本。

① 航次运行费用的归集。航次运行费用应按单船分航次在"运输支出"科目中进行归集。

② 航次间接费用的分配。航次间接费用是指船舶固定费用、集装箱固定费用和营运间接费用。企业所发生的航次间接费用先在"船舶固定费用"、"集装箱固定费用"和"营运间接费用"科目中进行归集，月末采用一定方法进行分配转入"运输支出"科目，并计入各航次成本中去。航次间接费用的分配方法参照沿海运输费用分配方法。

远洋运输企业月末应编制远洋运输成本计算表，以反映运输总成本和单位成本情况。远洋运输成本计算表的格式参见表11-4。

（3）内河运输企业成本的归集与分配

内河运输企业的运输总成本、单位成本的归集与分配和沿海运输企业成本的计算基本相同，这里不再赘述。

11.2.4 港口企业的成本核算

港口企业包括海港、河港企业，主要经营货物装卸、堆存和其他业务。

1. 港口企业成本的核算特点

（1）港口企业成本核算对象为港口的货物装卸业务和堆存业务，其成本核算就是计算装卸业务的成本和堆存业务的成本。装卸业务成本可以主要货种（煤、矿、石油、木材等）和责任部门（装卸队等）作为成本核算对象；堆存业务的成本可以港口仓库、堆场等作为成本核算对象。

（2）港口企业成本核算均采用按月定期核算。

（3）在港口企业中，装卸业务的成本核算单位为千吨；堆存业务的成本核算单位为堆存吨天。

（4）装卸业务的成本项目划分为直接费用和作业区费用。堆存业务的成本项目划分为堆存直接费用和作业区费用。

① 装卸直接费用是指海河港口企业为装卸货物而提供作业所发生的直接费用。它包括工资、福利费、燃料、材料、低值易耗品摊销、动力、折旧费、修理费、租费、外付装卸费、劳动保护费、事故损失和保险费等。

② 堆存直接费用是指海河港口企业库场等堆存设备因堆存保管货物而发生的直接费用。具体项目参见装卸直接费用。

③ 作业区费用是指海河港口企业所属作业区的管理费用和业务费用，包括作业区服务和管理人员工资、福利费、燃料、材料、动力、折旧费、修理费、劳动保护费、办公费、通信费、差旅费、票据印刷及其他费用等。

2. 装卸成本和堆存成本的归集与分配

港口企业的装卸直接费用、堆存直接费用分别加上作业区费用，即构成装卸成本和堆存成本，将装卸成本和堆存成本分别除以装卸工作量（千吨）和堆存量（吨天），即为装卸单位成本和堆存单位成本。

（1）装卸、堆存直接费用的归集。装卸直接费用通过"装卸支出"科目进行归集，堆存直接费用通过"堆存支出"科目进行归集。

（2）作业区费用的归集与分配。作业区费用通过"营运间接费用"科目进行归集，月末再将这些费用按装卸、堆存支出的直接费用比例进行分配，分别计入"装卸支出"和"堆存支出"科目，计入各成本计算对象。

港口企业月末应编制海河港口装卸成本计算表和堆存成本计算表，以反映企业装卸、堆存业务总成本和单位成本情况，其格式如表 11-5 所示。

表 11-5　海河港口堆存成本计算表

×港口公司　　　　　　　　××××年××月　　　　　　　　单位：万元

项　目	行次	计划数	实际数	累计数
一、堆存直接费用				
1．工资				
2．福利费				
……				
二、作业区管理费用				
三、减：与堆存成本无关费用				
四、堆存总成本				
五、堆存量（千吨天）				
六、堆存单位成本（元/千吨天）				

复习思考题

一、简答题

1．交通运输企业设置哪些成本类科目？
2．交通运输企业成本项目包括哪些？
3．交通运输企业的成本核算有何特点？
4．商品流通企业已销商品进销差价计算方法有哪些特点？

二、单项选择题

1．交通运输企业的成本核算单位一般采用（　　）
　　A．速度单位　　　　　　　　B．交通运输企业复合单位
　　C．重量单位　　　　　　　　D．货币单位
2．交通运输企业一般设置（　　）科目（相当于工业企业的主营业务成本科目）来反映运输业务的成本。
　　A．运输支出　　　　　　　　B．营运间接费用
　　C．港务管理支出　　　　　　D．堆存业务
3．港口企业成本核算均采用（　　）
　　A．按月定期计算　　　　　　B．按季定期计算
　　C．按半月定期计算　　　　　D．按半年定期计算

4. 交通运输企业的成本核算对象是（　　）。
A．各种产品　　　　　　　　　　B．各生产步骤
C．各生产批别　　　　　　　　　D．旅客或物品的周转量
5. 商业批发企业的毛利率法，适用于计算（　　）已销商品的进价成本。
A．各个月份　　　　　　　　　　B．季末月份
C．1～11 月份　　　　　　　　　D．每季度前两个月份
6. 根据存货准则规定，流通企业购进的商品发生的采购费用一般应（　　）。
A．计入存货成本　　　　　　　　B．计入销售费用
C．计入管理费用　　　　　　　　D．计入主营业务成本

三、多项选择题

1. 商品流通企业采购成本主要包括（　　）。
A．买价　　　　　　　　　　　　B．运输装卸费用
C．销售费用　　　　　　　　　　D．保险费用
2. 交通运输业按照运输方式的不同，一般分为（　　）。
A．铁路运输业　　　　　　　　　B．公路运输业
C．水路运输业　　　　　　　　　D．航空运输业和管道运输业
3. 交通运输企业一般按（　　）计算产品成本。
A．按月　　　　B．按生产周期　　C．按季　　　D．按年
4. 商品流通企业的成本计算包括（　　）。
A．商品采购成本　　　　　　　　B．商品存货成本
C．商品加工成本　　　　　　　　D．商品销售成本
E．其他业务成本
5. 交通运输企业成本计算对象是（　　）。
A．旅客　　　　　　　　　　　　B．货物
C．所生产的产品　　　　　　　　D．运输车辆
E．所提供的劳务
6. 采用数量进价金额核算法对商品销售成本进行核算时，可采用（　　）。
A．先进先出法　　　　　　　　　B．综合差价率法
C．实际差价法　　　　　　　　　D．个别计价法
E．毛利率法

四、判断题

1. 农产品入库后的挑选整理费用属于仓储费用性质。（　　）
2. 公路运输企业的成本核算对象是客车和货车的运输业务。（　　）

3. 公路运输企业一般应当按月计算营运成本。（　　）

4. 运输企业的所有固定资产均采用年限平均法计提折旧。（　　）

5. 交通运输企业一般设置"运输支出"（等同于生产企业的"生产成本"）科目核算运输业务发生的费用成本。（　　）

6. 交通运输企业的运输生产过程和销售过程相统一，其生产成本和销售成本计算也是统一的。（　　）

五、实训题

1. 某商品流通企业某年度第一季度末商品实际销售毛利率为 25%，该企业商品有 A、B 两种，第二季度初结存商品金额 30 万元，本季购进总额 380 万元，6 月末结存 A 商品数量 300 件，加权平均单价 900 元，结存 B 商品 200 件，加权平均单价 2 200 元。该企业 4 月份销售商品 300 万元，5 月份销售商品 350 万元，6 月份销售商品 400 万元。

要求：用毛利率法计算 4 月和 5 月份销售成本，用加权平均法计算 6 月份销售成本。

2. 某零售企业服装组月末结帐前"商品进销差价"科目贷方余额为 30 000 元，月末"库存商品"科目借方余额为 48 000 元，本月"主营业务成本"科目借方发生额合计为 229 800 元。

要求：根据以上资料计算服装组已销商品进销差价，并编制结转已销商品进销差价的会计分录（差价率保留两位小数）。

参 考 文 献

[1] 中华人民共和国财政部. 会计准则——应用指南2006[M]. 北京：中国财政经济出版社，2006.
[2] 罗焰，陈国民. 成本会计[M]. 上海：立信会计出版社，2006.
[3] 刘晓玉. 成本会计[M]. 北京：中国经济出版社，2006.
[4] 鲁亮升. 成本会计[M]. 辽宁：东北财经大学出版社，2005.
[5] 陈解生. 成本会计学[M]. 北京：世界图书出版公司，2005.
[6] 王立彦，刘力. 成本核算与管理实用手册[M]. 北京：中国商业出版社，1996.
[7] 姚梅炎. 新编财会业务大辞典[M]. 北京：中国商业出版社，1996.